T0003625

PHILOSOPHIE
DU CHANGEMENT CLIMATIQUE

COMITÉ ÉDITORIAL

TEXTES CLÉS

PHILOSOPHIE
DU CHANGEMENT CLIMATIQUE
Éthique, politique et nature

Textes réunis, introduits et traduits

par

Michel BOURBAN

Lisa BROUSSOIS et Augustin FRAGNIÈRE

PARIS
LIBRAIRIE PHILOSOPHIQUE J. VRIN
6 place de la Sorbonne, V^e
2023

L'éditeur s'est employé à identifier tous les détenteurs de droits. Il s'efforcera de
rectifier, dès que possible, toute omission qu'il aurait involontairement commise.

© *Librairie Philosophique J. VRIN,* 2023
Imprimé en France
ISSN 1968-1178
ISBN 978-2-7116-3086-8
www.vrin.fr

INTRODUCTION GÉNÉRALE

Le changement climatique est un exemple sans précédent de perturbation anthropique du fonctionnement du système Terre[1]. Dans l'article qui ouvre ce recueil, l'une des premières contributions à la philosophie du changement climatique, Dale Jamieson souligne que « le système de valeurs dominant de nos jours est inadéquat et inapproprié pour guider notre réflexion sur les problèmes environnementaux globaux, tels que ceux posés par le changement climatique causé par l'activité humaine »[2]. Par sa complexité, son ubiquité et la dimension inédite des problèmes qu'il pose, le changement climatique nous pousse à repenser à nouveaux frais toute une série de questions normatives centrales, telles que celles de la justice, de la responsabilité ou de notre rapport au reste de la nature, non seulement dans les théories philosophiques

1. Le lecteur désirant en savoir plus sur les aspects scientifiques du problème peut se reporter aux résumés à l'intention des décideurs du Groupe d'experts intergouvernemental sur l'évolution du climat (GIEC), disponibles en français sur le site internet <https://www.ipcc.ch/languages-2/francais/>. Le GIEC (IPCC en anglais) est un organisme intergouvernemental créé en 1988 par l'Organisation météorologique mondiale (OMM) et le Programme des Nations Unies pour l'environnement (PNUE). Voir également V. Masson-Delmotte, *Climat : le vrai et le faux*, Paris, Le Pommier, 2011 et J. Jouzel et A. Debroise, *Le défi climatique. Objectif : 2°C !*, Paris, Dunod, 2014.

2. D. Jamieson, « Ethics, Public Policy, and Global Warming », *Science, Technology, & Human Values* 17, 2, 1992, p. 139-153, p. 148.

contemporaines, mais aussi dans nos actes quotidiens, qui jusqu'ici semblaient si anodins. Or, la philosophie du changement climatique est souvent éclipsée dans les médias et la littérature académique par des discussions sur la fiabilité des découvertes scientifiques ou sur les intérêts politiques et économiques à court terme de telle ou telle prise de position. Elle traite pourtant des enjeux parmi les plus importants de notre époque et joue un rôle central dans l'entreprise de refonte de notre système de pensée et de valeurs.

ÉMERGENCE DE LA LITTÉRATURE PHILOSOPHIQUE SUR LE CHANGEMENT CLIMATIQUE

En 1992, l'année où Jamieson écrit les lignes ci-dessus, des négociateurs des quatre coins du monde se réunissent pour rédiger le texte juridique qui encadrera les négociations climatiques dans le futur : la Convention-cadre des Nations unies sur les changements climatiques (CCNUCC)[1]. Réunis à Rio pour le Sommet de la Terre, les représentants politiques de 154 États se mettent d'accord sur le fait que le changement climatique représente une menace sans précédent, et posent les bases juridiques des négociations futures. Les pays s'engagent, en effet, à empêcher « toute perturbation anthropique dangereuse du système climatique » (art. 2) et à poursuivre cet objectif « sur la base de l'équité et en fonction de leurs responsabilités communes mais différenciées et de leurs capacités respectives » (art. 3.1). Les notions de dangerosité, d'équité, de responsabilité, ou encore de capacité font appel à des jugements de valeur.

---

1. CCNUCC, *Convention-cadre des Nations unies sur les changements climatiques*, FCCC/INFORMAL/84, 1992, [en ligne], <https://unfccc.int/resource/docs/convkp/convfr.pdf>.

Les acteurs politiques reconnaissent donc la nécessité d'interpréter ces notions et l'importance d'une réflexion normative, notamment de type philosophique, à leur sujet. Henry Shue relève, dans un article publié la même année, que les négociations climatiques sont en effet « un processus contraint du début à la fin par des considérations de justice »[1].

La CCNUCC est notamment le résultat de la formation, en 1988, du Groupe d'experts intergouvernemental sur l'évolution du climat (GIEC), dont les rapports publiés tous les six à sept ans constituent une entreprise de synthèse et de vérification des connaissances sans précédent dans l'histoire des sciences. Le GIEC publie son premier rapport d'évaluation sur l'état des connaissances scientifiques en matière de changement climatique en 1990. Depuis, la science et la politique n'ont cessé d'interagir. C'est au moment où les débats scientifiques et politiques prennent leur essor au début des années 1990 que les premières réflexions philosophiques sur la question voient le jour. S'il faut attendre la fin des années 2000 pour que la philosophie du changement climatique s'établisse fermement dans le paysage académique international, les grands axes d'interrogation se dessinent graduellement et le travail conceptuel de clarification des enjeux normatifs soulevés par le changement climatique progresse rapidement entre la fin des années 1990 et le début des années 2000.

Ce nouveau domaine comprend deux champs de recherche principaux : l'éthique climatique et la justice climatique. Plusieurs philosophes, américains notamment,

1. H. Shue, « The Unavoidability of Justice », *in* A. Hurrell et B. Kingsbury (eds.), *The International Politics of the Environment : Actors, Interests, and Institutions*, Oxford, Oxford University Press, 1992, p. 373-397.

utilisent l'expression « éthique climatique » de manière générique et englobante, considérant qu'elle comprend non seulement les questions classiques d'éthique appliquée au changement climatique, mais aussi les questions de philosophie politique[1]. Toutefois, par souci de clarté, nous proposons ici de distinguer les deux champs de la manière suivante : tandis que l'éthique climatique s'intéresse avant tout aux questions de valeurs, de devoir moral et de responsabilité, aux niveaux individuel et collectif, la justice climatique s'intéresse davantage aux institutions et aux principes de justice, notamment en termes de justice distributive, mais également de justice comme non-nuisance et de justice procédurale. Les interrogations et les préoccupations des deux champs se recoupent désormais largement, bien qu'ils se soient historiquement constitués à partir d'impulsions théoriques différentes.

Contrairement à un présupposé largement répandu, l'éthique et la justice climatiques ne trouvent pas leur origine dans les débats en éthique environnementale. Elles sont plutôt le résultat du développement des recherches en justice et en éthique globales et intergénérationnelles, deux domaines aux présupposés largement anthropocentristes. Si l'éthique environnementale et la philosophie du changement climatique peuvent mutuellement s'enrichir, comme l'illustrent notamment les textes de la troisième partie de cet ouvrage, ce sont toutefois deux domaines historiquement et conceptuellement distincts. Ce livre rassemble des textes qui traitent du changement climatique comme un problème philosophique à part entière.

Les articles fondateurs de la philosophie du changement climatique ont été rédigés par quatre auteurs qui ont tous

---

1. Voir notamment S. M. Gardiner, « Ethics and Climate Change : An Introduction », *WIREs Climate Change* 1, 1, 2010, p. 54-66.

été formés dans la tradition de l'éthique appliquée et de la philosophie politique analytique : Stephen Gardiner, Dale Jamieson, Henry Shue et Simon Caney[1]. Les deux premiers sont les fondateurs de l'éthique climatique : ils ont notamment abordé le changement climatique à partir de questions d'éthique intergénérationnelle et d'éthique des vertus[2], des orientations qui sont déjà présentes dans leurs ouvrages antérieurs[3]. Henry Shue et Simon Caney sont, quant à eux, plus connus pour leurs publications sur la justice climatique, notamment en s'inspirant des théories de la justice distributive et du principe de non-nuisance[4]. Avant de s'intéresser au changement climatique, ils avaient tous les deux déjà publié un ouvrage sur la justice globale[5].

Même si les champs de l'éthique et de la justice climatiques sont encore jeunes, ils sont désormais en pleine expansion, avec toute une série de sous-champs donnant

1. Ces quatre auteurs, souvent désignés comme le « *climate ethics gang of four* », ont notamment édité un recueil d'articles sur la philosophie du changement climatique : S. M. Gardiner, S. Caney, D. Jamieson et H. Shue (eds.), *Climate Ethics : Essential Readings*, Oxford-New York, Oxford University Press, 2010.

2. S. M. Gardiner, *A Perfect Moral Storm : The Ethical Tragedy of Climate Change*, Oxford-New York, Oxford University Press, 2011 ; D. Jamieson, *Reason in a Dark Time : Why the Struggle Against Climate Change Failed – and What it Means for our Future*, Oxford-New York, Oxford University Press, 2014.

3. S. M. Gardiner (ed.), *Virtue Ethics, Old and New*, Ithaca-London, Cornell University Press, 2005 ; D. Jamieson, *Morality's Progress : Essays on Humans, Other Animals, and the Rest of Nature*, Oxford-New York, Oxford University Press, 2002.

4. H. Shue, *Climate Justice : Vulnerability and Protection*, Oxford, Oxford University Press; S. Caney et D. Bell, *Global Justice and Climate Change*, Oxford, Oxford University Press, à paraître.

5. H. Shue, *Basic Rights : Subsistence, Affluence and U.S. Foreign Policy*, Princeton, Princeton University Press, 1996[2]; S. Caney, *Justice Beyond Borders : A Global Political Theory*, Oxford-New York, Oxford University Press, 2005.

chacun lieu à des publications, des colloques, des conférences et des enseignements toujours plus nombreux. Bien que les quatre « pères fondateurs » restent très prolifiques et continuent d'influencer largement les débats, le nombre d'experts s'est multiplié, le flux de publications est devenu difficile à suivre, et la philosophie du changement climatique a largement gagné en visibilité. Le *Philosopher's Index* comptait, fin 2022, 1 545 publications pour les entrées « changement climatique » et « réchauffement global », alors qu'il n'en comptait qu'une centaine début 2009. Autre signe du succès et de l'importance de la philosophie du changement climatique, le GIEC parle des questions d'éthique et de justice dès le résumé à l'intention des décideurs de son rapport de 2014 et leur consacre deux chapitres dans le rapport complet[1]. Quant aux responsables politiques, ils ont explicitement reconnu la pertinence de l'éthique et de la justice climatiques en adoptant en 2015 l'Accord de Paris. Dès son préambule, ce texte juridique souligne l'importance de la prise en compte, dans le cadre de la lutte contre le changement climatique, de « l'équité entre les générations », de la « justice climatique » et des droits humains des peuples autochtones, des communautés locales, des migrants, des personnes handicapées et des personnes vulnérables[2].

---

1. Voir le troisième et le quatrième chapitres du rapport du troisième groupe de travail. On retrouve des considérations éthiques dans le dernier rapport en date (2021-2022). Sur le rôle des philosophes dans le GIEC, voir J. Broome, « Philosophy in The IPCC », *in* E. Brister et R. Frodeman (eds.), *A Guide to Field Philosophy : Case Studies and Practical Strategies*, New York, Routledge, 2020, p. 95-110.

2. Voir CCNUCC, *Accord de Paris*, FCCC/CP/2015/10/Add. 1, 2015, [en ligne], <https://unfccc.int/sites/default/files/french_paris_agreement.pdf>.

ENJEUX PHILOSOPHIQUES

Pour saisir les enjeux philosophiques soulevés par le changement climatique, il est utile d'aborder ce problème à partir de trois grands cadres normatifs complémentaires. Ces trois cadres permettent de penser la responsabilité des différents agents individuels et collectifs de manière à intégrer la complexité et l'ampleur des nouveaux problèmes.

Le premier cadre de réflexion est celui de la responsabilité vis-à-vis de notre puissance technique. Suite à la double explosion atomique des 6 et 9 août 1945 à Hiroshima et Nagasaki, Günther Anders[1] et Hans Jonas[2] ont remis en question notre conception spatialement et temporellement circonscrite de la responsabilité. La technique a rendu possible des actions d'un ordre de grandeur nouveau que les éthiques traditionnelles ont du mal à évaluer. Ce nouveau pouvoir technique s'accompagne d'une responsabilité qui s'étend « jusqu'à l'état de la biosphère et la survie future de l'espèce humaine »[3]. Contrairement à la bombe atomique, le changement climatique ne fait pas planer sur l'humanité un risque immédiat d'extinction, mais dans les deux cas les impacts s'étendent au-delà des frontières nationales et au-delà des générations présentes. D'où le projet d'élaborer une « éthique de la responsabilité à long terme, commensurable à la portée de notre pouvoir »[4].

Les limites de la conception classique de la responsabilité viennent notamment du fait qu'elle repose sur le principe de non-nuisance. Traditionnellement, ce principe s'applique

1. G. Anders, *La Menace nucléaire. Considérations radicales sur l'âge atomique*, trad. fr. C. David, Paris, Le Serpent à plumes, 2006.

2. H. Jonas, *Le principe responsabilité. Une éthique pour la civilisation technologique*, trad. fr. J. Greisch, Paris, Flammarion, 2009.

3. *Ibid.*, p. 265.

4. *Ibid.*, p. 58.

à des cas d'individus qui causent intentionnellement à d'autres individus, proches dans l'espace et le temps, des nuisances clairement identifiables. C'est ici qu'un deuxième cadre de pensée, qui vient compléter le premier, s'avère utile : celui des « nouvelles nuisances »[1]. Le changement climatique représente une nuisance agrégative, composée de l'effet cumulé des actions d'un très grand nombre d'agents individuels et collectifs. Ces agents n'ont en général aucune intention de nuire à autrui, mais lorsque les émissions provenant de leurs activités économiques s'agrègent les unes aux autres dans l'atmosphère, elles contribuent à causer des nuisances à des personnes distantes dans l'espace et le temps. Aucune action individuelle n'est la cause unique de la nuisance ; cependant, chacune d'elles participe à l'émergence d'effets nuisibles.

Comment attribuer la responsabilité dans de telles circonstances ? Une option est de déplacer la responsabilité des nouvelles nuisances au niveau collectif. Pris collectivement, comme des groupes d'agents, les individus sont responsables des effets nuisibles du changement climatique sur les personnes vulnérables. Le problème rencontré par cette attribution de la responsabilité à des collectifs « non structurés », à savoir des collectifs sans identité, sans objectif ou motif communs, est qu'elle rend la responsabilité d'un individu conditionnelle au comportement d'autres individus, ce qui entre en contradiction avec des intuitions solidement ancrées en matière de responsabilité individuelle[2]. L'avantage du modèle de la responsabilité individuelle est de rester plus proche de la conception

1. J. Lichtenberg, « Negative Duties, Positive Duties, and the "New Harms" », *Ethics* 120, 3, 2010, p. 557-578.

2. D. Jamieson, « Climate Change, Responsibility, and Justice », *Science and Engineering Ethics* 16, 3, 2010, p. 431-445.

traditionnelle de la responsabilité, mais comme le lien de causalité entre les actions individuelles et les impacts climatiques est impossible à identifier, voire inexistant[1], le risque est que personne ne soit considéré comme responsable. C'est le diagnostic que Jamieson avait déjà posé en 1992 : « [a]ujourd'hui, nous sommes confrontés à la possibilité que l'environnement global soit détruit, et cependant personne n'en sera responsable »[2]. Ces deux premiers cadres normatifs, celui d'un pouvoir qui met à mal notre capacité limitée à comprendre les conséquences de nos actions et celui des nouvelles nuisances, impliquent la nécessité de repenser les fondements mêmes de notre univers moral. Il s'agit là d'une implication philosophique importante des problèmes environnementaux globaux comme le changement climatique.

Le troisième cadre, enfin, aborde le changement climatique sous l'angle de la justice distributive. Depuis le début des années 1970, suite à l'impulsion de John Rawls, les philosophes politiques ont commencé à travailler sur des théories de la justice. Les théoriciens de la justice débattent notamment au sujet du champ d'application de la justice (quelle est la portée de la justice ? À qui s'applique-t-elle ?), au sujet de la métrique de la justice (qu'est ce qui doit être distribué ?) ainsi qu'au sujet des principes de justice (comment faut-il distribuer ?). Ils s'accordent tous néanmoins pour dire que certains biens

1. W. Sinnott-Armstrong, « It's not *my* Fault : Global Warming and Individual Moral Obligations », *in* W. Sinnott-Armstrong et R. Howarth (eds.), *Perspectives on Climate Change : Science, Economics, Politics, Ethics*, Amsterdam, Elsevier, 2005, p. 285-307 ; B. Johnson, « Ethical Obligations in a Tragedy of the Commons », *Environmental Values* 12, 3, 2003, p. 271-287.

2. Jamieson, « Ethics, Public Policy, and Global Warming », art. cit., p. 149.

fondamentaux comme les libertés, les droits, le bien-être, les richesses, les revenus et les capabilités doivent être distribués de manière équitable. La majorité des débats du début des années 1970 à la fin des années 1980 portaient sur la justice à l'échelle d'une société donnée. Depuis les années 1990, la réflexion s'élargit aux questions de justice globales et intergénérationnelles. Ce cadre normatif a l'avantage d'être en phase avec ces deux dimensions principales du changement climatique. Ce n'est donc pas un hasard si la thématique des principes de justice climatique distributive est celle qui a fait le plus couler d'encre en philosophie du changement climatique.

Le rôle central des théories de la justice climatique est de définir la juste répartition des charges et bénéfices liés aux émissions de gaz à effet de serre (GES). Quel compromis trouver entre, d'une part, les intérêts des populations vulnérables et des générations futures à ne pas subir les effets du changement climatique et, d'autre part, les aspirations des pays les plus pauvres à continuer leur développement économique ? Quel poids donner respectivement aux générations présentes et futures dans l'élaboration des politiques climatiques ? Certains auteurs ont une approche utilitariste de la question et s'appuient sur des analyses coût-bénéfice, alors que d'autres privilégient une approche plus déontologique en mettant en avant la nécessité de protéger au mieux les droits humains fondamentaux des membres des générations présentes et futures.

L'un des débats les plus représentatifs à cet égard est celui qui concerne la distribution équitable des coûts de réduction des émissions de GES. La discussion autour de la répartition de ces coûts se fonde principalement sur trois principes de justice : celui du pollueur payeur, celui de la capacité à payer et celui du bénéficiaire payeur. Et malgré les nombreux désaccords qui caractérisent ici comme ailleurs les débats philosophiques, il est intéressant de relever avec Stephen Gardiner qu'« il existe une convergence surprenante des philosophes qui écrivent sur le sujet : ils sont quasiment unanimes dans leur conclusion que les pays développés devraient prendre le rôle de leader dans le financement des coûts du changement climatique »[1].

Mais il existe ici aussi plusieurs problèmes venant complexifier la tâche de l'attribution de la responsabilité pour la lutte contre le changement climatique. La difficulté conceptuelle principale porte sur la responsabilité pour les impacts climatiques résultant des émissions dites « historiques », c'est-à-dire les émissions ayant eu lieu entre le début de la Révolution industrielle et 1990. Du fait de la durée de résidence du CO_2 dans l'atmosphère et de l'inertie du système climatique, ces émissions ont, et vont avoir durant des siècles et même des millénaires, des effets auxquels il n'est plus possible d'échapper. Attribuer des responsabilités (morales, et surtout financières) pour les dommages liés aux émissions historiques s'avère pourtant difficile, pour trois raisons principales : la plupart des personnes les ayant causées ne sont plus vivantes ; les générations passées étaient pour la plupart ignorantes des problèmes qu'allaient déclencher leurs activités émettrices ; et les générations actuelles ne sont pas responsables des agissements de leurs ancêtres. La plupart des philosophes du changement climatique défendent malgré tout l'idée de responsabilité historique. Le transfert de responsabilité entre les générations reste pour eux justifié. Il l'est

1. S. M. Gardiner, « Ethics and Global Climate Change », *Ethics* 114, 3, 2004, p. 555-600, p. 579.

notamment en raison de la permanence dans le temps des structures étatiques, en raison des bénéfices provenant des émissions historiques (dont les habitants des pays développés jouissent encore), et en raison de la « dette écologique » ou de la « dette climatique » transmise par les générations passées aux générations actuelles (cette notion de « dette » étant en elle-même l'objet d'un important débat).

Cette tâche compliquée consistant à distribuer les responsabilités pour le fardeau climatique soulève également des questions philosophiques plus profondes qui traversent ces trois cadres normatifs : jusqu'où s'étend désormais notre responsabilité ? De qui et de quoi sommes-nous responsables ? Avons-nous une responsabilité envers la planète ? Et si oui, qu'est-ce que cela nous apprend sur l'être humain d'aujourd'hui ?

À la différence du cadre de réflexion développé par Anders et Jonas sur la question nucléaire, la responsabilité du changement climatique n'est plus, pourrait-on dire, limitée à un nombre restreint d'acteurs. Il ne s'agit plus seulement de politiques et de scientifiques : nous la partageons tous, producteurs et consommateurs, agents individuels et collectifs. Nous contribuons tous aux émissions de GES. Cette responsabilité s'étend jusqu'à prendre en compte les conditions de vie des générations futures et des autres espèces, voire même la survie des écosystèmes et de la biosphère. Pourtant, l'humain pris individuellement n'est pas grand-chose et n'émet pas grand-chose. S'il y a bien une leçon à retenir des avancées dans les sciences naturelles, c'est que l'humain, du point de vue de la biologie, n'est qu'un parmi d'autres dans la nature. Il n'est qu'un élément interdépendant d'un ensemble plus vaste. Si l'homme moderne a eu l'illusion de maîtriser et de posséder la nature, l'être humain de l'Anthropocène apprend à ses dépens que ses actions ont des conséquences et que ces conséquences représentent de véritables limites à son pouvoir. Tout en se replaçant dans la nature, il goûte l'amertume de sa fragilité et de sa vulnérabilité. Il n'est qu'un être mortel, dépendant d'un certain nombre de conditions particulières pour vivre et sans cesse confronté à sa propre finitude biologique et épistémique.

Cette leçon de modestie contraste avec la responsabilité que l'humain doit aujourd'hui assumer. L'être humain qui choisit d'assumer sa responsabilité dans la lutte contre le changement climatique ne peut plus être le même : il doit fondamentalement changer et dépasser un certain paradoxe. Bien qu'il ne soit ontologiquement presque rien, ses moyens techniques lui ont donné un pouvoir presque divin… et les responsabilités qui l'accompagnent. La modification du climat planétaire par les activités quotidiennes de milliards d'individus, ainsi que la possibilité d'une manipulation technologique du climat à grande échelle, placent aujourd'hui l'humanité devant des décisions aux conséquences philosophiques majeures. Les technologies de la géoingénierie soulèvent par exemple la question de l'hubris et celle de leur signification morale et métaphysique pour l'ensemble de l'entreprise humaine sur Terre. Sont-elles la marque d'un idéal de maîtrise poussé à sa limite ultime ? Signent-elles la fin de la nature sauvage sur Terre et une modification irrémédiable du statut ontologique du monde ?

Si l'humain s'est toujours posé la question de sa place dans la nature, il doit aujourd'hui repenser ce qu'il est et ce que les conséquences de ses actions font de lui. Il a dorénavant le pouvoir de modifier les conditions de la vie sur Terre, une responsabilité écrasante au regard des limites de sa sagesse et de sa maîtrise. Il reste aussi inexorablement mortel : lui et son espèce. Cette prise de conscience révèle par ailleurs la solitude à laquelle il fait face : lui seul peut agir et réparer ou compenser les dégâts qu'il provoque. La pérennité de l'humain, de la nature et peut-être de la planète dans son ensemble dépendent maintenant de lui. Comment être à la hauteur ? De quelles nouvelles vertus, de quels nouveaux savoirs devrons-nous nous doter ? Comment nous préparer à ces nouveaux défis ? Autant de questions qui devront être développées dans les années à venir. De fait, l'urgence du problème climatique ne doit pas masquer l'immense travail qu'il reste à faire pour que la justice et l'éthique climatiques se développent et prennent la place qui est la leur dans les débats politiques, économiques et scientifiques, mais aussi anthropologiques et ontologiques. Cela commence donc par regarder le problème en face et s'interroger à la fois sur nos devoirs, nos valeurs, nos politiques et plus généralement sur le monde que nous voulons léguer aux générations futures.

STRUCTURE DU LIVRE

Nous avons choisi de structurer cet ouvrage autour de trois axes qui donnent une idée d'ensemble de la littérature sur la philosophie du changement climatique. Les deux premières parties s'articulent autour de la distinction proposée ci-dessus entre éthique climatique et justice climatique. Les textes réunis dans la première partie s'efforcent de montrer à la fois pourquoi le changement climatique est un problème fondamental de philosophie morale, mais aussi pour quelles raisons il met à mal nos catégories éthiques traditionnelles. La question est posée de savoir dans quelle mesure les individus ont un devoir moral de lutter contre le changement climatique en réduisant leurs émissions de GES personnelles, et selon quels principes normatifs.

La deuxième partie traite de la manière dont les coûts et bénéfices liés aux émissions de GES doivent être distribués, non seulement parmi les populations des pays du monde entier, mais aussi entre les générations. Une question importante à cet égard est le poids qu'il convient de donner aux émissions historiques de GES dans l'attribution des responsabilités aux différents pays de la planète. Une autre thématique est celle de la part de responsabilité que nous avons envers les générations à venir pour les effets néfastes futurs du changement climatique.

La troisième partie rassemble quant à elle des contributions soulevant de nouvelles questions philosophiques en lien avec la problématique du changement climatique. Ces contributions s'intéressent d'une part aux implications théoriques et pratiques d'une éthique climatique non anthropocentriste, et d'autre part aux implications normatives de la géoingénierie, ces technologies de manipulation du système climatique visant à limiter le réchauffement de la planète.

Ces trois parties forment un tout cohérent, menant le lecteur des interrogations éthiques les plus fondamentales à des applications concrètes et actuelles des débats philosophiques sur le changement climatique. L'ensemble des textes choisis donne un aperçu de la diversité et de la richesse des approches et des thématiques abordées en philosophie du changement climatique. Cette dernière décennie, en particulier, a en effet vu le développement de nouveaux axes de réflexion[1]. À l'éthique de la géoingénierie et l'éthique climatique non anthropocentriste présentées dans la troisième partie de cet ouvrage, on peut ajouter l'éthique de la procréation et de la croissance démographique[2], l'incertitude scientifique et le principe de précaution[3], la psychologie morale[4] et l'éthique de l'économie du climat[5]. Cette diversité est en elle-même un témoignage des ramifications étendues du changement climatique dans de nombreuses questions sociales, économiques, techniques, politiques et... philosophiques.

Nous tenons à remercier tou·te·s les auteur·trice·s, dont nous avons traduit les textes, de leur enthousiasme pour ce projet et de leur disponibilité pour répondre à nos questions. Toutes les traductions sont publiées avec leur aimable autorisation.

Les notes en bas de page appelées par des * et les ajouts entre [ ] sont des traducteurs.

1. Dans les notes qui suivent, nous mentionnons quelques publications qui nous semblent représentatives des principaux développements dans les sous-domaines concernés.

2. P. Cafaro, « Climate Ethics and Population Policy », *WIREs Climate Change* 3, 1, 2012, p. 45-61 ; S. Conly, *One Child : Do we Have a Right to More ?*, New York, Oxford University Press, 2016.

3. S. M. Gardiner, « A Core Precautionary Principle », *Journal of Political Philosophy* 14, 1, 2006, p. 33-60 ; L. Hartzell-Nichols, *A Climate of Risk : Precautionary Principles, Catastrophes, and Climate Change*, London-New York, Routledge, 2017.

4. W. Peeters, A. De Smet, L. Diependaele et S. Sterckx, *Climate Change and Individual Responsibility : Agency, Moral Disengagement and the Motivational Gap*, New York, Palgrave Macmillan, 2015.

5. J. Broome, *Climate Matters : Ethics in a Warming World*, New York, Norton & Company, 2012 ; R. Kanbur et H. Shue (eds.), *Climate Justice : Integrating Economics and Philosophy*, Oxford, Oxford University Press, 2019.

UN PROBLÈME D'ÉTHIQUE

INTRODUCTION

Dès le début des années 1990, certains philosophes commencent à s'intéresser au changement climatique et posent les bases de ce qui deviendra l'éthique climatique, un nouveau champ de recherche consacré aux implications normatives de ce défi environnemental sans précédent.

Le présupposé fondamental des textes de cette première partie est que le changement climatique est un problème résolument moral qui appelle une réflexion sur les valeurs, en particulier celles des sociétés occidentales. Le philosophe américain Dale Jamieson affirme ainsi, dans le premier texte, que nous sommes ici confrontés à un problème avant tout éthique et politique qui pose des questions fondamentales sur la manière dont nous souhaitons organiser nos sociétés et sur le rapport que nous entretenons avec les autres êtres vivants de cette planète. Il s'ensuit que le changement climatique requiert une réflexion collective qui dépasse de loin ce que les approches managériales, communément employées dans les processus de prise de décision publique, peuvent apporter. Les analyses économiques (comme par exemple l'analyse coûts-bénéfices) et les outils d'économie de marché (comme les taxes et autres incitations économiques) ne peuvent s'emparer de ce problème de manière satisfaisante, car elles passent à côté d'une question beaucoup plus fondamentale qui touche à notre conception des motivations humaines, de la vie en société et des fins collectives que nous désirons poursuivre.

Un élément central de notre difficulté à faire face au changement climatique, estime Jamieson, est que le système de valeurs dominant n'est pas à même de guider notre action et notre réflexion à son sujet. Cela provient selon lui du fait que nos valeurs se sont formées dans un contexte démographique et technique très différent du contexte actuel. La conception courante de la responsabilité, en particulier, est adaptée à ce qu'il appelle des cas paradigmatiques de nuisance, dont les causes sont individuelles, clairement identifiables et proches dans l'espace et le temps. Par exemple, lorsqu'un individu vole quelque chose à un autre individu. Or il se trouve que le changement climatique ne correspond pas à cette conception classique de la responsabilité, puisque celui-ci résulte des actions d'un très grand nombre d'agents dispersés dans l'espace et dans le temps, et dont les effets ne se manifestent que lorsque les émissions de gaz à effet de serre (GES) qui leur sont associées s'ajoutent aux GES déjà présents dans l'atmosphère. Aucune action individuelle n'est donc la cause unique du problème, mais chacune d'elle participe pourtant à l'émergence de dommages importants pour les sociétés humaines et le reste de la nature. Aussi Jamieson souligne-t-il dans une formule devenue célèbre : « [a]ujourd'hui, nous sommes confrontés à la possibilité que l'environnement global soit détruit, et cependant personne n'en sera responsable ».

Les valeurs qui sous-tendent actuellement nos actions et nos institutions, excessivement tournées vers la notion d'intérêt personnel et le calcul des conséquences prévisibles de nos actions individuelles, ne peuvent donc motiver les transformations sociétales nécessaires pour combattre le changement climatique. Jamieson propose alors de nous tourner vers d'autres ressources éthiques, en cultivant davantage les vertus et les traits de caractère, tels que l'intégrité, l'humilité, le courage ou la modération. La nature même du changement climatique, comme il le répétera encore par la suite[1], implique d'abandonner le froid calcul utilitariste au profit d'une réaffirmation des idéaux de coopération et de relation harmonieuse avec le reste de la nature.

Dans le même ordre d'idée, Stephen Gardiner propose, dans le second texte de cette partie, une analyse du changement climatique qui permet de mieux comprendre l'inaction flagrante des sociétés occidentales face à un problème d'une telle ampleur. Après avoir lui aussi souligné le rôle central de l'éthique dans la réflexion sur le changement climatique, Gardiner décline les raisons pour lesquelles ce problème prend la forme de ce qu'il nomme une « tempête morale parfaite », soit la convergence de trois difficultés majeures qui entravent notre aptitude à prendre les décisions difficiles nécessaires à la résolution du problème. Ces trois difficultés ont trait respectivement à la dimension globale du problème, à sa dimension intergénérationnelle et à l'insuffisance des théories éthiques actuelles pour traiter des problèmes comme celui-ci. La tempête morale parfaite découle de la structure même du changement climatique et notamment de trois éléments clés : le fait qu'il y ait un décalage spatial et temporel entre les causes du problème et ses conséquences ; le fait que le changement climatique soit causé par une multitude

---

1. D. Jamieson, « When Utilitarians Should Be Virtue Theorists », *Utilitas* 19, 2, 2007, p. 160-183 ; D. Jamieson, *Reason in a Dark Time : Why the Struggle Against Climate Change Failed – and What it Means for our Future*, Oxford-New York, Oxford University Press, 2014.

d'acteurs non-coordonnés ; et le fait que les institutions internationales actuelles ne soient pas à même de prendre les mesures nécessaires pour résoudre ce problème.

Considéré uniquement sous sa dimension spatiale (la tempête globale), le changement climatique peut être assimilé à une « tragédie des biens communs » relativement classique, et pourrait donc en théorie être résolu par l'établissement d'un régime de régulation international. Mais outre le fait que le régime actuel ne soit pas adapté à cette tâche, cette solution est rendue beaucoup plus difficile par d'autres caractéristiques du changement climatique. Celles-ci comprennent l'incertitude scientifique au sujet de la répartition exacte des conséquences du changement climatique, le degré très variable de vulnérabilité des différents pays à ses conséquences et le fait que les causes du changement climatique soient intrinsèquement liées à l'infrastructure énergétique mondiale. La tempête globale est donc déjà par elle-même un défi de taille, mais ce défi est rendu encore plus complexe par la dimension temporelle du problème.

La tempête intergénérationnelle pose des difficultés similaires à celles de la tempête globale, à ceci près qu'elles ne peuvent être résolues par les solutions classiques appliquées aux problèmes de tragédie des biens communs. Il n'y a pas de réciprocité possible entre générations, ni d'institutions qui puissent prendre des mesures contraignantes sur une temporalité aussi étendue. Le contexte intergénérationnel constitue donc une incitation forte pour la première génération (la nôtre) à exploiter sa position temporelle à son avantage en retardant l'action et en transférant les coûts du changement climatique aux générations futures. Les générations suivantes seront alors tentées à leur tour, ou forcées pour des raisons de survie, de faire la même chose une fois qu'elles seront au pouvoir. S'ensuit un problème éthique épineux. Les décisions de notre génération auront un impact décisif sur la capacité des générations ultérieures à agir moralement au regard du changement climatique. Une inaction prolongée de notre part pourrait même, selon Gardiner, condamner les générations suivantes à faire des choix tragiques, c'est-à-dire à prendre des décisions qui feront souffrir les habitants de la planète venant après elles.

L'analyse du changement climatique comme tempête morale parfaite nous permet ainsi de mieux comprendre la structure incitative du problème et pourquoi celle-ci rend l'action éthique difficile. Elle comporte en particulier un risque de voir se manifester dans la génération présente ce que Gardiner appelle la « corruption morale ». Il entend par là une tendance à rationaliser l'inaction par toute une série de stratégies, telles que l'autosatisfaction face à des mesures insuffisantes de réduction des GES ou une attention portée de manière sélective sur les incertitudes et les autres éléments qui semblent excuser l'inaction. Ironiquement, la complexité du changement climatique pourrait donc s'avérer tout à fait bienvenue, puisqu'elle contient en elle-même les ressources qui nous permettent de procrastiner et d'éviter de faire face à notre responsabilité morale.

Si Gardiner s'intéresse avant tout à la responsabilité morale au niveau collectif (à l'échelle des institutions, des pays et des générations), le troisième texte de cette partie se concentre sur l'échelle individuelle. Ce texte de Marion Hourdequin illustre bien les difficultés auxquelles font face certaines théories éthiques lorsqu'elles sont confrontées au problème, déjà rencontré dans les deux premiers textes, de la multiplicité des causes du changement climatique. Dans son article, Hourdequin s'oppose en particulier à deux auteurs cherchant à montrer, par des arguments de type conséquentialiste, que les individus n'ont pas de responsabilité morale particulière vis-à-vis du changement climatique, ou du moins pas d'obligation de modifier leur comportement. Baylor Johnson affirme en effet dans un article de 2003 que dans les cas de tragédies des biens communs, tel que le changement climatique, les individus n'ont aucune obligation de limiter de manière unilatérale leur usage du bien commun (ici l'atmosphère en tant que réceptacle de GES)[1]. Tenter de préserver la ressource sans régulation au niveau collectif n'aurait selon lui aucune chance de contribuer à résoudre le problème et constituerait un sacrifice inutile de la part de l'individu. Dans la même veine, Walter Sinnott-Armstrong défend en 2005 l'idée que les émissions individuelles ne font aucune différence à la somme totale des dommages du changement climatique et qu'elles sont donc moralement insignifiantes[2]. Il s'agit là du problème connu sous le terme d'« inconséquentialisme », selon lequel émettre ou ne pas émettre une quantité infime de GES n'a aucune incidence sur le problème climatique.

La stratégie argumentative de Marion Hourdequin vise d'abord, comme l'a déjà suggéré Dale Jamieson dans le premier texte, à s'affranchir du calcul conséquentialiste et à s'intéresser aux qualités de l'agent moral. Pour ce faire, Hourdequin mobilise la notion d'intégrité, qui suppose une certaine cohérence interne entre les valeurs et les actions des individus. Ainsi, si une personne s'engage à

---

1. B. Johnson, « Ethical Obligations in a Tragedy of the Commons », *Environmental Values* 12, 3, 2003, p. 271-287.

2. W. Sinnott-Armstrong, « It's not *my* Fault : Global Warming and Individual Moral Obligations », *in* W. Sinnott-Armstrong, R. Howarth (eds.), *Perspectives on Climate Change : Science, Economics, Politics, Ethics*, Amsterdam, Elsevier, 2005, p. 285-307.

promouvoir des mesures politiques contre le changement climatique, comme Johnson et Sinnott-Armstrong le recommandent, l'exigence d'intégrité implique une certaine harmonisation des choix de cette personne avec son engagement. On déduit donc d'une obligation au niveau politique, une obligation de réduire ses émissions de GES au niveau individuel. Un manque de cohérence entre les engagements politiques et les choix de vie individuels pourrait d'ailleurs être perçu comme de l'hypocrisie et discréditer ou rendre moins efficace l'action politique de la personne.

Hourdequin ne s'arrête toutefois pas là et remet en question les présupposés individualistes et égoïstes de l'analyse conventionnelle des problèmes d'action collective. Dans le cadre d'une tragédie des biens communs, les efforts des uns pour économiser les ressources ne font que créer des opportunités d'exploitation supplémentaires pour les autres. En se fondant sur une approche confucéenne de l'individu et sur les résultats de recherches en économie comportementale, Hourdequin défend l'idée que les individus ne sont pas des atomes isolés, mais se définissent de manière relationnelle. Or si les individus apprennent les uns des autres et ajustent leur comportement en fonction de leur entourage social, les présupposés de la tragédie des biens communs tombent et les changements de comportement individuels ne peuvent plus être considérés comme inutiles. Selon l'approche confucéenne, nos actions individuelles revêtent une signification sociale et peuvent jouer un rôle d'exemple auprès de notre entourage. Dans le cas du changement climatique, choisir de se déplacer avec les transports en commun plutôt qu'en SUV permet ainsi, non seulement de réduire ses propres émissions de GES, mais aussi d'inciter les autres à en faire autant.

Utiliser un cadre théorique dans lequel les individus ne sont pas des acteurs économiques rationnels au sens étroit a donc pour effet de brouiller la distinction forte, faite par Johnson et Sinnott-Armstrong, entre le niveau individuel et le niveau politique. Sur la base du concept d'intégrité et d'une conception relationnelle de l'individu, Hourdequin plaide donc pour une double obligation morale, de réduire ses propres émissions de GES d'une part et de promouvoir le changement au niveau politique de l'autre, les deux niveaux étant intimement interconnectés.

Aujourd'hui, si la majorité des auteur·trice·s s'accordent à dire que les individus ont bel et bien un devoir moral de réduire leur empreinte climatique, des désaccords restent encore assez prononcés quant à la nature exacte de ces devoirs et surtout quant à leur degré d'exigence. La question de savoir quel niveau de sacrifice la moralité peut exiger des individus, tant dans la réduction de leurs émissions que dans la promotion du changement au niveau politique, reste une question importante qui va occuper les éthiciens du climat dans les années à venir.

Dans l'ensemble, les trois textes de cette première partie mettent en évidence les enjeux éthiques engendrés par la structure même du changement climatique, que ce soit au sujet des obligations morales des individus et des collectivités ou au niveau du cadre théorique utilisé pour analyser le problème. Chacun de ces textes a eu une grande influence sur le développement de la littérature en éthique climatique et a contribué à définir les questions qui y sont encore abordées aujourd'hui. On y voit également apparaître des thématiques, comme la justice intergénérationnelle chez Gardiner, ou la question du rapport à la nature chez Jamieson, que le lecteur retrouvera dans les parties 2 et 3 de l'ouvrage.

DALE JAMIESON

ÉTHIQUE, POLITIQUE PUBLIQUE
ET RÉCHAUFFEMENT CLIMATIQUE[*]

Des spéculations sur la possibilité d'un réchauffement climatique anthropique existent depuis la fin du XIXᵉ siècle au moins[1]. La perspective d'un tel réchauffement a parfois été accueillie favorablement, car on pensait alors qu'il augmenterait la productivité agricole et retarderait le début de la prochaine période glaciaire. À d'autres occasions, et plus récemment, l'idée d'un réchauffement planétaire a fait l'objet de « récits de fin du monde », car divers auteurs ont mis l'accent sur la possibilité d'une sécheresse, d'une inondation et d'une famine généralisées, ainsi que sur les bouleversements économiques et politiques qui pourraient résulter d'un changement climatique induit par l'« effet de serre »[2].

[*] D. Jamieson, « Ethics, Public Policy, and Global Warming », *Science, Technology, & Human Values* 17, 2, 1992, p. 139-153.

1. S. Arrhenius, « On the influence of carbonic acid in the air upon the temperature of the ground », *Philosophical Magazine* 41, 1896, p. 237-276 ; S. Arrhenius, *Worlds in the Making*, New York, Harper & Brothers, 1908.

2. C. Flavin, « Slowing global warming : A worldwide strategy », *Worldwatch Paper 91*, Washington DC, Worldwatch Institute, 1989.

Bien que des réunions de haut niveau aient été organisées pour discuter de l'effet de serre au moins dès 1963[1], l'émergence d'une ébauche de consensus sur le plan international au sujet de la probabilité et de l'ampleur du réchauffement climatique anthropique a véritablement commencé avec un rapport de l'Académie nationale en 1983[2]. Ce dernier a été suivi par des réunions à Villach en Autriche, et à Bellagio en Italie, durant l'année 1985[3], puis enfin à Toronto, au Canada, en 1988[4]. La dernière déclaration influente de ce consensus naissant affirme que, malgré les incertitudes, un doublement du dioxyde de carbone atmosphérique par rapport à son niveau de référence préindustriel est susceptible d'entraîner une augmentation de 2,5 degrés Celsius de la température moyenne à la surface de la Terre d'ici le milieu du siècle prochain[5] (il est intéressant de noter que cette estimation se situe dans la fourchette prévue par Arrhenius en 1896). Cette augmentation de température devrait avoir un impact profond sur le climat et par conséquent sur les plantes, les animaux et les activités humaines de toutes sortes. En outre, il n'y a

1. Voir Conservation Foundation, *Implications of Rising Carbon Dioxide Content of the Atmosphere*, New York, 1963.

2. National Academy of Sciences/National Research Council, *Changing Climate*, Washington DC, National Academy Press, 1983.

3. World Climate Program, *Report of the International Conference on the Assessment of the Role of Carbon Dioxide and of Other Greenhouse Gases in Climate Variations and Associated Impacts : Report on an international conference held at Villach, Austria, 9-15 October 1985*, Geneva, World Meteorological Organization, 1985.

4. Conference Statement, *The Changing Atmosphere : Implications for Global Security*, Toronto, Canada, 27-30 June, 1988.

5. IPCC [GIEC] 1990, *Policymakers'Summary : Working group II*, Geneva, World Meteorological Association and United Nations Environment Programme, 1990.

aucune raison de supposer que, sans intervention politique, la quantité de dioxyde de carbone atmosphérique se stabilisera à des niveaux deux fois supérieurs à ceux de l'époque préindustrielle et ne continuera pas d'augmenter. Selon le rapport d'évaluation de 1990 du Groupe d'experts intergouvernemental sur l'évolution du climat[1], il faudrait réduire immédiatement de 60 % les émissions nettes de gaz à effet de serre pour que le dioxyde de carbone se stabilise autour du doublement de son niveau actuel d'ici la fin du siècle prochain et n'augmente pas davantage. Or, comme il est très peu probable qu'une telle réduction se produise, nous pourrions tout aussi bien assister à une augmentation de 4 degrés d'ici la fin du XXIe siècle.

Le consensus naissant sur le changement climatique a été porté à la connaissance du public américain le 23 juin 1988, un jour de chaleur étouffante à Washington D.C., en plein milieu d'une grave sécheresse nationale. Ce jour-là, James Hansen a témoigné devant la commission sénatoriale américaine de l'énergie et des ressources naturelles et a affirmé qu'il était probable à 99% que le réchauffement climatique ait commencé. Le témoignage de Hansen a fait la une du *New York Times* et a également été largement couvert par d'autres médias. À la fin de l'été 1988, l'effet de serre était devenu une affaire publique importante. Selon un sondage Gallup de juin 1989, 35% du public américain s'inquiétait « beaucoup » de l'effet de serre, tandis que 28% en étaient « assez » inquiets[2].

Mais à partir de 1989, il y a eu une « réaction violente » de la part des médias contre les opinions « alarmistes » du

---

1. *Ibid.*
2. Gallup Organization, *The Gallup Report# 285 : Concern About the Environment*, Washington DC, 1989.

« faucon »[1] Hansen et des autres oiseaux[*]. En 1989, le *Washington Post* (édition du 8 février), le *Wall Street Journal* (10 avril) et le *New York Times* (13 décembre) ont tous publié des articles majeurs exprimant soit leur scepticisme quant aux prévisions de réchauffement climatique soit une minimisation de ses impacts potentiels. Ces sujets ont été relayés par d'autres médias, notamment des périodiques à large diffusion comme le *Reader's Digest* (février 1990). Dans son numéro de décembre 1989, *Forbes* a publié un article de couverture choc intitulé « La panique du réchauffement climatique » et a ensuite fait paraître une publicité d'une page entière dans le *New York Times* (7 février 1990) pour se féliciter de son courage pour avoir su affronter les « prêcheurs d'apocalypse ».

L'administration Bush semble elle aussi avoir été influencée par ce coup médiatique. La conférence de la

---

1. Pour la typologie de « l'oiseau va-t-en-guerre » associée aux « faucons », aux « colombes » et autres « chouettes », voir M. Glantz, « Politics and the air around us : International policy action on atmospheric pollution by trace gases », *in* M. Glantz (ed.), *Societal Responses to Regional Climate Change : Forecasting by Analogy*, Boulder CO, Westview, 1988, p. 41-72.

* Selon M. Glantz, le sujet du réchauffement climatique, à l'époque, divise la communauté scientifique en trois catégories d'« oiseaux ». Les « faucons » [*hawks*] de 1988 représentent les « *true believers* » de l'époque, ceux qui considèrent déjà qu'il y a assez de preuves pour affirmer que le CO_2 présent dans l'atmosphère réchauffe le climat et que ce processus est déjà en cours. Les « colombes » [*doves*] vont au contraire considérer qu'il s'agit ici d'un nouveau scénario apocalyptique qui ne va probablement jamais se réaliser. Les chouettes [*owls*], quant à elles, sont indécises : d'un côté, les preuves scientifiques semblent convaincantes, mais d'un autre côté, il manque encore les informations nécessaires pour se faire une meilleure idée des impacts, notamment à l'échelle régionale. De nos jours, il n'y a plus lieu d'utiliser une telle typologie, puisque la communauté scientifique s'accorde en faveur d'un large consensus sur le sujet : les preuves ne font plus doute sur l'augmentation des gaz à effet de serre dans l'atmosphère et sur le changement climatique anthropique qui en résulte.

Maison Blanche d'avril 1990 sur le réchauffement climatique s'est conclue par un appel retentissant à davantage de recherches, décevant ainsi plusieurs pays européens qui espéraient une action concertée. En juillet, lors du sommet économique de Houston, l'administration Bush a réitéré sa position, mettant en garde contre une action précipitée. Lors d'une série de réunions au cours de cette année (1992), convoquées dans le cadre du travail du GIEC, le gouvernement américain s'est opposé pratiquement seul à des objectifs et des calendriers spécifiques pour essayer de stabiliser les émissions de dioxyde de carbone. L'administration Bush n'a cessé de souligner les incertitudes scientifiques liées aux prévisions du réchauffement climatique et a également exprimé son inquiétude quant aux impacts économiques des politiques de stabilisation du dioxyde de carbone.

De fait, il existe un certain nombre d'hypothèses différentes sur l'évolution future du climat mondial, ainsi que sur son impact sur les activités humaines et sur les autres activités biologiques. Plusieurs de ces hypothèses sont d'ailleurs en désaccord flagrant avec le consensus actuel. Par exemple, Budyko et Idso pensent que le réchauffement planétaire est bon pour nous, et Ephron affirme que l'injection de gaz à effet de serre déclenchera une nouvelle ère glaciaire[1]. D'autres, influencés par « l'hypothèse Gaia »[2], pensent qu'il existe des mécanismes planétaires d'autorégulation qui pourraient préserver la

1. M. I. Budyko, « Anthropogenic climate change », article présenté au World Congress on Climate and Development, Hambourg, République fédérale d'Allemagne, 1988 ; S. B. Idso, *Carbon Dioxide and Global Change : The Earth in Transition*, Tempe AZ, IBR Press, 1989 ; L. Ephron, *The End : The Imminent Ice Age and How We Can Stop it*, Berkeley CA, Celestial Arts, 1988.

2. Voir J. E. Lovelock, *The Ages of Gaia : A Biography of Our Living Earth*, New York, Norton, 1988.

stabilité du climat, et ce même en présence de forçages anthropogéniques dus aux gaz à effet de serre.

Mais bien qu'il existe quelques vues éloignées du consensus, la plupart des divergences d'opinion au sein de la communauté scientifique sont des différences concernant les points à accentuer plutôt que des différences de nature. Plutôt que de souligner le degré de certitude qui s'attache aux prévisions du réchauffement climatique, comme le fait par exemple Schneider[1], certains soulignent le degré d'incertitude qui s'attache à ces prévisions[2].

Selon mon point de vue, la force la plus importante à l'origine de cette réaction hostile ne repose pourtant pas véritablement sur la crainte de la faiblesse de la science. Elle repose plutôt sur la prise de conscience que freiner le réchauffement climatique ou répondre à ses effets pourrait entraîner de larges coûts économiques et des redistributions, ainsi que des changements radicaux de mode de vie. Divers groupes d'intérêt affirment qu'ils en font déjà assez pour répondre au défi du réchauffement climatique, tandis que certains économistes ont commencé à exprimer des doutes quant à savoir s'il vaut vraiment la peine d'essayer d'empêcher un réchauffement substantiel[3]. Le point de vue qui semble de plus en plus dominer chez les économistes semble être celui selon lequel les chlorofluorocarbures (CFC) devraient être éliminés, tandis que les émissions de

1. S. H. Schneider, *Global Warming : Are We Entering the Greenhouse Century ?*, San Francisco, Sierra Club Books, 1989.

2. Voir par exemple P. Abelson, « Uncertainties about global warming », *Science* 247, 1990, p. 1529.

3. *New York Times*, 11 novembre 1989 ; White House Council of Economic Advisors, *The Economic Report of the President*, Washington DC, Executive Office of the President, Publication Services, 1990.

dioxyde de carbone ou des autres gaz à l'état de traces ne devraient être que légèrement réduites, voire pas du tout[1].

Il existe certes de nombreuses incertitudes concernant le changement climatique anthropique. Malgré tout, nous ne pouvons pas attendre que tous les faits soient connus pour commencer à réagir. Car il est possible que tous les faits ne soient jamais entièrement connus. De nouvelles connaissances peuvent venir à bout d'anciennes incertitudes, mais elles peuvent aussi en apporter de nouvelles. Et c'est une dimension importante du problème : nos offenses envers la biosphère dépassent largement notre capacité de compréhension quant à ce que nous faisons. Nous pourrions subir les pires conséquences de l'effet de serre avant même de pouvoir prouver, à la satisfaction de tous, qu'ils se produiront[2].

Ainsi, le point le plus important sur lequel je veux insister ici est que le problème auquel nous sommes confrontés n'est pas purement scientifique. Il ne peut pas être uniquement résolu par l'accumulation de savoirs issus des sciences. Les chercheurs nous ont alertés sur un problème, mais ce problème concerne également nos valeurs. Il s'agit de se questionner sur comment nous devrions vivre et sur quel rapport nous devrions avoir, en tant qu'humains, les uns avec les autres, ainsi qu'avec le reste de la nature. Nous faisons face ici à un problème éthique et politique, autant qu'à un problème scientifique.

1. Voir W. Nordhaus, « To Slow or Not to Slow : The Economics of the Greenhouse Effect », article présenté à l'American Association for the Advancement of Science, New Orleans LA, 1990 ; J. Darmstadter, « The economic cost of CO_2 mitigation : A review of estimates for selected world regions », *Discussion paper ENR 91-06*, Washington DC, Resources for the Future, 1991.

2. D. Jamieson, « The epistemology of climate change : Some morals for managers », *Society and Natural Resources* 4, 1991, p. 319-329.

Dans la première section, j'examine ce que j'appelle l'approche par le « management » pour évaluer les impacts du changement climatique et nos réponses à celui-ci. Je défends que cette approche est vouée à l'échec, car elle ne dispose pas des ressources nécessaires pour répondre aux questions les plus fondamentales auxquelles nous sommes confrontés ici. Dans la deuxième section, j'explique pourquoi le problème du changement climatique anthropique est dans une large mesure un problème éthique, et pourquoi notre système conventionnel de valeurs ne permet pas de le résoudre. Enfin, je tire quelques conclusions.

POURQUOI LES APPROCHES PAR LE « MANAGEMENT » SONT VOUÉES À L'ÉCHEC

D'après la perspective de l'étude conventionnelle des politiques publiques, la possibilité d'un changement climatique anthropique et les conséquences qui s'ensuivent sont des problèmes qu'il s'agit de gérer, de « manager ». Les techniques de management s'inspirent principalement de la théorie économique néoclassique et visent à manipuler les comportements en contrôlant les incitations économiques par le biais de taxes, de régulations et de subventions.

Ces dernières années, le vocabulaire et les modes de raisonnement économiques ont dominé le débat sur les questions sociales. Les participants du débat public ont intériorisé la perspective économique néoclassique à un tel point que ses présupposés et ses préjugés sont devenus presque invisibles. Il n'est que légèrement exagéré de dire que ces dernières années, le débat politique est devenu en grande partie un débat économique.

Le projet de rapport de l'Agence de protection de l'environnement intitulé *Options politiques pour stabiliser le climat mondial* en est un bon exemple[1]. Malgré son titre, seul un chapitre sur neuf est spécifiquement consacré aux options politiques, et dans ce chapitre, seules « l'internalisation du coût des risques liés au changement climatique » et les « régulations et normes » sont examinées. Pour beaucoup de gens, les questions de régulation ne sont pas distinctes des questions d'internalisation des coûts. Selon une opinion répandue, le rôle des régulations et des normes est précisément d'internaliser les coûts, et donc (pour faire écho à une parodie de nos ancêtres) de « créer un marché plus parfait ». Pour les personnes qui partagent cette opinion, les questions politiques concernant la régulation sont en réalité des questions économiques déguisées[2].

De fait, il serait à la fois erroné et insensé de nier l'importance des informations de nature économique. Ces informations sont importantes lors de la prise de décisions politiques, car certaines politiques ou certains programmes qui, autrement, pourraient sembler attrayants, peuvent en réalité être économiquement désastreux. Ou bien, dans certains cas, il peut exister des politiques alternatives qui permettraient d'atteindre les mêmes objectifs tout en préservant les ressources.

De nos jours, cependant, il est courant que les gens aient des prétentions bien plus ambitieuses pour la discipline économique. Si les philosophes et les représentants religieux sont devenus de plus en plus modestes et réticents dès lors qu'il s'agit de dire aux gens ce qu'ils doivent faire, les économistes, au contraire, sont devenus plus audacieux

1. U.S. Environmental Protection Agency, D. Lashof et D. A. Tirpak (eds.), *Policy Options for Stabilizing Global Climate, Draft Report to Congress*, Washington DC, GPO, 1989.
2. Sur cette question, voir M. Sagoff, *The Economy of the Earth*, New York, Cambridge University Press, 1988.

dans ce domaine. Certains économistes ou leurs défenseurs considèrent non seulement que l'économie fournit des informations importantes pour la prise de décisions politiques, mais aussi que ces informations sont ce qu'il y a de plus important. Certains semblent même aller jusqu'à croire que l'économie fournit les seules informations véritablement pertinentes. Selon ce point de vue, lorsqu'une décision politique doit être prise, ce que nous devons faire, c'est évaluer les bénéfices et les coûts des différentes alternatives. L'alternative qui maximise les bénéfices après déduction des coûts est celle que nous devrions préférer. Cette alternative est en effet « efficiente » et son choix est « rationnel ».

Malheureusement, nous perdons trop souvent de vue le fait que l'efficience économique ne soit qu'une valeur, et qu'elle ne soit peut-être pas la plus importante. Prenons, par exemple, l'idée d'imposer une taxe sur le carbone comme une possible réponse politique à la perspective du réchauffement climatique[1]. Ce que nous pensons de cette proposition va sans doute dépendre dans une certaine mesure de la manière dont elle affecte d'autres préoccupations qui sont importantes pour nous. L'équité est parfois mentionnée comme une autre de ces préoccupations, mais la plupart d'entre nous a une très vague idée de ce que peut signifier l'équité ou quel rôle exact cette dernière est supposée jouer dans les considérations politiques.

Une des raisons qui expliquent l'hégémonie de l'analyse et des prescriptions économiques est que beaucoup de gens en sont venus à penser que l'économie néoclassique fournit la seule théorie sociale qui représente avec exactitude la

---

1. W. R. Moomaw, « Near-term Congressional options for responding to global climate change », *in* D. E. Abrahamson (ed.), *The Challenge of Global Warming*, Washington DC, Island, 1989, p. 305-326.

motivation humaine. Selon le modèle néoclassique, le bien-être peut être défini en termes de satisfaction des préférences, et les préférences sont définies en termes de comportement de choix. De là, nombreux sont ceux qui en déduisent (sans véritable fondement [*illicitly*]) que la perception de l'intérêt personnel est la seule motivation des êtres humains. Ce point de vue suggère la « technique de management » suivante : si vous voulez que les gens fassent quelque chose, donnez-leur une carotte ; si vous voulez qu'ils renoncent à quelque chose, donnez-leur le bâton[1].

Très souvent, l'affirmation selon laquelle les gens font ce qu'ils croient être dans leur intérêt est comprise de manière circulaire. Elle est donc infalsifiable et triviale. Nous savons qu'une chose est perçue comme étant dans l'intérêt d'une personne parce que la personne poursuit cette chose ; et si la personne poursuit cette chose, alors nous savons que la personne doit percevoir cette chose comme étant dans son intérêt. D'un autre côté, si nous prenons comme une affirmation empirique le fait que les gens font toujours ce qu'ils croient être dans leur intérêt, cela sonne clairement faux. Si nous regardons le monde dans lequel nous vivons, nous voyons des gens risquer ou même sacrifier leurs propres intérêts afin de tenter de renverser des gouvernements oppressifs ou afin de réaliser les idéaux auxquels ils sont attachés. Chaque année, il y a plus de personnes qui meurent dans des guerres pour ce qu'ils perçoivent comme un bien collectif qu'il n'y a de tentatives criminelles pour servir les intérêts individuels. Il est peu plausible de supposer que le comportement (et

1. Pour l'opinion selon laquelle l'intérêt personnel est « l'âme de l'homme économique moderne », voir M. L. Myers, *The Soul of Modern Economic Man*, Chicago, University of Chicago Press, 1983.

encore moins les motivations) d'un révolutionnaire, d'un écologiste radical, d'un ami ou d'un conjoint puisse être révélé par une analyse coûts-bénéfices (même si l'analyse en question fait appel au « gène égoïste »).

Que les gens soient motivés par un large éventail de préoccupations, comprenant le souci pour la famille et les amis, ainsi que les idéaux religieux, moraux et politiques, semble évident. Et il semble tout aussi évident que les gens sacrifient parfois leurs propres intérêts pour ce qu'ils considèrent comme un bien plus grand – et parfois même impersonnel[1].

Les gens agissent souvent d'une manière contraire à ce que l'on pourrait prévoir avec des raisons strictement économiques. En outre, les gens considèrent dans certains cas qu'il serait immoral ou malvenu ne serait-ce que de prendre en compte des considérations économiques. Beaucoup de personnes s'accorderaient à dire que le choix d'un époux, d'un conjoint, d'un ami ou les engagements à caractère religieux ou politique seraient tout simplement indécents s'ils étaient choisis sur la base de raisons économiques. Des personnes qui se comportent de cette manière sont souvent considérées comme manipulatrices, peu fiables, sans moralité ni vertu. Une façon de comprendre le point de vue de certains environnementalistes est de se le représenter comme le souhait de voir les êtres humains penser à la nature de la même façon que beaucoup d'entre nous pensent à leurs amis et à leurs conjoints – voir la

---

1. Ces faits sont d'ailleurs de plus en plus reconnus dans la littérature en sciences sociales : voir, par exemple, J. Mansbridge (ed.), *Beyond Self-Interest*, Chicago, University of Chicago Press, 1990 ; K. D. Opp, *The Rationality of Political Protest*, Boulder CO, Westview, 1989 ; et T. Scitovsky, *The Joyless Economy : An Inquiry Into Human Satisfaction and Consumer Dissatisfaction*, New York, Oxford University Press, 1976.

nature non pas comme une ressource à exploiter, mais comme un partenaire avec qui vivre ensemble.

Ce que je suggère dans cette section, c'est qu'il n'est pas toujours rationnel de prendre des décisions uniquement sur des bases strictement économiques. Bien que l'efficience économique puisse certainement être une valeur, il en existe d'autres. Or il existe de nombreuses situations dans la vie où d'autres valeurs que l'efficience économique sont supposées prévaloir. J'ai également suggéré que les mécanismes de motivation des personnes sont complexes et que l'exploitation des perceptions de l'intérêt personnel n'est peut-être pas la seule façon d'enclencher la motivation. Cela revient à une critique générale des points de vue selon lesquels toutes les questions sociales sont des problèmes de management à résoudre en appliquant des techniques économiques déjà toutes faites et prêtes à l'emploi.

Par ailleurs, il existe une autre raison pour laquelle les considérations économiques devraient passer au second plan dans notre réflexion sur un changement climatique à l'échelle mondiale. Il s'agit du fait suivant : il n'est pas possible d'évaluer avec précision tous les impacts potentiels et d'attribuer une valeur économique aux différentes actions envisageables. Si le réchauffement climatique se produit, il aura des répercussions si vastes, si diverses et si incertaines que l'analyse économique conventionnelle sera pratiquement inutile[1].

Il faut d'abord considérer l'incertitude quant aux impacts potentiels. Certaines incertitudes concernant les effets globaux de la concentration atmosphérique en dioxyde de carbone et autres gaz à effet de serre ont déjà été relevées.

---

1. Notre incapacité à effectuer des calculs économiques fiables va également à l'encontre de la vision type « police d'assurance » privilégiée par de nombreux faucons [*hawks*] : mais ceci est une autre histoire.

Mais même si le consensus est correct sur le fait que les températures moyennes à la surface du globe augmenteront de 1,5 à 4 degrés Celsius au cours du prochain siècle en raison du doublement du dioxyde de carbone atmosphérique, il subsiste encore une grande incertitude sur l'impact de ce réchauffement sur le climat à l'échelle régionale. Une chose est sûre : les impacts ne seront pas homogènes. Certaines zones se réchaufferont, d'autres se refroidiront probablement et la variabilité générale augmentera sans doute. Les modèles de précipitations changeront également, et les projections concernant les précipitations sont beaucoup moins fiables que celles qui concernent la température. Ces incertitudes sur les effets régionaux rendent les estimations des conséquences économiques du changement climatique radicalement incertaines.

Il existe également une autre source d'incertitude concernant les estimations. En général, il est difficile de prédire le comportement humain, comme l'ont montré les récents événements en Europe centrale et en Europe de l'Est. Ces difficultés sont particulièrement aiguës dans le cas qui nous occupe maintenant car le changement climatique, s'il se produit, affectera un large éventail d'activités sociales, économiques et politiques. Les changements dans ces secteurs affecteront les émissions de « gaz à effet de serre », or ces émissions affecteront à leur tour le climat, et ainsi de suite, de façon circulaire[1]. Le changement climatique est en lui-même incertain, et ses effets sur l'être humain le sont encore plus radicalement. C'est pour de telles raisons qu'en général, le domaine de

1. D. Jamieson, « Managing the future : Public policy, scientific uncertainty, and global warming », *in* D. Scherer (ed.), *Upstream/Downstream : New Essays in Environmental Ethics*, Philadelphia, Temple University Press, 1990, p. 67-89.

l'environnement et de l'énergie a toujours su réserver son lot de surprises.

Une deuxième raison pour laquelle les bénéfices et les coûts des impacts du changement climatique global ne peuvent être évalués de manière fiable concerne l'ampleur des impacts. Le changement climatique global affectera toutes les régions de la planète. Or nous savons très peu de choses sur nombre de ces régions, même si ce sont celles où la majeure partie de la population mondiale vit. Certaines de ces régions n'ont même pas d'économie monétarisée. Il est ainsi absurde de partir du principe que nous pourrions évaluer les impacts économiques du changement climatique global alors que nous comprenons si peu, de fait, l'économie mondiale[1].

Enfin, il faut tenir compte de la diversité des impacts potentiels. Un changement climatique à l'échelle mondiale aura des répercussions sur l'agriculture, la pêche, la sylviculture et le tourisme. Il affectera les écosystèmes « non managés » et les modes d'urbanisation. Le commerce et les relations internationales seront affectés. Certaines nations et certains secteurs pourraient en bénéficier au détriment des autres et il y aura des interactions complexes entre ces effets. C'est pourquoi nous ne pouvons pas agréger de manière fiable les effets en évaluant chaque impact et en les combinant par simple addition. Puisque les interactions sont si complexes, nous n'avons aucune idée de la fonction mathématique appropriée pour les agréger (en partant du principe que l'idée d'agrégation ait un sens dans ce contexte, ce qui n'est pas certain). Il est déjà assez difficile comme

---

1. À titre d'exemple, Nordhaus, « To slow or not to slow », art. cit., extrapole de manière peu plausible l'analyse sectorielle de l'économie américaine à l'économie mondiale pour les besoins de son étude.

cela d'évaluer les bénéfices et les coûts économiques d'activités locales à petite échelle. Il est presque inimaginable de croire que nous pourrions agréger les divers impacts du changement climatique global de telle manière que nous pourrions ensuite en dicter les réponses politiques appropriées.

En réponse à des arguments sceptiques comme celui que j'ai donné, il est parfois admis que notre capacité actuelle à fournir des analyses économiques fiables est certes limitée, mais il est alors affirmé que n'importe quelle analyse est toujours mieux qu'aucune. Je pense que c'est faux et qu'une façon de le vérifier est d'examiner un exemple.

Imaginez un siècle plus tôt, qu'un gouvernement fasse une analyse économique afin de décider s'il doit ou non construire son système de transport national autour de l'automobile privée. Personne n'aurait pu alors imaginer les effets secondaires d'une telle décision : les routes qui seraient construites, les pertes de vies humaines, les effets sur la faune et la flore, sur les communautés ; sans compter l'impact sur la qualité de l'air, le bruit, la durée des trajets et la qualité de vie. De fait, nous sommes dans l'incapacité de prévoir et d'évaluer de manière fiable les effets d'une technologie, et ce même à petite échelle[1]. Sachant cela, il est difficile d'éviter la conclusion suivante : la simple idée de prévoir l'impact du changement climatique global de manière suffisamment fiable pour permettre une analyse économique pertinente semble plus que jamais insensée.

Lorsque nous sommes aussi profondément ignorants, affirmer qu'une analyse est toujours mieux qu'aucune

---

1. Comme l'illustre le cas du cœur artificiel : D. Jamieson, « The artificial heart : Reevaluating the investment », *in* D. Mathieu (ed.), *Organ Substitution Technology*, Boulder CO, Westview, 1988, p. 277-296.

relèverait d'un acte de foi. Une mauvaise analyse peut être si erronée qu'elle peut nous pousser à faire de mauvaises choses, des choses terribles – des choses qui sont bien pires que ce que nous aurions fait si nous n'avions pas essayé d'évaluer des coûts et des bénéfices (c'est d'ailleurs peut-être la sagesse du vieil adage selon lequel « un peu de connaissance peut être une chose dangereuse »).

Ce que j'ai voulu défendre, c'est que l'idée de « manager » le changement climatique global est une dangereuse prétention. Les outils d'évaluation économique ne sont pas à la hauteur de cette tâche. Cependant, la raison la plus fondamentale pour laquelle les approches du management sont vouées à l'échec est que les questions auxquelles elles peuvent répondre ne sont ni les plus importantes ni les plus profondes. Les problèmes posés par le changement climatique global d'origine humaine sont à la fois éthiques, économiques et scientifiques. Je vais expliquer cette affirmation dans la prochaine section.

L'ÉTHIQUE ET LE CHANGEMENT GLOBAL

Depuis la fin de la Seconde Guerre mondiale, les humains ont atteint une sorte de pouvoir sans précédent dans l'histoire. Alors que par le passé, des peuples entiers pouvaient être annihilés, aujourd'hui, ce sont tous les êtres humains qui sont vulnérables. Alors qu'autrefois, certaines sociétés humaines avaient le pouvoir de perturber les processus naturels qui rendaient leur vie et leur culture possibles, aujourd'hui, les humains ont le pouvoir de modifier les conditions fondamentales qui ont permis à la vie humaine d'évoluer et de continuer à se maintenir sur Terre. Pendant que notre espèce joue avec le feu, le reste de la nature est pris en otage. Même si nous reculons de quelques pas du bord du précipice, il sera trop tard pour beaucoup, voire pour la plupart des espèces végétales et animales avec lesquelles nous partageons la planète[1]. Même si le climat mondial peut être stabilisé, le futur pourrait être celui d'un monde sans nature sauvage[2]. Les humains vivraient alors dans un monde humanisé avec quelques plantes et animaux domestiques qui pourraient survivre ou prospérer à partir de leurs relations avec les humains.

Les questions posées par ces possibilités sont fondamentales d'un point de vue moral. Elles concernent la manière dont nous devrions vivre, les types de sociétés que nous souhaiterions développer et le rapport que nous voudrions avoir à la nature et aux autres formes de vie. Vu sous cet angle, il n'est pas surprenant que l'économie ne puisse pas nous dire tout ce que nous voulons savoir sur la façon dont nous devrions réagir au réchauffement et au changement climatiques. L'économie peut nous dire comment atteindre nos objectifs de manière efficiente, mais elle ne peut pas nous dire quels devraient être nos objectifs en premier lieu, ni même s'il est approprié de vouloir les atteindre de manière efficiente.

Il est frappant, dans la vie intellectuelle moderne, de constater que nous cherchons souvent à éluder les considérations sur les valeurs dans tout ce qui concerne les questions sociales fondamentales. Les spécialistes des sciences sociales ont tendance à éviter de parler explicitement de valeurs, et c'est en partie la raison pour laquelle nous comprenons si peu la manière dont les changements de valeurs se produisent chez les individus et dans les sociétés. Les décideurs politiques sont également souvent réticents

1. K. Borza et D. Jamieson, *Global Change and Biodiversity Loss : Some Impediments to Response*, Boulder, University of Colorado, Center for Space and Geoscience Policy, 1990.

2. B. McKibben, *The End of Nature*, New York, Knopf, 1989.

lorsqu'il s'agit de parler de valeurs. Nombreux sont ceux qui pensent qu'une réflexion rationnelle sur les valeurs et le changement de valeurs est impossible, inutile, irréalisable ou dangereuse. D'autres y voient une menace professionnelle, politique ou bureaucratique[1]. En général, dans le processus politique, le langage des valeurs a tendance à fonctionner comme un code pour définir les politiques et les attitudes qui ne peuvent pas être discutées directement.

Un système de valeurs, dans le sens où j'emploierai cette notion, spécifie des permissions, des normes, des devoirs et des obligations ; il attribue des blâmes, des louanges et des responsabilités ; et il rend compte de ce qui a de la valeur et de ce qui n'en a pas. Un système de valeurs fournit une norme pour évaluer notre comportement et celui des autres. Peut-être indirectement, il fournit également une mesure de l'acceptabilité de l'action et de la réglementation gouvernementales.

Les valeurs sont plus objectives que les simples préférences[2]. Une valeur importe à toute une série de personnes qui se trouvent dans une situation similaire. Une préférence ne peut avoir de force que pour l'individu dont c'est la préférence. La question de savoir si une personne doit ou non avoir une valeur particulière dépend de raisons et d'arguments. Nous pouvons discuter rationnellement des valeurs, tandis que les préférences peuvent être simplement ancrées dans le désir, sans raisons à l'appui.

Un système de valeurs peut régir le comportement d'une personne sans que ces valeurs soient totalement

1. D. R. Amy, « Why policy analysis and ethics are incompatible », *Journal of Policy Analysis and Management* 3, 1984, p. 573-591.
2. R. Andrews et M. J. Waits, *Environmental Values in Public Decisions : A Research Agenda*, Ann Arbo, University of Michigan, School of Natural Resources, 1978.

explicites. Elles peuvent figurer dans les motivations des personnes et dans leurs tentatives de justifier ou de critiquer leurs propres actions ou celles des autres. Il peut ainsi être nécessaire qu'un théoricien ou un thérapeute rende ces valeurs explicites.

À cet égard, un système de valeurs peut ressembler à un iceberg : la plupart des éléments importants peuvent être submergés et invisibles, même pour la personne dont ils sont les valeurs. Comme les valeurs sont souvent opaques pour la personne qui les a, il peut y avoir des inconsistances et des incohérences dans un système de valeurs. De fait, de nombreux débats et dialogues sur les valeurs impliquent des tentatives de résolution des inconsistances et des incohérences dans un sens ou dans l'autre.

Un système de valeurs est généralement une construction culturelle plutôt qu'individuelle[1]. Il est pertinent de parler des valeurs américaines contemporaines, ou de celles de l'Angleterre du XVIIIe siècle ou de l'Inde du Xe siècle. Nos différences individuelles ont tendance à se produire en marge de notre système de valeurs. Les vastes zones d'accord semblent souvent invisibles parce qu'elles sont présupposées ou adoptées sans argument.

Or, je pense que le système de valeurs dominant de nos jours est inadéquat et inapproprié pour guider notre réflexion sur les problèmes environnementaux globaux, tels que ceux posés par le changement climatique causé par l'activité humaine. Ce système de valeurs, dans la manière dont il affecte l'environnement, peut être compris comme une construction relativement récente, coïncidant

1. T. Weiskel, « Cultural values and their environmental implications : An essay on knowledge, belief and global survival », article présenté à l'American Association for the Advancement of Science, New Orleans LA, 1990.

avec la montée du capitalisme et de la science moderne, et exprimée dans les écrits de philosophes tels que Francis Bacon[1], John Locke[2] et Bernard Mandeville[3]. C'est un système de valeurs qui a évolué dans des sociétés à faible densité de population et à faible capacité technologique, avec un accès en apparence illimité à la terre et aux autres ressources. Il se reflète dans les attitudes envers la population, la consommation, la technologie et la justice sociale, ainsi qu'envers l'environnement.

Considérons une caractéristique particulière de ce système de valeurs : sa conception de la responsabilité. Notre système de valeurs actuel présuppose que les nuisances et leurs causes sont individuelles, qu'elles peuvent être facilement identifiées et qu'elles sont à proximité dans l'espace et le temps. Ce sont ces aspects de notre conception de la responsabilité sur lesquels je veux m'arrêter.

Prenons alors un exemple type de ce que notre système de valeurs sait traiter au mieux. Jones s'introduit par effraction chez Smith et vole le téléviseur de Smith. L'intention de Jones est claire : il veut le téléviseur de Smith. Smith subit un préjudice évident ; sa situation est moins bonne qu'avant car il subit la perte de son téléviseur.

1. F. Bacon, *Works* [1620], J. Spedding, R. L. Ellis et D. D. Heath (éds.), London, Longmans Green, 1870 [trad. fr. J. A. Buchon, *Œuvres completes*, Paris, L'Harmattan, 2008].

2. J. Locke, *The Second Treatise of Government* [1690], Indianapolis IN, Bobbs-Merrill, 1952 [trad. fr. J.-F. Spitz, *Le Second traité du gouvernement. Essai sur la véritable origine, l'étendue et la fin du gouvernement civil*, Paris, P.U.F., 1994].

3. B. Mandeville, *The Fable of the Bees* [1714], P. Harth (éd.), Hammersmith, England, Penguin, 1970 [trad. fr. L. et P. Carrive, *La fable des abeilles*, t. 1 et 2, Paris, Vrin, 1991] ; voir également A. O. Hirschman, *The Passions and the Interests*, Princeton NJ, Princeton University Press, 1977 [trad. fr. P. Andler, *Les passions et les intérêts*, Paris, P.U.F., 2014].

Jones est responsable de la perte de Smith, car il est la cause du préjudice et personne d'autre n'est impliqué.

Ce que nous avons ici est une image claire et précise de la perte de Smith. Nous savons comment identifier le préjudice et comment en attribuer la responsabilité. Nous réagissons à ce manquement à nos normes en punissant Jones afin de l'empêcher de recommencer et afin de dissuader d'autres personnes de commettre de tels actes, ou nous exigeons une compensation de la part de Jones pour que Smith puisse se retrouver dans une condition similaire à celle qui était la sienne avant les faits.

Je pense, cependant, que ce paradigme s'effondre lorsque nous essayons de l'appliquer aux problèmes environnementaux globaux, tels que ceux liés au changement climatique global causé par l'être humain. C'est aussi pour cette raison que nous nous sentons souvent confus sur la manière dont il faut penser ce type de problèmes.

Il existe trois dimensions importantes pour lesquelles les problèmes environnementaux mondiaux tels que ceux engendrés par le changement climatique s'écartent du paradigme : des actes apparemment innocents peuvent avoir des conséquences dévastatrices ; les causes et les nuisances peuvent être diffuses ; et enfin, les causes et les nuisances peuvent être éloignées dans l'espace et dans le temps[1].

Prenons ainsi un autre exemple. Certaines projections suggèrent que l'un des effets du réchauffement causé par les gaz à effet de serre pourrait être de déplacer la ceinture cyclonique de l'hémisphère sud encore plus au sud. Si cela

---

1. D'autres dimensions importantes peuvent concerner la causalité non linéaire, les effets de seuil et le manque relatif d'importance des frontières politiques, mais je ne peux pas en parler ici : voir K. Lee, *Social Philosophy and Ecological Scarcity*, New York, Routledge, 1989.

se produit, la fréquence des cyclones à Sydney, en Australie, augmentera énormément, ce qui entraînera de nombreux morts et de nombreuses destructions. Les causes seront alors diffuses. Personne ne pourra être identifié comme étant la cause des morts et des destructions, de la même façon que nous pourrions facilement identifier Jones comme étant la cause du préjudice subi par Smith. Au lieu d'une cause unique, nous aurons des millions de personnes qui auront apporté des contributions causales minuscules, presque imperceptibles – en conduisant des voitures, en coupant des arbres, en utilisant l'électricité, etc. Ils auront, pour ainsi dire, contribué à causer des nuisances, sans en avoir l'intention, simplement en accomplissant des actes en apparence « innocents », au cours de leur vie quotidienne. Par ailleurs, la plupart de ces personnes seront géographiquement éloignées de Sydney, Australie (beaucoup d'entre elles n'auront d'ailleurs aucune idée de l'endroit où se trouve Sydney, Australie). Enfin, certaines personnes qui seront lésées seront éloignées, en termes de temporalité, de ceux qui ont causé la nuisance. Sydney pourrait souffrir au XXIe siècle en partie en raison du comportement des personnes des XIXe et XXe siècles. En d'autres termes, beaucoup de petites personnes faisant de petites choses sur une longue échelle de temps causeront ensemble des nuisances inimaginables.

Malgré le fait que des préjudices graves et clairement identifiables auront été causés par l'action humaine, la morale conventionnelle ne permettra pas de trouver facilement quelqu'un à blâmer. Car au fond, personne n'a eu l'intention de faire du mal, de déclencher un quelconque effet néfaste, et personne ne peut non plus prévoir ce qui arrive.

Aujourd'hui, nous sommes confrontés à la possibilité que l'environnement global soit détruit, et cependant personne n'en sera responsable. Il s'agit d'un tout nouveau problème. Il faut un très grand nombre de personnes et un niveau élevé de consommation et de production pour changer le climat de la planète. Cela n'aurait pas pu se faire dans des sociétés à faible densité et à faible capacité technologique. En vérité, cela n'aurait pas non plus pu être accompli dans des sociétés comme la nôtre jusqu'à récemment. Londres pouvait être polluée par ses habitants au XVIIIᵉ siècle, mais la portée d'une telle pollution restait limitée. Aujourd'hui, aucune partie de la planète ne se trouve à l'abri. Or, si nous ne développons pas de nouvelles valeurs et conceptions de la responsabilité, nous aurons d'énormes difficultés pour motiver l'humanité à résoudre ce problème.

Certains peuvent considérer que discuter de nouvelles valeurs est idéaliste. On dit parfois que la nature humaine ne peut pas être changée. Mais comme le sait toute personne qui prend au sérieux l'anthropologie ou l'histoire, nos valeurs actuelles sont au moins en partie construites historiquement, enracinées dans les conditions de vie dans lesquelles elles se sont développées. Ce dont nous avons besoin, ce sont de nouvelles valeurs qui reflètent l'interconnexion de la vie sur une planète dense et hautement technologique.

D'autres peuvent penser que la recherche de nouvelles valeurs est excessivement individualiste et que ce qu'il faut, ce sont plutôt des solutions collectives et institutionnelles. Mais cela consiste à oublier que nos valeurs imprègnent nos institutions et nos pratiques. La réforme de nos valeurs fait partie de l'élaboration de nouveaux concepts moraux, politiques et juridiques.

Voir les problèmes environnementaux globaux comme des problèmes moraux a l'avantage crucial de les amener vers le domaine du dialogue, de la discussion et de la participation. Au lieu d'être des problèmes de management que les gouvernements ou les experts peuvent résoudre pour nous, lorsqu'ils sont considérés comme des problèmes éthiques, ils deviennent des problèmes que nous devons tous aborder, à la fois en tant qu'acteurs politiques et en tant qu'agents moraux dans la vie de tous les jours.

Dans cet essai, je ne peux pas m'avancer et dire quelles seront les nouvelles valeurs nécessaires. Je ne peux pas non plus fournir une recette miracle pour les faire apparaître. Les valeurs se créent collectivement, elles ne sont pas dictées par des individus. Ce qui est certain, c'est que la domination des modèles économiques a eu pour conséquence la négligence de l'étude des valeurs et de leur évolution[1]. J'ai toutefois une suggestion concrète : nous devrions nous recentrer davantage sur les traits de caractère des personnes et moins sur le calcul des conséquences probables de nos actions. En se centrant sur les conséquences, nous sommes devenus des calculateurs cyniques et nous avons institutionnalisé l'hypocrisie. Nous pouvons tous raisonner ainsi : puisque ma contribution est faible, les conséquences sont surtout susceptibles d'être déterminées par le comportement des autres. En raisonnant de cette façon, nous pouvons chacun justifier le fait de conduire une voiture tout en préconisant l'usage du vélo. Nous pouvons faire un barbecue tout en soutenant les réglementations qui s'y opposent.

---

1. Voir cependant : A. Wolfe, *Whose Keeper? Social Science and Moral Obligation*, Berkeley, University of California Press, 1989 ; R. Reich (ed.), *The Power of Public Ideas*, Cambridge, Harvard University Press, 1988.

Dans un tel contexte, nous ne condamnons pas, ni même ne trouvons surprenant que le Congrès se dispense des lois sur les droits civils. Même David Brower*, un « symbole » du mouvement écologiste, possède deux voitures, quatre téléviseurs couleur, deux caméras vidéo, trois magnétoscopes et une douzaine de magnétophones, et il justifie cela en disant que « c'est ce qui l'aidera dans son travail pour sauver la Terre » (*San Diego Union*, 1ᵉʳ avril 1990).

Le calcul des conséquences probables de nos actions conduit à désagréger les modèles de comportement collectif qui seraient nécessaires pour répondre avec succès à de nombreux problèmes environnementaux mondiaux auxquels nous devons faire face. Lorsque nous « économisons » notre comportement de manière à pouvoir calculer, nous négligeons systématiquement les effets subtils et indirects de nos actions. Et pour cette raison, nous concluons que l'action individuelle est inefficace. Cependant, pour que le changement social se produise, il est important qu'il y ait des personnes intègres et dotées des traits de caractère qui permettent d'agir à partir de principes et d'idéaux.

Certes, le contenu de nos principes et idéaux est important. Des principes et des idéaux peuvent être extravagants ou même déments. Mais à mon avis, dans la mesure où nous devons faire face à des problèmes tels que le changement climatique à l'échelle mondiale, nous devrons cultiver et donner un nouveau contenu à certaines

---

* David Brower (1912-2000) était un célèbre écologiste et environnementaliste américain, fondateur de nombreuses organisations environnementales, comme le John Muir Institute for Environmental Studies, Friends of the Earth (1969), Earth Island Institute (1982), North Cascades Conservation Council, et Fate of the Earth Conferences. De 1952 à 1969, il a également été le directeur exécutif du Sierra Club.

anciennes vertus telles que l'humilité, le courage, la modération. Nous devrons peut-être même développer de nouvelles vertus telles que la simplicité et le conservatisme*. Car dans tous les cas, indépendamment du choix des meilleurs candidats pour les vertus du XXIᵉ siècle, il sera avant tout essentiel de reconnaître l'importance et le rôle central que jouent les vertus dans le changement des valeurs.

CONCLUSION

La science a lancé une alerte : cette dernière concerne l'impact de l'humanité sur la planète, sur les uns et les autres, ainsi que sur la vie sur Terre. Cela a pour effet de nous confronter de manière radicale à de nouvelles questions sur notre identité (qui sommes-nous ?), nos relations avec la nature et ce que nous sommes prêts à sacrifier au nom de divers futurs possibles. Nous devrions relever ce défi comme quelque chose d'essentiel, un défi au sujet de nos valeurs, et ne pas simplement le traiter comme s'il s'agissait simplement d'un autre problème technique à « manager ».

Ceux qui cherchent des solutions rapides pourront trouver cette réflexion sur les valeurs frustrante. Un argument moral ne changera jamais le monde du jour au lendemain. Un changement moral collectif est profondément coopératif plutôt que coercitif. Personne ne s'effondrera, mortellement blessé, confronté à un argument. Pourtant, si l'on souhaite qu'un changement significatif s'opère et

---

* La notion de conservatisme est étroitement liée à l'idée d'humilité. Il s'agit pour Jamieson d'une critique de l'attitude selon laquelle nous aurions toutes les bonnes réponses et nous pourrions intervenir en toute confiance de façon à rendre le monde meilleur. C'est une disposition consistant à prendre du recul, à repenser notre rapport au monde et à apprendre à préserver.

fasse une différence sur le long terme, cela doit être fait à la fois collectivement et complètement. La question fondamentale à laquelle nous sommes confrontés est celle de mieux comprendre qui nous sommes et comment de meilleures conceptions de nous-mêmes peuvent nous guider vers le changement[1].

1. Cet article a été discuté en public lors des réunions de l'AAAS en 1989 à la Nouvelle-Orléans, à la conférence « Global Warming and the Future : Science Policy and Society » à l'Université technologique du Michigan, et avec les départements de philosophie de l'Université de Redlands et de l'Université de Californie à Riverside. J'ai énormément bénéficié de chacune de ces discussions. Michael H. Glantz (Centre national pour la recherche atmosphérique) a commenté utilement une version antérieure du présent article, et Karen Borza (Université d'État de Pennsylvanie) a contribué de nombreuses manières au développement de cet article. J'ai également été aidé par les commentaires de deux relecteurs anonymes. Une version préliminaire de cet article est parue dans *Problemi di Bioetica*. Je tiens à remercier le Programme d'études sur l'éthique et les valeurs de la Fondation nationale des sciences pour avoir rendu cette recherche possible.

STEPHEN M. GARDINER

UNE TEMPÊTE MORALE PARFAITE
LE CHANGEMENT CLIMATIQUE, L'ÉTHIQUE INTERGÉNÉRATIONNELLE ET LE PROBLÈME DE LA CORRUPTION MORALE[*]

> *Il y a comme un appel silencieux à l'hypocrisie et à la supercherie, et les politiciens pragmatiques répondent avec ... des plans qui ne sont que des promesses creuses. S'il vous plaît, épargnez-nous la vérité*[1].

Le rapport scientifique qui fait le plus autorité sur le changement climatique commence par affirmer :

> Les sciences naturelles, techniques et sociales peuvent fournir des données et des preuves indispensables à la définition de ce qui constitue "une perturbation anthropique dangereuse du système climatique". Toutefois, *cette définition est un jugement subjectif...*[2].

---

[*] S. M. Gardiner, « A perfect Moral Storm : Climate Change, Intergenerational Ethics and the Problem of Moral Corruption », *Environmental Values* 15, 3, 2006, p. 397-413.

1. R. J. Samuelson, « Lots of Gain And No Pain ! », *Newsweek*, 21 février 2005, p. 41. Samuelson parlait d'une autre question intergénérationnelle, la sécurité sociale, mais ses affirmations semblent pertinentes ici aussi.

2. GIEC, *Changements climatiques 2001 : Rapport de synthèse*, 2001, Genève, [en ligne], <https://archive.ipcc.ch/ipccreports/tar/vol4/french/pdf/syrfull.pdf>. L'italique a été ajouté.

Il y a de bonnes raisons à cette affirmation. Le changement climatique est un problème complexe qui soulève des questions touchant à un grand nombre de disciplines, notamment les sciences physiques et les sciences de la vie, les sciences politiques, l'économie et la psychologie, pour n'en citer que quelques-unes. Mais, sans vouloir un seul instant minimiser les apports de ces disciplines, l'éthique semble jouer ici un rôle fondamental.

Pourquoi cela? Au niveau le plus général, la raison en est que nous ne pouvons pas aller très loin dans la discussion au sujet du problème posé par le changement climatique sans invoquer des considérations éthiques. Si nous ne pensons pas que nos propres actions sont sujettes à une évaluation morale, ou que divers intérêts comptent (les nôtres, ceux de notre famille et de notre pays, ceux des personnes lointaines, des générations futures, des animaux et de la nature), alors il est difficile de voir pourquoi le changement climatique (ou d'autres choses encore) pose un problème. Mais dès que nous comprenons cela, il semble alors que nous ayons besoin d'une certaine définition de la responsabilité morale, des intérêts moralement importants et de ce qu'il convient de faire à leur sujet. Et cela nous place résolument dans le domaine de l'éthique.

À un niveau plus pratique, les questions éthiques sont au fondement des principales décisions politiques qui doivent être prises, comme la question concernant le niveau auquel fixer un plafond global pour les émissions de gaz à effet de serre et celle concernant la distribution des émissions en dessous d'un tel plafond. Par exemple, le niveau auquel le plafond global est fixé dépend de la façon dont les intérêts de la génération actuelle sont pondérés par rapport à ceux des générations futures. La manière dont les émissions sont distribuées sous ce plafond dépend quant à elle en partie de diverses convictions concernant le rôle que devrait prendre la consommation énergétique dans la vie des individus, l'importance de la responsabilité historique dans ce problème, et les besoins présents et aspirations futures des différentes sociétés.

La pertinence de la réflexion éthique lorsqu'il s'agit de donner un contenu concret à la politique climatique semble donc claire. Mais ce n'est pas le sujet que je souhaite aborder ici[1]. Je voudrais plutôt examiner une autre manière, dans une certaine mesure plus fondamentale, dont la réflexion éthique met en lumière la difficulté de la situation actuelle. Je ne m'intéresse pas vraiment ici au contenu d'un régime climatique défendable, mais plutôt au processus d'élaboration de la politique climatique.

Ma thèse est la suivante : les caractéristiques bien particulières du problème du changement climatique constituent des obstacles importants à notre capacité de faire les choix difficiles qui s'imposent pour y répondre. Le changement climatique est une tempête morale parfaite. Il s'ensuit que même si nous pouvions répondre aux questions éthiques difficiles qui se posent, nous pourrions malgré tout avoir des difficultés à agir car la tempête nous rend extrêmement vulnérables à la corruption morale[2].

Une tempête parfaite est ici définie comme un événement caractérisé par la convergence inhabituelle de facteurs qui sont indépendamment nuisibles, et que cette convergence est susceptible d'avoir d'importantes conséquences

1. Pour plus de détails sur ces questions, voir : S. M. Gardiner, « Ethics and Global Climate Change », *Ethics* 114, 2004, p. 555-600.

2. On pourrait se demander pourquoi, malgré le fait largement reconnu que le changement climatique soulève d'importantes questions éthiques, il y a relativement peu de discussions explicites à ce sujet. La réponse à cette question est sans aucun doute complexe, mais la thèse que j'expose ici pourrait bien en faire partie.

négatives, voire catastrophiques. Le terme « tempête parfaite » semble être devenu courant dans la culture populaire grâce au livre du même nom de Sebastian Junger, et grâce au film hollywoodien qui en a été tiré[1]. Le récit de Junger est basé sur l'histoire vraie de l'*Andrea Gail*, un bateau de pêche pris en mer lors de la convergence de trois tempêtes particulièrement violentes[2]. Le sens de l'analogie est donc que le changement climatique semble être une tempête morale parfaite parce qu'il fait converger un certain nombre de facteurs qui menacent notre capacité à nous comporter de façon éthique.

Le changement climatique étant un phénomène complexe, je ne peux espérer identifier toutes les manières dont ses caractéristiques font obstacle au comportement éthique. Je vais donc identifier trois problèmes particulièrement importants – analogues aux trois tempêtes qui ont frappé l'*Andrea Gail* – qui convergent dans le cas du changement climatique. Ces trois « tempêtes » se manifestent dans les dimensions globale, intergénérationnelle et théorique, et je vais défendre l'idée que leur interaction contribue à exacerber et à occulter un problème sous-jacent de corruption morale, qui peut avoir une importance pratique plus grande que chacune de ces trois tempêtes prise indépendamment.

---

1. S. Junger, *A Perfect Storm : A True Story of Men Against the Sea*, London, Harper, 1999 [trad. fr. J. Bourdier, *En pleine tempête*, Le Livre de Poche, 2001].

2. Cette définition est la mienne. Le terme « tempête parfaite » est très répandu, mais il est difficile d'en trouver des définitions. Un dictionnaire d'argot en ligne offre ce qui suit : « Lorsque trois événements, généralement hors de notre contrôle, convergent et causent un désagrément important à un individu. Chaque événement représente l'une des tempêtes qui se sont abattues sur l'*Andrea Gail* dans le livre/film intitulé la tempête parfaite », [en ligne], <https://www.urbandictionary.com>.

LA TEMPÊTE GLOBALE

Les deux premières tempêtes découlent de trois caractéristiques importantes du changement climatique. Je nomme ces caractéristiques :

– Dispersion des causes et des effets
– Fragmentation de l'action
– Inadéquation institutionnelle

Comme ces caractéristiques se manifestent dans deux dimensions particulièrement importantes – l'espace et le temps – il est utile de distinguer deux composantes différentes, mais se renforçant mutuellement, du problème climatique. J'appellerai la première « la tempête globale ». Elle correspond à la compréhension dominante du changement climatique, et elle émerge d'une interprétation essentiellement spatiale des trois caractéristiques.

Commençons par la dispersion des causes et des effets. Le changement climatique est un phénomène véritablement global. Les émissions de gaz à effet de serre provenant de n'importe quel endroit sur la planète se dirigent vers la haute atmosphère et contribuent ensuite à influencer le climat de manière globale. Donc, l'impact d'une émission donnée de gaz à effet de serre n'est pas réalisé uniquement à sa source, individuelle ou géographique. Les impacts sont bien au contraire dispersés vers d'autres acteurs et régions de la planète. Cette dispersion spatiale a déjà été largement commentée.

La deuxième caractéristique est la fragmentation de l'action. Le changement climatique n'est pas causé par un seul agent, mais par un grand nombre d'individus et d'institutions qui ne sont pas unifiés par une structure d'action commune. C'est important car cela pose un véritable défi en termes de capacité de l'humanité à répondre à la menace.

Dans la dimension spatiale, cette caractéristique est généralement comprise comme découlant de la structure du système international actuel, constitué d'États. Le problème est non seulement l'absence de gouvernement mondial, mais aussi le manque de système de gouvernance globale décentralisé (ou du moins de système efficace). Il est donc très difficile de coordonner une réponse efficace au changement climatique global.

Cet argument général est souvent rendu plus convaincant par le recours à un modèle théorique bien connu[1]. La situation internationale est en effet généralement analysée en termes de théorie des jeux comme un dilemme du prisonnier, soit ce que Garrett Hardin appelle une « tragédie des biens communs »[2]. Par souci de clarté, décrivons le scénario du dilemme du prisonnier (DP) dans les termes d'un cas paradigmatique, celui de la pollution[3]. Supposons qu'un certain nombre d'agents distincts tentent de décider s'ils doivent exercer ou non une activité polluante, et que leur situation soit caractérisée par les deux affirmations suivantes :

1. L'adéquation de ce modèle, même à la dimension spatiale, exige des présuppositions spécifiques supplémentaires, mais généralement non défendues, quant à la nature précise de la dispersion des effets et de la fragmentation de l'action. Mais je ne reviendrai pas sur cette question ici.

2. G. Hardin, « Tragedy of the Commons », *Science* 162, 1968, p. 1243-1248 [trad. fr. L. Bury, *La tragédie des communs. Suivi de Extensions de « La tragédie des communs »*, Paris, P.U.F., 2018]. Je discute de cela plus en détail dans des travaux antérieurs. En particulier : S. M. Gardiner, « The Real Tragedy of the Commons », *Philosophy & Public Affairs* 30, 2001, p. 387-416.

3. Rien dans mon analyse ne dépend toutefois du fait que le cas prenne cette forme-là. Pour une description plus complète, voir S. M. Gardiner, « The Real Tragedy of the Commons », art. cit.

(DP1) Il est *collectivement rationnel* de coopérer et de limiter la quantité totale de pollution : chaque agent préfère le résultat produit lorsque chacun limite sa pollution individuelle au résultat produit lorsque personne ne le fait.

(DP2) Il est *individuellement rationnel* de ne pas limiter sa propre pollution : lorsque chaque agent a le pouvoir de décider de limiter ou non sa pollution, chacun préfère (rationnellement) ne pas le faire, indépendamment de ce que font les autres.

Dans une telle situation, les agents se trouvent dans une posture paradoxale. D'une part, étant donné (DP1), ils comprennent qu'il serait mieux pour tout le monde que tous les agents coopèrent. Mais, d'autre part, étant donné (DP2), ils savent aussi qu'il serait dans leur intérêt de ne pas coopérer. Cela implique paradoxalement que si les agents individuels agissent rationnellement en fonction de leurs propres intérêts, ils compromettent alors de manière collective ces mêmes intérêts.

Une tragédie des biens communs est essentiellement un dilemme du prisonnier impliquant une ressource commune. Cette approche est devenue le modèle d'analyse standard pour comprendre les problèmes environnementaux régionaux et mondiaux en général, et le changement climatique ne fait pas exception. Le raisonnement est généralement le suivant. Imaginons le changement climatique comme un problème international et considérons les acteurs concernés comme des pays individuels qui représentent les intérêts de leurs citoyens à perpétuité. (DP1) et (DP2) semblent alors tenir. D'un côté, personne ne veut d'un changement climatique aux conséquences majeures. Ainsi, chaque pays préfère le résultat obtenu si chacun restreint ses émissions individuelles à celui obtenu si personne ne le fait, et il est donc collectivement rationnel de coopérer pour limiter les émissions mondiales. D'un autre côté, chaque pays préfère se reposer sur les actions des autres. Ainsi, lorsque chaque pays a le pouvoir de décider de limiter ou non ses émissions, chacun préfère ne pas le faire, indépendamment de ce que font les autres.

De ce point de vue, il semble que le changement climatique soit une tragédie des biens communs conventionnelle. En un certain sens cela est une nouvelle encourageante, car dans le monde réel les problèmes de biens communs peuvent souvent être résolus, à certaines conditions que le changement climatique semble remplir[1]. En particulier, il est communément admis que les acteurs confrontés à un problème de biens communs peuvent le résoudre s'ils bénéficient d'un contexte d'interaction plus large. Cela semble être le cas du changement climatique, puisque les pays interagissent sur un certain nombre de questions, comme le commerce et la sécurité.

Cela nous amène à la troisième caractéristique du problème climatique, à savoir l'inadéquation institutionnelle. Il est largement admis que le moyen le plus approprié pour résoudre les problèmes de biens communs, dans les conditions favorables mentionnées, consiste pour les protagonistes à accepter de modifier la structure des

---

1. Cela implique que, dans le monde réel, les problèmes de biens communs ne remplissent pas à proprement parler toutes les conditions paradigmatiques du dilemme du prisonnier. Pour une discussion à ce sujet, voir : L. Shepski, « Prisoner's Dilemma : the Hard Problem », article présenté au congrès de la division Pacifique de l'American Philosophical Association, mars 2006, et E. Ostrom, *Governing the Commons*, Cambridge, Cambridge University Press, 1990 [trad. fr. L. Baechler, *Gouvernance des biens communs. Pour une nouvelle approche des ressources naturelles*, Bruxelles, De Boeck, 2010].

incitations existantes par l'introduction d'un système de sanctions contraignantes (Hardin appelle cela la « contrainte mutuelle, mutuellement convenue »). Cela transforme la situation décisionnelle en excluant l'option du resquillage [*free riding*], de telle manière que l'action qui est rationnelle collectivement devienne aussi rationnelle individuellement. Les choses semblent donc simples en théorie, mais elles sont bien différentes en pratique. En effet, la nécessité de sanctions contraignantes pose un défi au niveau global en raison des limites de nos institutions actuelles, largement nationales, et de l'absence d'un système efficace de gouvernance mondiale. En substance, la lutte contre le changement climatique semble demander une régulation mondiale des émissions de gaz à effet de serre, ce qui comprend la mise en place d'un mécanisme fiable d'application de cette régulation. Mais le système international actuel – ou plutôt son absence – rend cela difficile, voire impossible.

L'implication de cette analyse assez courante est donc que la principale chose dont nous ayons besoin pour résoudre le problème du réchauffement climatique soit un système efficace de gouvernance mondiale (du moins pour ce problème en particulier). Et en un certain sens, cela est toujours une bonne nouvelle. Car, en principe du moins, il devrait être possible de convaincre les pays de mettre en place un tel régime, puisqu'ils devraient reconnaître qu'il est dans leur propre intérêt d'éliminer la possibilité du resquillage et de faire ainsi de la véritable coopération une stratégie rationnelle, tant au niveau individuel que collectif.

Malheureusement les choses ne s'arrêtent pas là, car il y a d'autres caractéristiques du changement climatique qui rendent encore plus difficile la conclusion de l'indispensable accord international et aggravent ainsi la tempête globale[1]. Parmi celles-ci, l'incertitude scientifique quant à l'ampleur et à la répartition précises des effets, notamment au niveau national, est particulièrement importante[2]. Une raison à cela est que le manque de données fiables sur les coûts et les bénéfices du changement climatique au niveau national met en doute la véracité de (DP1). Certains pays se demandent peut-être s'ils ne s'en sortiraient pas mieux avec, plutôt que sans changement climatique. Mais surtout, certains pays pourraient se demander s'ils ne s'en sortiraient pas mieux que certains autres et ne pourraient pas ainsi payer moins tout en évitant les conséquences associées au changement climatique[3].

1. Il y a par contre une convergence heureuse. Plusieurs auteurs ont souligné le fait que les principaux arguments éthiques vont tous dans la même direction : les pays développés devraient assumer la plupart des coûts de la transition – y compris ceux qui sont imputables aux pays en développement – au moins aux premiers stades des mesures de réduction des émissions de gaz à effet de serre et d'adaptation. Voir par exemple : P. Singer, « One Atmosphere », *in* P. Singer, *One World : The Ethics of Globalization*, New Haven, Yale University Press, 2002 ; et H. Shue, « Global Environment and International Inequality », *International Affairs* 75, 1999, p. 531-545 [trad. fr. dans le présent volume].

2. Rado Dimitrov soutient qu'il faut distinguer les différents types d'incertitude lorsque nous étudions les effets de l'incertitude scientifique sur l'établissement d'un régime international, et que ce sont les incertitudes concernant les impacts nationaux qui compromettent la formation du régime. Voir R. Dimitrov, « Knowledge, Power and Interests in Environmental Regime Formation », *International Studies Quarterly* 47, 2003, p. 123-150.

3. Cette considération semble jouer un rôle dans les délibérations américaines sur le changement climatique, où l'on affirme souvent que les États-Unis font face à des coûts marginaux associés au changement climatique qui sont inférieurs à ceux des autres pays. Voir, par exemple, R. Mendelsohn, *Global Warming and the American Economy*, London, Edward Elgar, 2001 ; W. A. Nitze, « A Failure of Presidential Leadership », *in* I. Mintzer et J. A. Leonard (eds.), *Negotiating Climate Change : The Inside Story of the Rio Convention*, Cambridge, Cambridge University

De tels facteurs compliquent la situation, en termes de théorie des jeux, et rendent la conclusion d'un accord plus difficile.

Dans d'autres contextes, le problème de l'incertitude scientifique pourrait ne pas être si grave, mais une deuxième caractéristique du problème climatique vient compliquer les choses. La cause du changement climatique est profondément ancrée dans l'infrastructure des civilisations humaines actuelles. Par conséquent, les efforts pour le combattre peuvent avoir des répercussions importantes sur la vie sociale des êtres humains. Le changement climatique est causé par les émissions anthropiques de gaz à effet de serre, et plus particulièrement de dioxyde de carbone. Ces émissions sont provoquées par l'utilisation de combustibles fossiles pour la production d'énergie, et c'est cette énergie qui soutient les économies actuelles. Puisque mettre un terme au changement climatique demandera d'importantes réductions des émissions mondiales au cours du temps, on peut s'attendre à ce que cette action ait de profondes répercussions sur les fondements de l'organisation économique des pays développés et sur les aspirations des pays en développement.

Il en découle plusieurs choses importantes. Premièrement, cela suggère que ceux qui ont des intérêts directs dans le maintien du système actuel – par exemple, bon nombre de ceux qui ont un pouvoir politique et économique important – résisteront à une telle action. Deuxièmement, à moins que l'on ne trouve des substituts prêts à l'emploi, on peut s'attendre à ce que de véritables mesures de réduction des

Press, 1994, p. 189-190. Pour une approche différente, voir : National Assessment Synthesis Team, *Climate Change Impacts on the United States : The Potential Consequences of Climate Variability and Change*, Cambridge, Cambridge University Press, 2000.

émissions [*mitigation*]* aient de lourdes incidences sur la façon dont les humains vivent et dont les sociétés humaines évoluent. Par conséquent, les mesures de lutte contre le changement climatique soulèveront probablement des questions profondes, et peut-être gênantes, sur qui nous sommes et ce que nous voulons être. Troisièmement, cela suggère l'existence d'un biais en faveur du *statu quo* face à l'incertitude. Envisager le changement est souvent désagréable, mais envisager un changement fondamental peut être déstabilisant, voire bouleversant. Comme les ramifications sociales de l'action semblent être étendues, bien visibles et concrètes, mais que celles de l'inaction semblent incertaines, insaisissables et indéterminées, il est facile de comprendre pourquoi l'incertitude pourrait aggraver encore l'inertie sociale[1].

La troisième caractéristique du problème climatique qui aggrave la tempête globale est celle des vulnérabilités asymétriques. Le problème du changement climatique interagit de manière assez fâcheuse avec la structure actuelle

---

* Par « *mitigation* » l'auteur entend ici uniquement la réduction des émissions de gaz à effet de serre. Nous avons donc pris le parti de traduire ce terme par « réduction » plutôt que par « atténuation », qui est la traduction officielle du GIEC dans ses rapports. Ce dernier inclut dans la catégorie de l'atténuation à la fois la réduction et le renforcement des puits de carbone.

1. On pourrait en dire bien davantage ici. Je discute certains des aspects psychologiques de l'inertie politique et le rôle qu'ils jouent, indépendamment de l'incertitude scientifique, dans un article encore non publié : S. M. Gardiner, « Saved by Disaster ? Abrupt Climate Change, Political Inertia, and the Possibility of an Intergenerational Arms Race », article présenté au workshop *Global Justice and Climate Change*, San Diego State University, avril 2006 [l'article a depuis été publié : S. M. Gardiner, « Saved by Disaster ? Abrupt Climate Change, Political Inertia, and the Possibility of an Intergenerational Arms Race », *Journal of Social Philosophy* 40, 2, 2009, p. 140-162].

du pouvoir au niveau global. D'une part, la responsabilité des émissions historiques et actuelles incombe principalement aux pays les plus riches et les plus puissants, et les pays pauvres sont assez mal placés pour les contraindre à rendre des comptes. D'autre part, les rares données disponibles sur les impacts régionaux suggèrent que ce sont les pays les plus pauvres qui sont les plus vulnérables aux pires impacts du changement climatique[1]. Enfin, l'action contre le changement climatique représente un risque moral pour les pays développés. Elle est une reconnaissance implicite de l'existence de normes internationales en matière d'éthique et de responsabilité, et renforce l'idée que la coopération internationale sur les questions touchant à ces normes est à la fois possible et nécessaire. Elle pourrait donc attirer l'attention sur d'autres défaillances morales du système international actuel, telles que la pauvreté dans le monde, les violations des droits humains, ou autres[2].

1. Cela est dû à la fois au fait qu'une plus grande proportion de leurs économies se trouve dans des secteurs exposés aux changements climatiques et au fait qu'étant pauvres, ces pays sont moins aptes à faire face à ces effets. Voir : GIEC, *Bilan 2001 des changements climatiques : conséquences, adaptation et vulnérabilité. Résumés du Groupe de travail II du GIEC*, Genève, Suisse, 2001, [en ligne], <https://www.ipcc.ch/site/assets/uploads/2018/03/wg2sumfrench.pdf>.

2. Bien sûr, le fait que le problème du changement climatique se pose dans un contexte géopolitique malencontreux ne facilite pas les choses. Les relations internationales actuelles se déroulent dans un contexte de diversion, de méfiance et de graves déséquilibres de pouvoir. Les États-Unis, acteur mondial dominant et seule superpuissance, refusent de s'attaquer au changement climatique et laissent la menace du terrorisme international faire diversion. De plus, la communauté internationale, y compris de nombreux alliés historiques des États-Unis, se méfie des motivations, des actions des américains et surtout de leur utilisation de la rhétorique morale. Il y a donc des désaccords importants sur le plan international. Cette situation malheureuse est particulièrement

LA TEMPÊTE INTERGÉNÉRATIONNELLE

Nous pouvons maintenant revenir aux trois caractéristiques du problème climatique identifiées précédemment :

– Dispersion des causes et des effets
– Fragmentation de l'action
– Inadéquation institutionnelle

La tempête globale émerge d'une lecture spatiale de ces caractéristiques, mais je soutiens qu'un autre problème, encore plus préoccupant, survient lorsque nous les replaçons dans une perspective temporelle. J'appelle cela la « tempête intergénérationnelle ».

Examinons d'abord la dispersion des causes et des effets. Le changement climatique d'origine humaine est un phénomène très différé dans le temps. Cela s'explique en partie par le fait qu'il faille beaucoup de temps avant que certains des mécanismes fondamentaux déclenchés par l'effet de serre, comme l'élévation du niveau de la mer, soient entièrement réalisés. Mais c'est aussi parce que le gaz à effet de serre le plus abondamment émis par l'homme est de loin le dioxyde de carbone, et qu'une fois émises,

---

problématique en ce qui concerne les pays en développement, dont la coopération doit être assurée si l'on veut remédier au changement climatique. Un premier problème est la crédibilité de l'engagement des pays développés à résoudre le problème climatique (voir section suivante). Un autre problème est l'accent mis sur la réduction à l'exclusion des questions d'adaptation. Un troisième problème est la crainte des pays du Sud d'une stratégie de diversion de la part du Nord. (Notons que, considérés isolément, ces facteurs ne semblent pas suffisants pour expliquer une telle inertie politique. Après tout, le problème du changement climatique a d'abord pris de l'importance au cours des années 1990, une décennie caractérisée par un environnement géopolitique beaucoup plus prometteur).

les molécules de dioxyde de carbone peuvent rester un temps étonnamment long dans la haute atmosphère[1].

Arrêtons-nous un instant sur ce deuxième point. Selon le GIEC, le temps moyen passé par une molécule de dioxyde de carbone dans la haute atmosphère est de l'ordre de 5 à 200 ans. Cette estimation est suffisamment longue pour engendrer un important effet de décalage temporel. Néanmoins, elle masque le fait qu'un pourcentage significatif des molécules de dioxyde de carbone reste dans l'atmosphère pendant des périodes beaucoup plus longues, de l'ordre de milliers et de dizaines de milliers d'années. Par exemple, dans un article récent, David Archer affirme :

> Le cycle du carbone de la biosphère mettra beaucoup de temps à neutraliser et séquestrer complètement le CO_2 anthropique. Nous montrons ici un large éventail de prévisions modélisées de cet effet. Pour les cas les plus vraisemblables [...] nous estimons que 17 à 33% du carbone issu des combustibles fossiles se trouvera encore dans l'atmosphère dans un millier d'années, diminuant à 10-15 % dans 10 000 ans et à 7% dans 100 000 ans. La longévité moyenne du CO_2 d'origine fossile est d'environ 30 à 35 000 ans[2].

C'est un fait dont, selon lui, « le grand public n'a pas encore pris conscience »[3]. Aussi Archer suggère-t-il qu'« une meilleure approximation pour la discussion publique (que l'estimation du GIEC) pourrait être que le

---

1. Pour en savoir plus sur ces deux affirmations, voir GIEC, *Changements climatiques 2001 : Rapport de synthèse, op. cit.*, p. 16-17.

2. D. Archer, « Fate of Fossil Fuel CO_2 in Geologic Time », *Journal of Geophysical Research* 110, 2005.

3. D. Archer, « How Long Will Global Warming Last ? », 15 mars 2005, [en ligne], <http://www.realclimate.org/index.php/archives/2005/03/how-long-will-global-warming-last/#more-134>.

CO_2 reste dans l'atmosphère pendant des centaines d'années, et que 25% y restera pour toujours »[1].

Le fait que le dioxyde de carbone soit un gaz à effet de serre à longue durée de vie a au moins trois implications importantes. La première est que le changement climatique est un phénomène *persistant*. Étant donné qu'il ne semble actuellement pas faisable de retirer de grandes quantités de dioxyde de carbone de la haute atmosphère, ou d'atténuer ses effets sur le climat, la tendance à la hausse de la concentration atmosphérique ne peut être facilement inversée. Par conséquent, un objectif de stabilisation puis de réduction des concentrations de dioxyde de carbone nécessite une planification anticipée. Deuxièmement, les impacts du changement climatique se manifestent avec un *important effet retard [seriously backloaded]**. Le changement climatique que connaît actuellement la planète est avant tout le résultat des émissions passées, plutôt que des émissions actuelles. À titre d'exemple, il est largement admis qu'en l'an 2000, nous étions déjà condamnés à une augmentation d'au moins 0,5°C, et peut-être même plus d'un degré Celsius, en plus de la hausse de 0,6°C observée à l'époque[2]. Troisièmement, cet effet retard implique que

1. D. Archer, « How Long Will Global Warming Last? », 15 mars 2005. Une remarque similaire apparaît dans D. Archer, « Fate of Fossil Fuel CO_2 in Geologic Time », art. cit.

* Avec le terme anglais « *backloaded* » traduit ici par « effet retard », l'auteur exprime l'idée que les conséquences actuelles du changement climatique sont le résultat des émissions passées. Par le terme « *deferred* », traduit ici par « différé », il entend que les émissions actuelles ne déploieront leurs effets que dans le futur. Il s'agit là du même phénomène physique, mais envisagé dans deux perspectives différentes (respectivement l'une tournée vers le passé et l'autre tournée vers l'avenir).

2. T. M. L. Wigley, « The Climate Change Commitment », *Science* 307, 2005, p. 1766-1769 ; G. Meehl *et al.*, « How Much More Global Warming and Sea Level Rise ? », *Science* 307, 2005, p. 1769-1772 ;

les effets cumulatifs complets de nos émissions actuelles ne se manifesteront pas pendant un certain temps dans le futur. Le changement climatique est donc un phénomène *considérablement différé* [*substantially deferred*].

La dispersion temporelle des causes et des effets crée un certain nombre de problèmes. Premièrement, comme cela a déjà été largement souligné, la persistance du changement climatique implique que tout retard de l'action a de graves répercussions sur notre capacité à gérer le problème. Deuxièmement, l'effet retard implique que le changement climatique pose de graves difficultés épistémiques, en particulier pour les acteurs politiques habituels. D'une part, l'effet retard empêche de bien saisir le lien entre les causes et les effets, ce qui peut réduire la motivation à agir[1]. D'autre part, cela implique qu'au moment où nous comprendrons que les choses vont mal, nous serons déjà condamnés à un changement bien plus grand, ce qui met donc en péril notre capacité à répondre au problème. Troisièmement, le caractère différé du problème remet en question la capacité des institutions ordinaires à le gérer. D'une part, les institutions politiques démocratiques ont des horizons temporels relativement courts – le prochain cycle électoral, la carrière d'un politicien – et il est peu vraisemblable que ces institutions aient les ressources nécessaires pour faire face à des impacts substantiellement différés. D'autre part, et plus grave encore, un report temporel important risque de nuire à la volonté d'agir. Cela tient au fait qu'il existe un problème d'incitation : les effets négatifs des émissions actuelles

R. T. Wetherald *et al.*, « Committed Warming and Its Implications for Climate Change », *Geophysical Research Letters* 28, 8, 2001, p. 1535-1538.

1. Cela est accentué par le fait que le climat est de toute façon un système intrinsèquement chaotique et qu'il n'y a aucune situation alternative à laquelle son évolution pourrait être comparée.

vont probablement toucher, ou toucher de manière disproportionnée, les générations futures, alors que les bénéfices des émissions reviennent essentiellement à la génération actuelle[1].

Ces deux derniers points soulèvent déjà le spectre de l'inadéquation institutionnelle. Mais pour bien comprendre ce problème, il faut d'abord dire quelques mots sur la fragmentation temporelle de l'action. Il y a lieu de penser que celle-ci pourrait être pire que la fragmentation spatiale, même considérée isolément, car en un certain sens la fragmentation temporelle est plus difficile à surmonter que la fragmentation spatiale. En théorie, les agents fragmentés dans l'espace peuvent s'associer et agir concrètement comme un seul et unique agent. Mais les agents fragmentés dans le temps ne peuvent de fait pas s'associer et ne peuvent donc au mieux agir que *comme si* ils étaient un agent unique.

Aussi intéressantes que soient ces questions, nous n'avons pas besoin de nous y attarder ici. Car dans le contexte du type de dispersion temporelle qui caractérise le changement climatique, la fragmentation temporelle est clairement bien plus grave que la fragmentation spatiale correspondante. En effet, la présence conjointe de l'effet retard et du caractère différé du changement climatique entraîne un nouveau problème d'action collective qui accentue la tragédie des biens communs causée par la tempête globale, et qui rend par conséquent la situation bien pire.

Le problème apparaît lorsque l'on assouplit l'hypothèse selon laquelle les pays représentent les intérêts de leurs

1. La possibilité d'effets non linéaires, comme dans le cas d'un changement climatique brutal, complique cet argument, mais je ne pense pas que cela le rende invalide. Voir S. M. Gardiner, « Saved by Disaster ? », art. cit.

citoyens actuels et futurs de manière fiable et adéquate. Supposons que ce ne soit pas le cas et partons plutôt de l'idée que les pays sont biaisés en faveur des intérêts de la génération actuelle. Or, il se trouve que les bénéfices des émissions de dioxyde de carbone profitent principalement à la génération actuelle, sous forme d'énergie bon marché, alors que les coûts sont largement répercutés sur les générations futures, sous la forme de risques associés à un changement climatique grave et peut-être même catastrophique. Le changement climatique pourrait donc bien être un problème majeur d'action collective intergénérationnelle. De plus ce problème se répétera à chaque nouvelle génération, chacune étant confrontée à la même structure motivationnelle dès qu'elle obtient le pouvoir de décider d'agir ou non[1].

La nature du problème intergénérationnel est plus facile à voir si on la compare au dilemme du prisonnier traditionnel. Supposons que l'on considère une version pure du problème intergénérationnel, où les générations ne se chevauchent pas (appelons cela le « problème intergénérationnel pur » (PIP))[2]. Dans ce cas, le problème peut être caractérisé (approximativement) comme suit[3] :

---

1. J'ai soutenu ailleurs que c'est ce fait contextuel qui permet d'expliquer le plus aisément la faiblesse de l'accord de Kyoto. Voir S. M. Gardiner, « The Global Warming Tragedy and the Dangerous Illusion of the Kyoto Protocol », *Ethics & International Affairs* 18, 2004, p. 23-39.

2. Le chevauchement des générations rend la situation plus complexe à certains égards, mais je ne pense pas que cela résolve le problème de fond. Voir S. M. Gardiner, « The Pure Intergenerational Problem », *The Monist* 86, 2003, p. 481-500.

3. Ces questions sont examinées plus en détail dans Gardiner, « The Pure Intergenerational Problem », art. cit., d'où est tirée la description qui suit.

(PIP1) Il est *collectivement rationnel* pour la plupart des générations de coopérer : chaque génération (ou presque) préfère le résultat produit lorsque chacune limite sa pollution au résultat produit lorsque tout le monde pollue.

(PIP2) Il est *individuellement rationnel* pour toutes les générations de ne pas coopérer : lorsque chaque génération a le pouvoir de décider si elle polluera ou non, chacune préfère (rationnellement) polluer, indépendamment de ce que font les autres.

Le PIP est donc pire que le dilemme du prisonnier pour deux raisons principales. La première est que les difficultés soulevées par les deux affirmations qui le constituent sont plus difficiles à résoudre. D'une part, (PIP1) est pire que (DP1) parce que la première génération n'y est pas prise en compte. Cela signifie non seulement qu'une génération n'est pas motivée à accepter ce qui est collectivement rationnel, mais aussi que le problème est appelé à se répéter dans le futur. Comme les générations suivantes n'ont aucune raison de s'y conformer si leurs prédécesseurs ne le font pas, le non-respect par la première génération a un effet domino qui compromet la réalisation du projet collectif. D'autre part, (PIP2) est pire que (DP2) parce que la raison en est plus profonde. Ces deux affirmations sont fondées parce que les parties prenantes n'ont pas accès à des mécanismes (comme des sanctions contraignantes) qui pourraient rendre la défection irrationnelle. Mais alors que dans les cas normaux de dilemme du prisonnier cet obstacle est essentiellement pratique et peut être résolu par la création d'institutions appropriées, dans le cas du PIP il découle du fait que les parties ne coexistent pas et semblent donc incapables d'influencer mutuellement leur comportement en créant des institutions coercitives appropriées.

Ce problème d'interaction conduit à la deuxième raison pour laquelle le PIP est pire que le dilemme du prisonnier. C'est que le PIP est plus difficile à résoudre parce que les solutions classiques au dilemme du prisonnier ne sont pas applicables : on ne peut faire appel ni à un contexte plus large d'interaction mutuellement bénéfique, ni aux notions habituelles de réciprocité.

Le résultat de tout cela est que, dans le cas du changement climatique, une analyse intergénérationnelle sera moins optimiste quant aux solutions qu'une analyse en termes de tragédie des biens communs. En effet, cela implique que les populations actuelles pourraient ne pas être motivées à établir un régime international qui soit complètement approprié. Un tel régime n'est probablement pas dans *leurs* intérêts compte tenu de la dispersion temporelle des effets du changement climatique, de l'effet retard et de son caractère différé. Il s'agit là d'un problème moral important, d'autant plus qu'à mon avis le problème intergénérationnel domine l'aspect de tragédie des biens communs du changement climatique.

Le PIP est déjà assez désastreux pris isolément. Mais dans le contexte du changement climatique, il est également soumis à des effets démultiplicateurs qui sont importants du point de vue moral. Premièrement, le changement climatique n'est pas un phénomène statique. En ne prenant pas les mesures qui s'imposent, la génération actuelle ne se contente pas de transmettre un problème existant à des personnes futures. Elle l'accentue et rend donc le problème encore plus grave. D'une part, elle augmente les coûts de l'adaptation au changement climatique, car ne pas agir maintenant accroît l'ampleur du changement climatique futur et donc l'ampleur de ses effets. D'autre part, elle augmente les coûts de réduction des émissions, car ne pas agir maintenant rend le changement plus difficile en permettant des investissements supplémentaires dans les infrastructures fonctionnant aux énergies fossiles, dans les pays développés et surtout dans les pays moins développés. Par conséquent, l'inaction augmente les coûts de transition, ce qui implique que changer dans le futur sera plus difficile que de changer maintenant. Enfin, et c'est peut-être le plus important, la génération actuelle n'aggrave pas le problème de façon linéaire. Au contraire, elle l'accélère rapidement car les émissions mondiales connaissent un taux de croissance significatif. Les émissions totales de dioxyde de carbone ont plus que quadruplé depuis 1950 (figure 1), et leur taux de croissance actuel est d'environ 2 % par an[1]. Bien que 2% ne semble pas excessif, les effets du cumul rendent ce taux considérable, même à court terme : « une croissance continue des émissions de CO_2 de 2 % par an entraînerait une augmentation des émissions de 22 % en 10 ans et de 35 % en 15 ans »[2].

1. J. Hansen and M. Sato, « Greenhouse Gas Growth Rates », *Proceedings of the National Academy of Sciences* 101, 46, 2004, p. 16109-16114 ; J. Hansen, « Can We Still Avoid Dangerous Human-made Climate Change ? », Conférence présentée à la New School University, février 2006 [l'article a depuis été publié : J. Hansen, « Can We Still Avoid Dangerous Human-Made Climate Change ? », *Social Research : An International Quarterly* 73, 3, 2006, p. 949-971]. Le graphique est adapté de J. Hansen, « Can We Still Avoid Dangerous Human-made Climate Change? », art. cit.. Voir aussi G. Marland, T. Boden et R. J. Andreas, « Global CO_2 Emissions from Fossil-Fuel Burning, Cement Manufacture, and Gas Flaring : 1751–2002 », *Carbon Dioxide Information Analysis Center*, Département de l'énergie des États-Unis.

2. J. Hansen, « Can We Still Avoid Dangerous Human-made Climate Change ? », art. cit., p. 9.

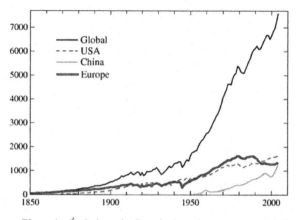

Figure 1 – Émissions de dioxyde de carbone provenant de la combustion de carburants fossiles au cours des 150 dernières années

Deuxièmement, une action insuffisante pourrait faire souffrir inutilement certaines générations. Supposons qu'à ce jour le changement climatique affecte fortement les perspectives des générations A, B et C. Supposons ensuite que si la génération A refuse d'agir, l'effet se poursuivra plus longtemps, au détriment des générations D et E. Cela pourrait rendre l'inaction de la génération A significativement plus grave. En plus de ne pas aider les générations B et C (et probablement aussi d'accroître l'ampleur des nuisances qui leur sont infligés), la génération A nuit maintenant aux générations D et E, qui autrement seraient épargnées. D'un certain point de vue cela pourrait être jugé particulièrement répréhensible, puisqu'on pourrait dire que cela viole le principe moral fondamental de la « non-nuisance »[1].

1. Je dois cette suggestion à Henry Shue.

Troisièmement, l'inaction de la génération A peut créer des situations où des *choix tragiques* devront être faits. Une génération peut mal agir en créant un ensemble de circonstances futures qui obligent moralement ses successeurs (et peut-être elle-même) à faire souffrir les autres générations inutilement, ou du moins plus que ce ne serait le cas autrement. Par exemple, supposons que la génération A puisse et doive prendre des mesures dès maintenant pour limiter le changement climatique de sorte que la génération D puisse vivre en dessous d'un seuil de température crucial, mais qu'un retard l'amène à dépasser ce seuil[1]. Si le dépassement du seuil impose des coûts importants à la génération D, sa situation pourrait être si grave qu'elle serait forcée de prendre des mesures qu'elle n'aurait pas dû envisager autrement – comme émettre encore plus de gaz à effet de serre – et qui nuiront à la génération F. Voici ce que j'ai en tête. Dans certaines circonstances des actions qui nuisent à des innocents peuvent être moralement admissibles pour des raisons d'autodéfense, et de telles circonstances pourraient survenir dans le cas du changement climatique[2]. L'affirmation est donc que s'il existe une exception fondée sur l'autodéfense à l'interdiction de nuire à des innocents, une des façons dont la génération A pourrait se conduire de manière incorrecte est de créer une situation telle que la génération D soit forcée d'invoquer cette exception et inflige ainsi une souffrance supplémentaire à la génération F[3]. De plus,

1. Voir B. C. O'Neill et M. Oppenheimer, « Dangerous Climate Impacts and the Kyoto Protocol », *Science* 296, 2002, p. 1971-1972.

2. M. Traxler, « Fair Chore Division for Climate Change », *Social Theory and Practice* 28, 2002, p. 101-34.

3. Henry Shue examine un cas similaire dans un article récent : H. Shue, « Responsibility of Future Generations and the Technological

comme le PIP, ce problème peut se répéter : il est possible que la génération F doive également faire appel à l'exception d'autodéfense, et infliger ainsi des nuisances à la génération H, et ainsi de suite.

LA TEMPÊTE THÉORIQUE

La dernière tempête que j'aimerais mentionner concerne notre inaptitude théorique actuelle. Nous sommes extrêmement mal équipés pour faire face à de nombreux problèmes caractéristiques de l'avenir à long terme. Même nos meilleures théories se heurtent à des difficultés élémentaires, et souvent considérables, pour aborder des questions fondamentales telles que l'incertitude scientifique, l'équité intergénérationnelle, les personnes contingentes, les animaux non humains et la nature. Or, le changement climatique touche à toutes ces questions et bien d'autres encore[1].

Je ne veux pas discuter en détail de ces difficultés ici. Je voudrais plutôt conclure en faisant quelques remarques sur la façon dont ces difficultés, lorsqu'elles convergent entre elles et avec les tempêtes globale et intergénérationnelle, soulèvent un problème nouveau et distinct pour l'action éthique en lien avec le changement climatique. Ce problème nouveau est celui de la corruption morale.

Transition », in W. Sinnott-Armstrong, R. Howarth (eds.), *Perspectives on Climate Change : Science, Economics, Politics, Ethics*, Amsterdam, Elsevier, 2005, p. 265-84.
    1. Pour une discussion des problèmes que pose l'analyse coût-bénéfice en particulier, voir : J. Broome, *Counting the Cost of Global Warming*, Isle of Harris, White Horse Press, 1992 ; C. L. Spash, *Greenhouse Economics : Value and Ethics*, Londres, Routledge, 2002 ; S. M. Gardiner, « Protecting Future Generations », *in* J. Tremmel (ed.), *Handbook of Intergenerational Justice*, Cheltenham, Edgar Elgar Publishing, 2006.

LA CORRUPTION MORALE

Le type de corruption que j'ai à l'esprit peut se manifester de plusieurs façons. Voici quelques exemples de stratégies possibles * :

- La diversion
- L'autosatisfaction
- Le doute exagéré
- L'attention sélective
- L'aveuglement
- La complaisance
- Les faux témoignages
- L'hypocrisie

La simple énumération de ces stratégies suffit probablement à faire passer le message principal, et je suppose que les observateurs attentifs du débat politique sur le changement climatique conviendront que nombre de ces mécanismes sont bel et bien utilisés. J'aimerais tout de même m'arrêter un instant pour insister particulièrement sur l'attention sélective.

Le problème est le suivant. Étant donné que le changement climatique implique une convergence complexe de problèmes, il est facile d'adopter un comportement *manipulateur* ou de tomber dans *l'aveuglement* en accordant son attention de façon sélective à seulement quelques-uns des éléments qui rendent la situation difficile. Au niveau de la pratique politique, de telles stratégies ne sont que trop familières. Par exemple, de nombreux acteurs politiques mettent l'accent sur des considérations qui semblent d'une part rendre l'inaction excusable, voire souhaitable (comme l'incertitude ou des calculs économiques simplistes avec

---

* Les termes anglais sont les suivants : « *distraction* », « *complacency* », « *unreasonable doubt* », « *selective attention* », « *delusion* », « *pandering* », « *false witness* », « *hypocrisy* ».

des taux d'actualisation élevés), et d'autre part rendre les actions plus difficiles et controversées (comme la question fondamentale des modes de vie). Cela se fait au détriment d'autres considérations qui semblent imposer une responsabilité plus claire et immédiate (comme le consensus scientifique ou le problème intergénérationnel pur).

Mais les stratégies d'attention sélective peuvent aussi se manifester de façon plus générale et cela suscite une réflexion pour le moins fâcheuse : il y a peut-être un problème de corruption dans le débat aussi bien théorique que pratique. Par exemple, il est possible que la prédominance du modèle de la tempête globale dans le débat ne soit pas indépendante de l'existence de la tempête intergénérationnelle, mais qu'elle soit plutôt encouragée par cette dernière. Après tout, la génération actuelle pourrait trouver très opportun de se focaliser sur la tempête globale. D'une part, une telle focalisation tend à attirer l'attention sur diverses questions de politique internationale et d'incertitude scientifique qui semblent rendre l'action problématique. Elle incite aussi à s'éloigner des questions d'éthique intergénérationnelle, qui ont tendance à renforcer la nécessité de l'action. Ainsi, mettre l'accent sur la tempête globale au détriment des autres problèmes peut *faciliter* une stratégie de procrastination et de report. D'autre part, puisqu'elle suppose que les acteurs concernés sont des États-nations qui représentent les intérêts de leurs citoyens à perpétuité, l'analyse de la tempête globale a pour effet de passer sous silence l'aspect intergénérationnel du changement climatique[1]. Donc, mettre un accent excessif

1. En particulier, l'analyse de la tempête globale présente le changement climatique comme un problème que la motivation prudentielle devrait suffire à résoudre, et dans lequel l'échec n'entraîne que des dommages auto-infligés. Mais l'analyse intergénérationnelle montre clairement que ces affirmations sont fausses : les actions actuelles porteront

sur cette analyse peut occulter une grande partie de ce qui est en jeu dans l'élaboration des politiques climatiques, et ce d'une manière qui pourrait bien profiter aux populations actuelles[1].

En conclusion, l'existence du problème de la corruption morale révèle un autre sens dans lequel le changement climatique serait une tempête morale parfaite. Sa complexité pourrait s'avérer *tout à fait opportune* pour nous, la génération actuelle, et même pour chaque génération qui nous succédera lorsqu'elle prendra notre place. D'une part, la complexité du problème climatique donne à chaque génération un prétexte lui donnant l'air de prendre la question au sérieux alors qu'elle ne fait qu'exploiter à son avantage sa position dans le temps, par exemple en négociant des accords internationaux peu contraignants et en grande partie sans substance, et en les acclamant ensuite comme

largement préjudice aux personnes (innocentes) du futur, ce qui suggère que des motivations qui ne sont pas liées à une génération donnée doivent être invoquées pour les protéger.

1. En particulier, une fois que l'on identifie la tempête intergénérationnelle, il devient clair que chaque génération est confrontée à deux versions de la tragédie des biens communs. La première version présuppose que les nations représentent les intérêts de leurs citoyens à tout jamais. Elle est donc véritablement *trans*générationnelle. Mais la seconde version présuppose que les nations représentent principalement les intérêts de leurs citoyens actuels, ce qui est donc simplement *intra*générationnel. Le problème est alors que les solutions collectivement rationnelles à ces deux problèmes de biens communs peuvent être différentes, et le sont très probablement. Par exemple, dans le cas du changement climatique, il est probable que le problème intragénérationnel demande beaucoup moins de réduction des émissions de gaz à effet de serre que le problème transgénérationnel. Nous ne pouvons donc pas prendre le fait qu'une génération particulière soit motivée à résoudre l'un de ces problèmes (la version intragénérationnelle) et s'engage à le faire, comme une preuve de son désir de résoudre l'autre problème (la version transgénérationnelle). Voir S. M. Gardiner, « The Global Warming Tragedy and the Dangerous Illusion of the Kyoto Protocol », art. cit.

de grandes avancées[1]. D'autre part, tout cela peut se produire sans que la génération qui exploite sa position temporelle n'ait à reconnaître que c'est ce qu'elle en train de faire. En évitant les comportements ouvertement égoïstes, les premières générations peuvent tirer profit de leur situation, aux dépens des générations futures, sans la nécessité déplaisante de devoir l'admettre, ni aux autres, ni, et c'est là le plus important, à elles-mêmes[2].

1. *Ibid.*

2. Cet article a été initialement rédigé pour être présenté à un colloque interdisciplinaire à l'Université de Princeton sur les valeurs dans la nature. Je remercie le Center for Human Values de Princeton, ainsi que l'Université de Washington pour son soutien à la recherche sous la forme d'une bourse Laurance S. Rockefeller. Je remercie également les audiences de l'Iowa State University, du Lewis and Clark College, de l'Université de Washington, de la Western Political Science Association et de la division Pacifique de l'American Philosophical Association. Je remercie tout particulièrement Chrisoula Andreou, Kristen Hessler, Jay Odenbaugh, John Meyer, Darrel Moellendorf, Peter Singer, Harlan Wilson, Clark Wolf et un évaluateur anonyme de ce journal. Je suis particulièrement redevable à Dale Jamieson.

MARION HOURDEQUIN

CLIMAT, ACTION COLLECTIVE
ET OBLIGATIONS ÉTHIQUES INDIVIDUELLES[*]

INTRODUCTION

Walter Sinnott-Armstrong[1] et Baylor Johnson[2] soutiennent dans leurs articles publiés récemment que, dans les circonstances actuelles, les individus n'ont pas d'obligations de réduire leurs contributions personnelles aux émissions de gaz à effet de serre (GES). Johnson défend l'idée que le changement climatique a la structure d'une tragédie des biens communs, et qu'il n'y a pas d'obligation unilatérale de réduction des émissions dans un bien commun. L'obligation morale d'une personne est plutôt de contribuer à l'élaboration d'une convention collective qui règle le problème. De même, Sinnott-Armstrong soutient qu'en ce qui concerne le changement climatique, il n'y a rien d'immoral à conduire son SUV

[*] M. Hourdequin, « Climate, Collective Action and Individual Ethical Obligations », *Environmental Values* 16, 4, 2010, p. 443-464.

[1] W. Sinnott-Armstrong, « It's not *my* Fault : Global Warming and Individual Moral Obligations », *in* W. Sinnott-Armstrong, R. Howarth (eds.), *Perspectives on Climate Change : Science, Economics, Politics, Ethics*, Amsterdam, Elsevier, 2005, p. 285–307.

[2] B. Johnson, « Ethical Obligations in a Tragedy of the Commons », *Environmental Values* 12, 3, 2003, p. 271–287.

pour le plaisir un dimanche après-midi. Sinnott-Armstrong soutient que le choix personnel de conduire ou de ne pas conduire a peu ou pas d'effet sur le cours du changement climatique global. Par conséquent, la conduite automobile ne cause aucune nuisance (climatique) et représente une pratique moralement admissible. Chacun d'entre nous a cependant l'obligation de contribuer à l'élaboration de politiques gouvernementales qui vont atténuer le changement climatique en réduisant les émissions de GES.

Dans cet article, je remets en question les conclusions de Johnson et de Sinnott-Armstrong, défendant que même si nous avons l'obligation morale de contribuer à l'élaboration de conventions collectives qui ralentiront le changement climatique et qui réduiront ses impacts, nous avons également l'obligation de réduire notre contribution individuelle au problème. Aussi, cet article explore les raisons pour lesquelles les individus devraient réduire leurs émissions personnelles de GES. Je commence par analyser l'idée d'intégrité morale, qui prescrit la cohérence entre nos actions et nos prises de position au niveau personnel et au niveau politique. Bien que l'intégrité donne une justification importante à l'obligation individuelle de réduire ses émissions de GES (en conjonction avec l'obligation de traiter le problème sur le plan politique), elle ne remet pas directement en question les présupposés des problèmes d'action collective, qui établissent généralement une distinction nette entre ce qui est rationnel pour l'individu (c'est-à-dire dans son intérêt) et ce qui est rationnel pour la société prise dans son ensemble.

Une conception relationnelle des personnes offre un cadre alternatif dans lequel il est possible de repenser les problèmes d'action collective de manière à dissiper le contraste marqué entre ce qui est rationnel au plan individuel et au plan collectif. La perspective relationnelle, que je développe en m'inspirant des idées de la philosophie confucéenne, souligne le rôle de la culture de soi [*self-cultivation*] et du développement moral individuel comme base du changement social. Bien que cette approche semble à première vue soumise aux types d'objections que Johnson et Sinnott-Armstrong soulèvent (à savoir, que l'action individuelle ne change rien en l'absence d'action collective), une caractérisation subtile de l'approche montre que la culture de soi confucianiste est essentiellement de nature sociale. Le développement moral individuel implique donc le soutien et la mise en place d'institutions sociales qui rendent possible la transformation sociale. Je soutiens que la perspective relationnelle développée dans la pensée confucéenne peut éclairer notre manière d'aborder le changement climatique global et aider à réconcilier l'action individuelle et l'action politique pour réduire les émissions de GES.

L'ARGUMENT DE JOHNSON

Johnson et Sinnott-Armstrong nient tous deux l'existence d'une obligation individuelle de réduire les émissions de GES en raison du changement climatique global. L'argumentation de Johnson tente cependant de fournir un fondement théorique spécifique à l'absence d'obligation individuelle, ce qui la rend plus décisive que celle de Sinnott-Armstrong. Plutôt que d'essayer de fournir une défense positive, fondée sur des principes, de l'absence d'obligation individuelle, Sinnott-Armstrong examine un certain nombre d'arguments potentiels *en faveur* d'une telle obligation et juge chacun d'entre eux inadéquat. La conclusion selon laquelle nous n'avons pas l'obligation de réduire nos émissions individuelles – ou, plus précisément, qu'il n'y a pas de justification claire à l'obligation individuelle de réduire les émissions – dépend donc du caractère exhaustif de l'enquête. Puisque Sinnott-Armstrong ne fournit pas un examen complet de toutes les raisons possibles pour une obligation individuelle de réduire les émissions (ou même de toutes les raisons plausibles : les raisons que j'examine ci-dessous ne font pas partie de son enquête), son argument est loin d'être décisif.

La position de Johnson est plus instructive. Il explique en détail pourquoi il estime que le changement climatique doit être défini comme un problème d'action collective. Il s'ensuit qu'il n'y a pas d'obligation unilatérale d'éviter l'exploitation des biens communs en l'absence d'une convention collective mettant en place des restrictions sur leur utilisation par les individus. Johnson montre clairement comment, à partir d'une perspective centrée sur l'action collective, la réduction individuelle des contributions n'apporte pas vraiment de solution au problème. Qui plus est, Johnson soutient que dans la mesure où l'on sacrifie ses propres intérêts et son bien-être dans le cadre d'une telle action unilatérale, il peut être non seulement inefficace, mais également irrationnel ou même contraire à l'éthique d'agir unilatéralement.

Johnson soutient donc que ce qu'il appelle « la justification kantienne » des obligations individuelles à l'égard des biens communs est erronée. Selon l'approche kantienne, « tout utilisateur des biens communs devrait, du point de vue moral, limiter son utilisation à un niveau qui serait durable si tous les autres utilisateurs réduisaient leur utilisation de la même manière, et devrait le faire indépendamment de ce que les autres font »[1]. Bien

1. B. Johnson, « Ethical Obligations in a Tragedy of the Commons », art. cit., p. 272.

qu'intuitivement attrayante, cette justification néglige selon Johnson une distinction cruciale : celle entre agir unilatéralement en l'absence d'une convention collective, d'une part, et agir pour s'acquitter de ses responsabilités dans le cadre d'un accord collectif, d'autre part. Pourquoi cette distinction est-elle si cruciale ? Pour Johnson, la réponse réside dans le fait que l'action unilatérale – qu'il comprend comme une action individuelle visant à réduire l'épuisement d'une ressource commune en l'absence d'une convention collective qui régit les niveaux d'exploitation par les individus – a peu de chance d'apporter une contribution positive significative à la résolution du problème des biens communs, et dans de nombreux cas, peut ne pas y contribuer du tout[1].

---

1. Remarquez que Johnson s'oppose à la « justification kantienne » pour des raisons conséquentialistes : il trouve cette justification problématique parce que, selon lui, la respecter ne ferait rien pour remédier au changement climatique. Un kantien pourrait cependant répondre que ce ne sont pas les conséquences d'une action qui déterminent sa moralité ; c'est plutôt le motif qui est crucial, et ceux qui ne réduisent pas leurs propres émissions n'agissent pas selon le motif approprié. La maxime de leur action ne correspond pas à celle que des agents rationnels pourraient vouloir comme loi universelle, car on ne peut raisonnablement vouloir que chaque personne agisse sans égard en ce qui concerne sa contribution au changement climatique. Ici, le travail de Thomas Hill Jr. sur le consentement dans l'interprétation de Kant est utile : nous pouvons nous demander si des agents rationnels consentiraient à l'universalisation de la maxime selon laquelle « [c]hacun peut agir pour défendre ses propres intérêts sans se soucier des effets de ses actions sur les biens communs ». Ce n'est manifestement pas le cas. Pour plus d'informations, voir le chapitre intitulé « Hypothetical Consent in Kantian Constructivism », *in* T. E. Hill Jr., *Human Welfare and Moral Worth : Kantian Perspectives*, New York, Oxford University Press, 2002, p. 61-95. Je remercie David Littlewood et un évaluateur de m'avoir poussé à clarifier ces éléments.

Cette situation découle de la structure des problèmes de biens communs, qui sont caractérisés par trois présupposés[1] :

> La seule incitation pour les agents est de maximiser leurs bénéfices [individuels] provenant de l'utilisation d'un bien commun.
>
> La seule façon dont les agents peuvent communiquer revient à augmenter ou à réduire l'utilisation du bien commun.
>
> L'utilisation du bien commun est partagée, [cependant, les coûts et les bénéfices qui y sont associés ne sont pas tous partagés. Par conséquent :]
> *Les coûts (pour le bien commun) d'une utilisation accrue* sont partagés, mais les *bénéfices d'une utilisation accrue* reviennent à l'individu [...]
> *Les bénéfices (pour le bien commun) d'une utilisation réduite* sont partagés, mais les *coûts d'une utilisation réduite* sont supportés par l'individu [...]
> Les ressources préservées par un individu peuvent être utilisées par tout autre agent.

Parce que les coûts d'une utilisation accrue sont partagés, mais que chaque individu profite pleinement des bénéfices d'une utilisation accrue, chacun est incité – en raison de son objectif de maximiser les bénéfices personnels de l'utilisation du bien commun – à en utiliser autant que possible. De plus, si une personne agit unilatéralement, tentant de perturber l'inexorable logique qui conduit à l'épuisement du bien commun, elle laisse simplement aux autres plus de ressources à exploiter. Son abstention ne se

---

1. B. Johnson, « Ethical Obligations in a Tragedy of the Commons », art. cit., p. 275 (les italiques se trouvent dans le texte original).

traduit que par un message d'opportunités accrues pour les autres. Aucune action unilatérale n'est donc en mesure d'éviter la tragédie[1].

Dans le cas du changement climatique, on pourrait penser que même si tout cela est vrai, il est néanmoins immoral d'émettre des quantités excessives de GES, car (1) émettre des GES est en soi immoral, et (2) en émettant un excès de GES, on aggrave le problème du changement climatique. Cependant, selon Johnson et Sinnott-Armstrong, le fait d'émettre des GES n'est pas en soi immoral. Sinnott-Armstrong défend que les émissions de combustibles fossiles d'un individu n'ont à elles seules pratiquement aucun effet sur le changement climatique, et qu'elles ne causent aucune nuisance aux humains ou aux animaux. De même, Johnson soutient que ce n'est que l'*utilisation agrégée* des biens communs – en l'occurrence, les émissions agrégées de GES – qui est nuisible : « les actes individuels sont inoffensifs à eux seuls »[2]. Pourtant, étant donné que d'autres exploitent également les biens communs, n'est-il pas vrai que les émissions d'un individu en particulier *aggravent* le changement climatique ? Sinnott-Armstrong conteste également ce point, parce que la contribution d'un individu est négligeable et ne peut, en soi, élever ou abaisser

---

1. Il importe de relever que les présupposés décrits ci-dessus sont des idéalisations qui permettent de modéliser et d'analyser les problèmes de biens communs. Il faut s'attendre à un certain écart par rapport à ces présupposés, et des écarts mineurs ne compromettent pas forcément la valeur du modèle. La pertinence du modèle est par contre bel et bien remise en question lorsque ces écarts sont significatifs. Je suggère ci-dessous que les écarts par rapport aux hypothèses 1 et 2 sont significatifs, et que ces écarts remettent en question la conclusion selon laquelle l'action unilatérale est inefficace.

2. B. Johnson, « Ethical Obligations in a Tragedy of the Commons », art. cit., p. 273.

la température de la planète[1]. En suivant la logique de Johnson, on obtient une conclusion similaire : si l'effet obtenu par un individu qui s'abstient de brûler des combustibles fossiles n'a pas d'impact sur leur utilisation agrégée, dans ce cas le même raisonnement implique qu'une utilisation individuelle sans restriction n'aura aucun effet non plus sur leur utilisation agrégée. Quand, par exemple, une personne consomme plus d'essence, moins d'essence est disponible pour les autres. Par les lois de l'offre et de la demande, l'utilisation accrue faite par cette personne – si cette utilisation a un quelconque effet – réduira l'offre en essence, augmentant les prix et entraînant ainsi un ajustement à la baisse de la demande[2].

1. L'affirmation selon laquelle les actes individuels ne causent aucune nuisance climatique est contestable. D'abord, s'il y a des effets de seuil dans le changement climatique, l'action d'un individu pourrait entraîner le climat au-delà d'un « point de basculement » important. Deuxièmement, Parfit (*Reasons and Person*, New York, Oxford University Press, 1984) soutient que de petites nuisances imperceptibles peuvent être immorales, et même *très* immorales. Sinnott-Armstrong (« It's not *my* Fault », art. cit., p. 291) rejette les arguments de Parfit parce qu'il insiste sur le fait que les minuscules changements du climat causés par les actions d'un seul individu ne sont pas des nuisances : « [a]ucune tempête, inondation ou vague de chaleur ne peut être attribuée à mes actes individuels de conduite automobile ». Sinnott-Armstrong affirme que les individus en tant qu'individus ne causent pas de nuisances climatiques – mais il fournit peu d'arguments pour réfuter les affirmations de Parfit au chapitre 3 de *Reasons and Persons* (*op. cit.*), qui vont dans le sens d'une caractérisation des contributions individuelles au changement climatique comme des nuisances.

2. Dans « Unilateral Actions in a Tragedy of the Commons » (article non publié), Johnson reconnaît que l'argument de l'offre et de la demande dépend des caractéristiques des produits en question. Lorsque l'élasticité des prix est limitée, la réduction de la consommation peut ne pas réduire les prix de manière significative ; de même, l'augmentation de la consommation peut ne pas les augmenter de manière significative.

Ces arguments reposent clairement sur un certain nombre de présupposés que l'on pourrait remettre en question. Je reviens à des questions sur la logique des problèmes d'action collective dans la quatrième section. J'aimerais cependant commencer par examiner s'il pourrait y avoir une raison de réduire ses émissions individuelles, même si Johnson et Sinnott-Armstrong ont raison de dire qu'agir ainsi n'a pas de résultat direct d'un point de vue conséquentialiste – c'est-à-dire, même s'ils ont raison de dire qu'une réduction des émissions de la part d'une personne se traduira par un impact nul ou négligeable sur les émissions globales de GES.

L'INTÉGRITÉ COMME JUSTIFICATION POUR UNE OBLIGATION DE RÉDUIRE SES ÉMISSIONS INDIVIDUELLES

Même si l'on doute du fait que les obligations individuelles dans un bien commun aient une structure kantienne, on peut quand même soutenir qu'il existe une obligation individuelle de réduire ses émissions de GES. Une telle obligation repose sur un fondement reconnu par Johnson et Sinnott-Armstrong, ainsi que sur les exigences de l'intégrité morale. Bien que Johnson et Sinnott-Armstrong croient que les individus n'ont aucune obligation de réduire leurs émissions individuelles, tous deux pensent que les individus *ont* l'obligation de lutter contre le changement climatique. Plus précisément, les individus ont l'obligation de contribuer à une solution collective au problème. Pour Sinnott-Armstrong, cela signifie que les individus ont l'obligation de contribuer à l'élection de candidats politiques qui adopteront des politiques visant à réduire les émissions à l'échelle nationale. Pour Johnson, l'obligation consiste

« à contribuer à une convention collective qui pourrait éviter une potentielle [tragédie des biens communs] »[1], ce qui comprend les obligations individuelles proposées par Sinnott-Armstrong, mais qui est encore plus large. Si l'on accepte l'existence de cette obligation, alors je crois qu'il faut aussi accepter un certain degré d'obligation individuelle de contrôler ses émissions. Le fondement de cette dernière obligation relève du bon sens et implique l'obligation d'éviter l'hypocrisie. Cependant, ce fondement peut être présenté de façon plus positive comme relevant de l'intégrité morale. Avant d'expliquer pourquoi l'intégrité, combinée à l'engagement d'atténuer les effets du changement climatique, implique une obligation individuelle de réduire les émissions, je discute brièvement de l'idéal d'intégrité de manière plus générale.

L'intégrité est une vertu qui est souvent mentionnée. L'idéal d'intégrité est par exemple largement répandu dans les discussions sur l'éthique des affaires et dans la vie publique l'intégrité est largement considérée – malgré sa rareté – comme une qualité que l'on souhaite voir chez les politiciens. Dans une perspective philosophique, cependant, l'intégrité est difficile à appréhender. Dans un article récent, Audi et Murphy observent l'absence de discussion explicite sur l'intégrité dans la littérature sur l'éthique des vertus. Ils constatent, de plus, que l'intégrité est utilisée pour exprimer des idées diverses et souvent vagues : « Dans de nombreux cas, "l'intégrité" est un terme qui renvoie à quelque chose comme la rigueur morale, dont le caractère exact n'est pas précisé »[2]. En d'autres termes, l'intégrité

---

1. B. Johnson, « Ethical Obligations in a Tragedy of the Commons », art. cit., p. 283.

2. R. Audi et P. Murphy, « The many faces of integrity », *Business Ethics Quarterly* 16, 1, 2006, p. 3-21, p. 8.

est une notion vague qui manque de précision et qui, dans de nombreux cas, pourrait être remplacée par un terme plus spécifique[1].

Néanmoins, Audi et Murphy ne pensent pas qu'il faille abandonner le concept d'intégrité, et ils ont cherché à clarifier son sens principal, en se concentrant sur les notions d'*intégration* [*integration*] et de *partie intégrante [being integral]*. Ces deux idées sont importantes pour penser l'intégrité dans le contexte de nos obligations à l'égard du changement climatique global. L'idée de « partie intégrante » implique l'internalisation de certains engagements, si bien que ces engagements se situent au cœur de l'identité de l'individu. Lorsqu'un engagement fait partie intégrante de son identité, l'individu l'honore généralement sans délibération[2]. Ce sens du terme intégrité est clairement lié à l'autre sens, car pour qu'un engagement soit partie intégrante de la pensée et de l'action d'un individu, il doit *être bien intégré aux* autres engagements pris par cet individu. L'*intégration* aide l'individu à éviter les conflits entre ses divers engagements ; il s'agit d'« une sorte d'unité entre les éléments grâce à laquelle ils forment une structure cohérente et, dans l'idéal, harmonieuse »[3].

Ces deux aspects de l'intégrité – l'intégration et la partie intégrante – sont importants pour comprendre les obligations individuelles de lutter contre le changement climatique. Une personne qui est vraiment préoccupée par le changement climatique et qui s'engage à l'atténuer au mieux de ses capacités doit s'efforcer de contribuer au changement social, comme le suggèrent Johnson et Sinnott-Armstrong. Toutefois, une personne intègre qui fait preuve

1. *Ibid.*
2. *Ibid.*, p. 9.
3. *Ibid.*

d'un tel engagement agira aussi sur le plan personnel pour réduire ses propres émissions et évitera, en général, les émissions futiles de GES : ses actions politiques seront en phase avec ses actions personnelles.

Il peut être exagéré de qualifier d'« incohérent » un individu qui, en pratique, contribue à la réduction des émissions de GES sur le plan collectif mais ne fait rien sur le plan individuel pour réduire ses propres émissions. Pourtant, un individu qui a contribué à promouvoir des politiques de réduction des émissions tout en augmentant régulièrement ses émissions futiles semblerait certainement contribuer à des objectifs contradictoires. Le genre d'unité que l'intégrité recommande exige d'un individu qu'il s'efforce d'harmoniser ses engagements aux différents niveaux et qu'il mène une vie dans laquelle ses engagements ne sont pas seulement réalisés dans une seule sphère, mais dans les différentes sphères qu'il habite.

Johnson et Sinnott-Armstrong pourraient objecter ici que l'intégrité n'exige pas d'action individuelle pour réduire ses émissions de GES, même si l'on tient compte d'un engagement plus général en faveur de la lutte contre le changement climatique, parce que la valeur morale des actions d'un individu au niveau personnel et au niveau politique est différente. Au niveau politique, les efforts que l'on déploie pour soutenir les politiques climatiques ont une valeur morale positive parce qu'ils sont susceptibles d'avoir des conséquences positives en matière d'atténuation du changement climatique. Par contraste, au niveau individuel, nos efforts ont une valeur morale neutre parce qu'ils sont susceptibles de n'avoir aucune conséquence, quelle qu'elle soit, en matière d'atténuation du changement climatique.

Cette analyse est problématique. Il est douteux que le fait de faire du vélo au lieu de conduire fasse baisser le prix de l'essence, et qu'en conséquence plus de gens conduisent ou que certaines personnes conduisent davantage. Bien que cela *puisse* se produire, ce qui se produit en réalité dépend probablement beaucoup du contexte, et il y a un argument tout aussi fort en faveur de l'idée que l'engagement d'une personne à se rendre au travail à vélo pourrait en fait amener les autres à reconsidérer leurs propres habitudes en matière de transport. Même si une telle remise en question ne les incite pas eux-mêmes à faire du vélo, ils pourraient réfléchir plus attentivement à la façon dont ils utilisent leur voiture, et peut-être même tenir compte des émissions de GES lorsqu'ils achètent leur prochaine voiture[1].

1. Il s'agit d'hypothèses sur la façon dont certains comportements individuels (en l'occurrence le cyclisme) influencent la pensée et le comportement des autres. Ces hypothèses font l'objet d'études à l'aide des outils de la recherche en sciences sociales (expérimentation en laboratoire, observation des comportements humains et modélisation théorique). À ma connaissance, il n'existe aucune recherche qui porte spécifiquement sur les effets des déplacements à vélo sur les choix et le comportement des autres en matière de transport. Toutefois, de plus en plus d'éléments de preuve confirment la plausibilité des affirmations faites ici. Par exemple, N. A. Christakis et J. H. Fowler (« The collective dynamics of smoking in a large social network », *New England Journal of Medicine*, 358, 21, 2008 p. 2249-2258 ; *Connected : The Surprising Power of Our Social Networks and How They Shape Our Lives*, New York, Little, Brown, and Co, 2009) ont montré l'influence du réseau social sur le comportement (par exemple, l'abandon du tabac montre des tendances sociales marquantes, dans lesquelles le comportement tabagique des personnes proches influence fortement la probabilité qu'une personne cesse de fumer) et ont soutenu, à partir de données expérimentales, que, selon le titre d'un article récent, « les comportements coopératifs se répercutent dans les réseaux sociaux humains » (Fowler et Christakis, manuscrit non publié [l'article a depuis été publié : J. H. Fowler and N. A. Christakis, « Cooperative Behaviour Cascades in Human Social Networks », *Proceedings of the National Academy of Sciences of the*

De plus, même s'il arrive parfois que les actions individuelles d'une personne pour limiter le changement climatique aient peu ou pas d'effet sur son évolution, l'intégrité exige néanmoins une sorte de synchronisation entre l'action individuelle et l'action politique que Johnson et Sinnott-Armstrong ne reconnaissent pas. Admettons qu'il puisse y avoir des cas où il est justifié de faire des compromis entre ses actions au niveau individuel et au niveau politique. Par exemple, on pourrait penser qu'il est moralement justifié qu'Al Gore sillonne le pays en avion (une activité fortement émettrice) afin de sensibiliser aux impacts du changement climatique et de catalyser le changement social. Même dans ce cas, l'intégrité justifie

United States of America 107, 12, 2010, p. 5334-5338). Ce dernier travail s'est spécifiquement intéressé au comportement dans les jeux de biens publics, dont la structure reflète celle de la tragédie des biens communs décrite par Johnson en relation avec le changement climatique. D'autres auteurs constatent que certains choix des consommateurs (par exemple, l'achat de véhicules hybrides) et certains comportements individuels (par exemple, les déplacements à vélo) développent des valeurs symboliques importantes pour les individus et les collectivités, que les conversations entre les individus sur leurs choix en matière de transport sont importantes pour construire ces valeurs et que les choix individuels reflètent un intérêt pour ces valeurs (voir J. Axsen et K. Kurani, « Interpersonal influence within car buyers'social networks : five perspectives on plug-in hybrid electric vehicle demonstration participants », *Research Report UCD-ITS-WP-09-04*, Davis, University of California-Institute of Transportation Studies, 2009 ; R. Heffner, T. Turrentine et K. Kurani, « A primer on automobile semiotics », *Research Report UCD-ITS-RR-06-01*, Davis, University of California-Institute of Transportation Studies, 2006 ; R. Heffner, K. Kurani et T. Turrentine, « Symbolism in California's early market for hybrid electric vehicles », *Transportation Research Part D* 12, 2007, p. 396-413 ; D. Horton, « Environmentalism and the bicycle », *Environmental Politics* 15, 4, 2006, p. 41–58). À tout le moins, ces études suggèrent que la communication, les valeurs et les comportements entourant l'utilisation des biens publics comme l'air pur sont beaucoup plus complexes que ne le laissent entendre les présupposés du modèle des biens communs que Johnson utilise.

à tout le moins une obligation morale *prima facie* pour Al Gore de contrôler ses propres émissions. Ainsi, bien que ses vols à travers tout le pays pour promouvoir une action politique puissent être justifiés, sa propre consommation d'énergie domestique mérite un examen approfondi. Dans le cas de Gore, la tension est particulièrement forte, car il parcourt le pays non seulement pour préconiser des changements de politique à grande échelle, mais aussi pour inciter *les individus à modifier leurs actions* de manière à réduire leur propre contribution au changement climatique[1].

Même si Gore ne préconisait pas ce genre d'action individuelle, il me semble qu'être une personne intègre revient à concilier, dans la mesure du possible, ses engagements à différents niveaux. Les calculs conséquentialistes peuvent aller à l'encontre d'une telle intégration (voir l'argument de valeur morale ci-dessus), mais le plus souvent, il s'agit plutôt d'une faiblesse que d'un atout pour ces calculs. Le conséquentialisme a été critiqué de longue date pour son incapacité à reconnaître la séparation entre les personnes [*the separateness of persons*]. Dans les arguments conséquentialistes contre l'obligation de réduire ses propres émissions, le raisonnement ne reconnaît pas la personne comme un *tout*. En d'autres termes, le conséquentialisme brouille non seulement les frontières entre les individus, mais ne reconnaît pas non plus l'existence d'une structure cohérente *en* eux, comme Bernard Williams l'a relevé de manière convaincante[2]. Structurer sa vie de manière

1. Gore utiliserait, dit-on, la compensation carbone pour compenser ses émissions de GES ; cependant, une controverse majeure existe au sujet de la comparaison entre la valeur de la compensation carbone et celle des réductions individuelles de la consommation.

2. B. Williams, « A Critique of Utilitarianism », *in* J. C. C. Smart, B. Williams (eds.), *Utilitarianism : For and Against*, New York, Cambridge University Press, 1973, p. 77-150.

cohérente à partir d'un engagement à atténuer le changement climatique exige que l'on prenne cet engagement au sérieux dans sa vie privée comme dans son action politique. Et à moins qu'il n'y ait de bonnes raisons de croire que la limitation de ses propres émissions compromettrait un changement à plus grande échelle, ceux qui se sont engagés à atteindre l'objectif général de réduction des émissions de GES devraient le faire également à titre personnel. La vertu d'intégrité implique que cette obligation soit valable même si les actions personnelles d'un individu sont elles-mêmes neutres à l'égard de leurs conséquences directes sur le climat[1].

En principe, les considérations conséquentialistes jouent un rôle important en éthique, raison pour laquelle ce que

---

1. Une formulation plus forte de cette obligation permettrait d'affirmer que pour une personne qui s'est engagée à éviter un changement climatique dangereux, l'intégrité exige des réductions individuelles, même dans le cas où ces réductions sont neutres par rapport à *toutes* les conséquences, et pas seulement par rapport aux conséquences climatiques directes. Une telle position pourrait être partagée par ceux qui croient que la valeur de l'intégrité ne dépend pas exclusivement ou même pas principalement des conséquences qu'elle produit. Le point de vue de Mark Halfon (voir ci-dessous) va dans ce sens. Cependant, même ceux qui ont une position morale largement conséquentialiste devraient être en mesure d'accepter l'affirmation plus modeste faite ici, à condition qu'ils acceptent les conséquences positives personnelles et interpersonnelles de l'intégrité, discutées ci-dessous. Qui plus est, si une raison qui nous permet de prendre nos engagements au sérieux est l'unité entre ces engagements et une unité entre la pensée et l'action, alors une personne peut prendre son engagement à l'action politique pour faire face au changement climatique plus sérieusement si l'engagement à réduire le changement climatique s'exprime également par une action personnelle. Si c'est le cas, l'action politique individuelle recommandée par Johnson et Sinnott-Armstrong pourrait être renforcée par des engagements personnels correspondants de réduction des émissions de GES. Cela fournirait une justification conséquentialiste à l'appui de l'intégrité et des réductions personnelles qui en découlent.

j'ai dit ne doit pas être considéré comme une critique générale du raisonnement conséquentialiste. Cependant, le raisonnement conséquentialiste dans les arguments en faveur d'une obligation politique, mais non individuelle, à l'égard du changement climatique ne tient pas suffisamment compte de la psychologie humaine[1]. Il est utile dans ce contexte de mentionner l'intégrité comme contrepoids, car elle tient davantage compte des considérations psychologiques qui rendent déraisonnable et indésirable cette séparation marquée entre obligations individuelles et politiques.

Néanmoins, la valeur de l'intégrité peut elle-même être justifiée par des considérations conséquentialistes, à condition que ces considérations reflètent une sensibilité à la psychologie humaine. L'intégrité est une vertu pour des raisons à la fois intrapersonnelles et interpersonnelles. Au niveau intrapersonnel, l'intégrité est une vertu morale qui reconnaît les avantages psychologiques et agentiels [*agential*] de l'intégration de ses engagements dans un

---

1. Dale Jamieson (« When utilitarians should be virtue theorists », *Utilitas* 19, 2, p. 160-183) avance des arguments similaires lorsqu'il soutient que le conséquentialisme direct n'est pas psychologiquement tenable, ni en tant que procédure de décision, ni en tant qu'approche générale pour la résolution de problèmes collectifs, et que cultiver les vertus est en fait plus efficace que des calculs conséquentialistes visant à obtenir les meilleurs résultats. Jamieson lui-même demeure un conséquentialiste, mais estime que la vertu peut souvent mieux servir les objectifs du conséquentialisme qu'un calcul conséquentialiste. Ronald Sandler (« Ethical theory and the problem of inconsequentialism : why environmental ethicists should be virtue-oriented ethicists », *Journal of Agricultural and Environmental Ethics* 23, 2010, p. 167-183) défend l'idée que les théories morales qui mettent l'accent sur les vertus sont mieux positionnées que les théories utilitaristes pour traiter les « problèmes d'action collective longitudinaux » tels que le changement climatique global.

tout cohérent, et de rendre ses croyances, ses paroles et ses actions cohérentes les unes avec les autres. Sur le plan interpersonnel, l'intégrité est une vertu tant dans la perspective de l'intelligibilité intersubjective que dans l'affirmation aux autres de l'authenticité de ses engagements. Là où l'on constate chez d'autres un manque de cohérence entre leurs engagements politiques et leurs choix personnels, on se demande souvent comment donner du sens à cette apparente incohérence, et on peut s'interroger sur la sincérité de certains de ces engagements. Les engagements environnementaux d'un politicien, tels qu'ils sont énoncés dans les déclarations publiques et dans l'appui législatif, par exemple, peuvent être remis en question s'il a un mode de vie opulent et nuisible à l'environnement[1].

Mark Halfon suggère un autre fondement pour la valeur de l'intégrité[2]. Il donne un exemple dans lequel une personne se consacre au changement politique, en l'occurrence l'abolition du racisme institutionnalisé. Or, cette personne souffre grandement de cet engagement car elle s'oppose à la politique officielle du gouvernement. Dans le cas décrit par Halfon, il est très peu probable que l'engagement de

---

1. Johnson (« Ethical Obligations in a Tragedy of the Commons », art. cit., p. 285) reconnaît que l'action individuelle « peut être nécessaire pour convaincre les autres de sa sincérité et de la viabilité de ce que l'on propose » au niveau politique – il considère donc que dans certaines circonstances, il y a des raisons pragmatiques de faire des réductions unilatérales. Cependant, il indique que si son argument contre l'efficacité des actions unilatérales est accepté, les gens ne devraient pas considérer comme hypocrites l'absence de réductions individuelles chez ceux qui préconisent le changement politique. Ici, je suis en désaccord avec Johnson sur la question de savoir si le conséquentialisme doit être adapté à la psychologie humaine ou si la psychologie humaine peut et doit être adaptée pour tenir compte du conséquentialisme.

2. M. Halfon, *Integrity : A Philosophical Inquiry*, Philadelphia, Temple University Press, 1989.

la militante impliquera efficacement un changement de gouvernement[1]. Dans une perspective conséquentialiste, l'engagement de l'activiste n'a donc aucun sens : elle s'inflige plus de souffrance qu'elle n'est susceptible d'en épargner par son engagement. Nous pouvons néanmoins dire que la militante est une personne intègre et que son intégrité est moralement admirable. Pourquoi ? Halfon répond : « Une chose que l'on peut dire, à propos d'une telle personne, c'est qu'elle veut ou choisit d'être un certain type de personne, ou de vivre un certain mode de vie, et que sa vie perd son sens ou son but si elle ne parvient pas à lutter activement contre ce qu'elle considère comme une institution humiliante et injuste »[2].

Dans le cas qui nous intéresse, nous pourrions dire qu'un engagement à atténuer le changement climatique,

---

1. L'ironie de cet exemple particulier mérite d'être soulignée en guise de réponse à Johnson : tandis que Johnson considère que l'action individuelle n'est pas obligatoire dans le cas du climat parce qu'il est peu probable qu'elle soit efficace en l'absence d'une convention collective, l'exemple d'Halfon montre qu'un raisonnement similaire pourrait être appliqué à l'obligation de prendre des mesures politiques qui, selon Johnson, s'appliquent dans le cas du changement climatique. Sandler (« Ethical theory and the problem of inconsequentialism », art. cit.) note que le problème de l'inefficacité – ou de ce qu'il appelle « le problème de l'inconséquentialisme » – concerne non seulement les émissions individuelles, mais aussi les mesures individuelles visant à soutenir un régime de réduction des émissions. En réponse à ce problème, Halfon souligne qu'il n'y a pas que les conséquences qui comptent : le fait d'être un certain type de personne compte aussi moralement. Un utilitariste pourrait interpréter ce type de réponse comme une invitation à inclure certaines conséquences potentiellement négligées (plus précisément, les conséquences pour le bien-être de l'agent qui ont trait à son propre intérêt à vivre un certain type de vie), mais ce n'est pas l'objectif d'Halfon. Son approche est explicitement non conséquentialiste : toutes les questions morales ne peuvent pas être traitées dans le cadre de la métrique des conséquences.

2. M. Halfon, *Integrity*, *op. cit.*, p. 146.

en général, implique un engagement à être le genre de personne qui se préoccupe de ses émissions de GES et qui s'efforce de les réduire[1]. Tout comme il serait étrange et moralement problématique pour une militante de l'environnement qui se bat pour limiter la pollution diffuse de répandre sur sa pelouse de grandes quantités de fertilisants, il serait étrange et moralement problématique qu'un activiste du changement climatique soit sans retenue et irréfléchi concernant ses émissions de GES.

CONFUCIANISME ET ACTION COLLECTIVE

L'approche développée par Halfon est liée aux questions d'identité et de conception de soi. Halfon suggère que l'intégrité contribue à ce que l'on soit un « certain type de personne », de la même manière que la vertu contribue à

1. Ce raisonnement est conforme à une analyse d'éthique des vertus selon laquelle le manque d'attention à l'égard de ses propres émissions individuelles se répercute négativement sur le caractère d'une personne. Bien que l'intégrité exige que l'on s'efforce de réduire ses émissions individuelles uniquement dans le cadre d'un engagement préalable d'atténuer le changement climatique, il peut y avoir d'autres raisons fondées sur les traits de caractère pour modérer ses émissions de GES. En évaluant l'utilisation exagérée des combustibles fossiles par une personne, on pourrait se demander, comme le fait Thomas Hill, Jr. (« Ideals of human excellence and preserving natural environments », *Environmental Ethics* 5, 1983, p. 211–224) (dans un contexte légèrement différent), « Quel genre de personne ferait une chose pareille ? ». Les réponses possibles sont : une personne qui manque d'humilité (pour suivre Hill), une personne qui manque de retenue ou une personne qui manque de considération pour les autres et pour le monde naturel. Une réponse à Johnson du point de vue d'une éthique des vertus aristotélicienne pourrait être développée dans ce sens. Cependant, une telle approche exigerait de préciser quelle vertu est exprimée par la réduction des émissions (et le vice exprimé par l'absence de réduction) et placerait cette vertu dans un contexte théorique plus large (par exemple, en expliquant la relation de cette vertu à une théorie plus large du bien). Je remercie l'évaluateur anonyme qui a souligné la possibilité d'une réponse dans cette direction.

l'*eudaimonia* dans la philosophie morale aristotélicienne :
l'intégrité est constitutive du fait d'être un certain type de
personne tout comme la vertu est un élément constitutif
de l'*eudaimonia*. Tout en partageant avec Halfon le point
de vue selon lequel les considérations d'identité et de
conception de soi sont importantes dans la réflexion sur
les fondements de l'obligation morale, j'aborde ci-dessous
ces questions dans une perspective confucéenne.

La perspective confucéenne est prometteuse dans la
mesure où elle révèle – encore plus en profondeur que les
considérations d'intégrité – les problèmes cruciaux que
posent les arguments contre l'obligation individuelle de
réduire ses émissions de GES. En particulier, l'approche
confucéenne diffère de l'approche fondée sur l'intégrité
en ce qu'elle remet directement en question les présupposés
des problèmes d'action collective, en fournissant un
complément important aux arguments d'intégrité en faveur
d'une obligation individuelle de réduire ses propres
émissions de GES.

Rappelons d'abord la logique des problèmes d'action
collective qui amène Johnson à conclure qu'une action
unilatérale pour réduire ses émissions dans une situation
de tragédie des biens communs serait inutile, et même
contre-productive[1] :

> La seule incitation pour les agents est de maximiser leurs
> bénéfices [individuels] provenant de l'utilisation d'un
> bien commun.
>
> La seule façon dont les agents peuvent communiquer
> revient à augmenter ou à réduire l'utilisation du bien
> commun.

---

1. Johnson, « Ethical Obligations in a Tragedy of the Commons »,
art. cit., p. 275.

L'utilisation du bien commun est partagée, [cependant, les coûts et les bénéfices qui y sont associés ne sont pas tous partagés.]

Les problèmes de biens communs présupposent que les individus sont des acteurs économiques rationnels qui cherchent à tirer le meilleur parti possible des biens communs et qui n'influencent pas la pensée ou la prise de décision des uns et des autres de manière moralement pertinente. Les efforts de modération que s'impose une seule personne seront exploités par d'autres. Ainsi, la modération unilatérale n'est pas seulement irrationnelle, elle est aussi moralement impuissante : l'action unilatérale ne fera rien pour sauver les biens communs de la surexploitation.

Une perspective confucéenne de la moralité remet en question ce point de vue. Tout d'abord, et c'est peut-être le plus important, la philosophie confucéenne ne comprend pas l'individu comme un acteur isolé et rationnel. Au lieu de cela, le moi confucéen est défini de façon relationnelle[1]. Les personnes sont constituées par et à travers leurs relations avec les autres. Selon le confucianisme, nous apprenons comment être des personnes – comment vivre moralement et en communauté avec les autres – d'abord dans la famille. Dans ce cadre, les enfants sont témoins de démonstrations de générosité et de tendresse et apprennent les vertus de respect et de gratitude. Les enfants apprennent aussi à se comprendre en tant que partie intégrante d'une communauté

1. D. Hall, et R. Ames, *Thinking from the Han : Self, Truth, and Transcendence in Chinese and Western Culture*, Albany, New York, SUNY Press, 1998 ; H. Rosemont, « Rights-bearing individuals and role-bearing persons », *in* M. I. Bockover (ed.), *Rules, Rituals, and Responsibilities : Essays Dedicated to Herbert Fingarette*, LaSalle, Illinois, Open Court Press, 1991.

humaine, où leurs actions n'ont pas seulement des conséquences matérielles, mais aussi symboliques. Bien que sur un plan fonctionnel, le type de récipient qu'on utilise pour verser l'eau ou le type de matériau qu'on utilise pour la confection de ses vêtements importe peu, de tels choix peuvent avoir une importance symbolique significative au sein de la culture, de sorte que l'on peut exprimer le respect en faisant un choix et le manque de respect en en faisant un autre.

Dans le modèle confucéen, en outre, les individus se considèrent les uns les autres comme des exemples, et apprennent les uns des autres ce en quoi consiste un comportement vertueux[1]. Confucius croit que les modèles moraux ont un pouvoir magnétique, et que les individus vertueux peuvent engendrer une réforme morale par leurs actions en inspirant les autres à changer eux-mêmes[2].

La question de savoir si les individus vertueux ont les pouvoirs moraux que Confucius leur attribue peut être sujette à controverse. Contrairement au point de vue confucéen, le modèle de l'acteur rationnel suggère que les individus altruistes fournissent simplement des opportunités dont les autres profitent. Cependant, même si l'optimisme

---

1. Dans les *Entretiens*, Confucius (*The Analects (Lun yu)*, trad. D.C. Lau, Hong Kong, Chinese University Press, 1983, 19.22 [trad. fr. S. Couvreur (1835-1919), *Entretiens de Confucius et de ses disciples (Lun Yu, Louen yu)*, <https://rl-phaleg.fr/images/Livres/louen_yu>]) relève qu'il n'y a personne de qui il ne peut apprendre : « Les institutions de Wenn wang et de Ou wang ne sont pas encore tombées dans l'oubli ; elles vivent toujours dans la mémoire des hommes. Les hommes de talent et de vertu en ont appris les grands principes. Les hommes ordinaires en ont appris quelques principes particuliers. Les enseignements de Wenn wang et de Ou wang subsistent encore partout. De quelle source mon maître n'a-t-il pas tiré quelque connaissance ? ».

2. *Ibid.*, 12.19, 16.1, 4.25.

confucéen à l'égard des pouvoirs transformateurs d'un seul individu est exagéré, la conception du moi propre à l'éthique confucéenne fournit un contrepoint important au modèle de l'acteur économique rationnel : elle représente non seulement une alternative possible pour la construction des identités humaines, mais est aussi une possibilité que de nombreuses personnes adoptent réellement, au moins dans certains contextes. Cette possibilité peut, à son tour, contribuer à fournir un moyen important de sortir de la logique inexorable des problèmes d'action collective, dont la gravité et le caractère insurmontable découlent en partie de la manière dont on les formule. En particulier, je défends ci-dessous l'idée que lorsque les personnes se conçoivent de manière relationnelle, plutôt que comme des atomes isolés, les actions individuelles « unilatérales » peuvent à la fois catalyser et soutenir de nouvelles conventions collectives.

Contraster l'approche des biens communs de Garrett Hardin avec celle de Confucius peut aider à illustrer plus clairement ces éléments. Hardin soutient, en ce qui concerne son exemple canonique du pâturage à moutons, qu'en l'absence de mesures descendantes [*top-down*] pour limiter l'exploitation du bien commun, les individus ne feront pas preuve de la modération nécessaire pour conserver le bien commun comme ressource pour tous. La solution à ce type de problèmes, selon Hardin, exige la coercition ou, comme il le formule, « la coercition mutuelle, mutuellement acceptée par la majorité des personnes concernées »[1]. Hardin est profondément sceptique quant à la possibilité que la « conscience » puisse jouer un rôle dans la résolution

---

1. G. Hardin, « The tragedy of the commons », *Science* 162, p. 1243-1248, p. 1247 [trad. fr. L. Bury, *La tragédie des communs. Suivi de Extensions de « La tragédie des communs »*, Paris, P.U.F., 2018].

des problèmes d'action collective. Il recommande plutôt la privatisation des ressources, la taxation et l'interdiction législative de certains comportements. Les recommandations de Hardin trouvent un écho dans le point de vue de Johnson, car si Hardin a raison (comme Johnson semble l'accepter), alors ce n'est pas une action individuelle, mais seulement une politique à l'échelle de la société dans son ensemble qui peut résoudre des problèmes comme le changement climatique.

Pourtant, le point de vue de Hardin diverge considérablement du point de vue confucéen, qui rejette explicitement la coercition comme une voie vers une véritable réforme sociale[1]. D'après le modèle confucéen, bien que la coercition puisse tenir les gens à l'écart des problèmes, elle ne peut pas accomplir un changement social en profondeur, impliquant la transformation des esprits aussi bien que des actions. Ainsi, une réforme reposant principalement sur la coercition sera à la fois superficielle et instable. Afin de résoudre un problème collectif, il n'est pas suffisant de changer les incitations ciblant des agents individuellement rationnels. La politique ne suffit pas : un changement moral de la part des individus est également crucial. Changer les institutions sans changer les personnes ne résoudra pas les tensions entre le bien individuel et le bien collectif.

Dans le contexte contemporain, l'argument confucéen est le suivant : bien que l'on puisse fournir à la fois des carottes, sous forme d'incitations économiques, et des

1. « Si le prince conduit le peuple au moyen des lois et le retient dans l'unité au moyen des châtiments, le peuple s'abstient de mal faire ; mais il ne connaît aucune honte. Si le prince dirige le peuple par ses bons exemples et fait régner l'union en réglant les usages, le peuple a honte de mal faire, et devient vertueux. » (Confucius, *The Analects (Lun yu)*, 2.3 [trad. fr. S. Couvreur, *Entretiens, op. cit.*]).

bâtons, sous forme de lois et de règlements, pour favoriser la réduction des émissions de GES, ces mesures descendantes [*top-down*] ne constituent qu'*une partie* de la solution. Si les gens ne reconnaissent pas et n'affirment pas la nécessité de réduire leurs émissions de GES, l'efficacité de ces efforts peut être limitée ou instable[1]. Aldo Leopold[2] a soutenu la même idée, il y a longtemps, lorsqu'il se plaignait des agriculteurs qui n'étaient disposés à appliquer des mesures de conservation sur leurs terres que lorsque ces mesures étaient payées par d'autres, et a plaidé en faveur d'un environnementalisme fondé sur un sens élargi de la responsabilité, incarné dans une conscience écologique.

Je veux moins plaider ici en faveur de l'inefficacité des changements politiques que de l'efficacité de l'action individuelle pour réduire ses propres émissions. À cet égard, le modèle confucéen est instructif, parce qu'il nous demande d'admettre la possibilité que les personnes n'aient pas besoin de se voir comme des acteurs économiques rationnels, prenant des décisions fondées uniquement sur une structure de préférences indépendante des conséquences

---

1. Voir E. Ostrom, *Governing the Commons : The Evolution of Institutions for Collective Action*, New York, Cambridge University Press, 1990 [trad. fr. L. Baechler, *Gouvernance des biens communs. Pour une nouvelle approche des ressources naturelles*, Bruxelles, De Boeck, 2010] pour une discussion détaillée des façons dont les coûts de la surveillance et de l'application des modalités d'action collective peuvent nuire au succès lorsque ces modalités sont imposées de l'extérieur (p. ex. par un gouvernement central), tandis que la gestion des ressources communes peut connaître un plus grand succès lorsque les modalités d'action collective sont le résultat d'une auto-organisation volontaire.

2. A. Leopold, « The land ethic », in *A Sand County Almanac, and Sketches Here and There*, New York, Oxford University Press, 1987 [trad. fr. A. Gibson, *Almanach d'un compté des sables*, Paris, GF-Flammarion, 2017].

sociales ou des valeurs et décisions des autres. Beaucoup seraient d'ailleurs d'accord avec cette idée. Si les personnes sont des êtres relationnels, comme le suggèrent les confucéens, alors les actions d'un individu ne peuvent être considérées comme indépendantes de celles des autres, et les actions personnelles d'un individu ne peuvent être comprises indépendamment de leur signification sociale. Que l'on choisisse de conduire un véhicule électrique hybride et de minimiser les kilomètres parcourus, ou de conduire un SUV consommant beaucoup d'essence sans se soucier du nombre de déplacements, on ne communique pas seulement des informations sur la quantité de bien commun atmosphérique que l'on utilise, mais on envoie aussi un message concernant ses préoccupations (ou son absence de préoccupation) pour ce bien commun. Lorsque les gens se considèrent comme des membres interconnectés d'une communauté morale, ils réagissent à de tels messages de manière morale : en admirant, et dans certains cas au moins, en imitant ceux dont les actions protègent les biens communs, et en critiquant, et dans certains cas, en réprimandant ouvertement ceux qui ne le font pas. De telles réponses peuvent aider à gérer de façon responsable les ressources communes. Ce qui semble peu susceptible de favoriser de telles réponses, cependant, ce sont des cadres conceptuels qui traitent les individus comme des acteurs économiques isolés dont les efforts personnels pour réduire les dommages causés aux biens communs sont considérés comme irrationnels et n'ayant que peu ou pas de valeur morale. Comme le suggèrent fortement les recherches de Robert Frank et ses collaborateurs, les gens perçoivent le cadre de l'*Homo economicus* non seulement comme descriptif, mais aussi comme normatif, de sorte que l'application des modèles postulant une rationalité économique étroite aux problèmes environnementaux peut encourager les gens à se concevoir et à agir en accord avec les hypothèses de ces modèles[1].

Pourtant, malgré la prédominance de tels modèles dans notre société contemporaine (qui sert sans doute ceux qui choisissent de ne rien faire pour réduire leurs émissions individuelles), il y a des preuves solides selon lesquelles beaucoup de gens ne se conçoivent pas eux-mêmes ou ne conçoivent pas leurs décisions exclusivement ou même principalement dans cette optique. Par exemple, les gens semblent considérer et juger les choix personnels des autres en matière de véhicule comme des choix moraux qui reflètent leur engagement (ou leur manque d'engagement) global à résoudre le « problème d'action collective » du changement climatique. Dans des recherches récentes, Thomas Turrentine et Kenneth Kurani ont constaté, lors d'entretiens avec des propriétaires de voiture, que les personnes conduisant des hybrides ont exprimé de la colère envers les acheteurs de SUV, vraisemblablement en raison de leur impact environnemental[2]. De plus, les personnes qui ont acheté des véhicules hybrides électriques ont souvent mentionné d'autres propriétaires de véhicules hybrides comme modèles pour leurs décisions d'achat, et Turrentine et Kurani ont constaté que les gens prenaient rarement la décision d'acheter des véhicules hybrides sur la base du type de processus décisionnel décrit par le modèle de l'acteur économique rationnel. Les gens savent par exemple rarement combien de carburant ou combien

1. R. H. Frank, T. Gilovich et D. Regan, « Does studying economics inhibit cooperation? », *The Journal of Economic Perspectives* 7, 2, 1993, p. 159-171.

2. T. Turrentine et K. Kurani, « Car buyers and fuel economy? », *Energy Policy* 35, 2, 2007, p. 1213-1223.

de litres aux cent leur voiture consomme, et lorsqu'ils envisagent l'achat d'une voiture hybride, ils calculent rarement le temps qu'il faudrait pour que les économies de carburant compensent l'augmentation du prix d'achat. Au lieu de cela, les gens choisissent les voitures hybrides pour faire une déclaration, pour exprimer leur engagement en matière d'environnement, et pour discuter de leur choix avec d'autres personnes[1].

Le cadre traditionnel de l'action collective suggère que de telles actions individuelles ne peuvent avoir aucun effet positif sur le développement d'une solution à grande échelle au problème. Mais si l'on se fie aux données provenant des décisions d'achat de véhicules hybrides, il semble qu'une personne prenant des décisions respectueuses de l'environnement puisse influencer une autre personne. Les décisions concernant le type de voiture à acheter, la fréquence de la conduite, et ainsi de suite, sont considérées par beaucoup comme relevant de la sphère morale. De telles décisions font l'objet de jugements moraux de la part des autres et peuvent être à la base de l'approbation et de la désapprobation sociales. Nous savons, grâce aux modèles de la théorie des jeux évolutionnaires, que la punition moralisatrice d'actions égoïstes (ou autrement désapprouvées socialement) peut conduire à la stabilisation de comportements altruistes (ou socialement approuvés) au sein d'une population[2].

Le plus important est que la rationalité individuelle n'est pas simplement une question de satisfaction des préférences qui serait indépendante des effets de nos actions

1. *Ibid.*, p. 1221.
2. R. Boyd, et P. Richerson, « Punishment allows the evolution of cooperation (or anything else) in sizable groups », *Ethology and Sociobiology* 13, 3, 1992, p. 171-195.

sur autrui. Si les individus ne se considèrent pas comme des acteurs économiques rationnels au sens étroit décrit par les présupposés du cadre de la tragédie des biens communs – et les faits suggèrent qu'ils ne le font effectivement pas – alors il existe des moyens par lesquels les actions dites « unilatérales » des individus peuvent influencer les autres individus à ne pas faire usage des « ressources excédentaires » restant dans le bien commun, mais à voir la modération des autres comme modèle pour leur propre pratique de la modération[1]. De plus, s'il y a une masse critique suffisante d'individus qui sont engagés dans une telle pratique de modération, ces individus peuvent exercer une pression morale sur les membres les plus obstinés de la communauté, et ils sont mieux placés pour former un bloc dont l'engagement à protéger les biens communs peut être exprimé efficacement par la voie législative ou par d'autres voies[2].

Tout comme les individus ne sont pas des atomes, étroitement égoïstes, isolés les uns des autres dans leurs décisions et leurs valeurs, les actions au niveau individuel ne sont pas séparées de celles dans la sphère politique. Un engagement au niveau individuel peut en fait susciter une plus grande prise de conscience et un examen plus attentif

1. Jamieson (« When utilitarians should be virtue theorists », art. cit., p. 179) relève également l'importance des aspects du comportement individuel qui servent d'« exemples et de modèles ».

2. Voir Paul Rozin (« The process of moralization », *Psychological Science* 10, 3, 1999, p. 218-221) pour une discussion sur la façon dont la moralisation de certains comportements peut mener au changement social. Rozin soutient que la moralisation des comportements conduit à des interdictions institutionnelles, à l'éducation pour décourager ces comportements, à la transmission des normes des parents aux enfants et à la censure de ceux qui pratiquent le comportement moralement négatif. Voir également *supra*, note 1, p. 103.

des types de changements politiques qui pourraient être les plus efficaces. Après l'installation de panneaux solaires sur sa maison, par exemple, on peut comprendre plus clairement l'importance de la législation sur la facturation nette de la consommation. On peut également se sentir plus enclin à militer en faveur de cette dernière qu'on ne le serait par la simple conviction abstraite qu'une telle législation est une bonne chose.

Si nous prenons au sérieux une conception confucéenne de la personne, dans une perspective à la fois descriptive et normative, alors nous ne devrions pas supposer – comme le fait la logique des problèmes d'action collective – que les motivations des individus qui partagent les ressources d'un bien commun sont égoïstes. La morale confucéenne déconseille une telle conception individualiste de soi, et les travaux de Turentine et Kurani suggèrent que les présupposés du cadre théorique de l'action collective ne sont pas nécessairement confirmés, même dans une culture hautement individualiste comme celle des États-Unis[1]. Les conceptions philosophiques et économiques des personnes ont des fonctions à la fois descriptives et normatives, de sorte que ces conceptions pourraient produire elles-mêmes le type de personnes qu'elles décrivent. Nous

1. Bien que j'aie utilisé un cadre confucéen pour illustrer les possibilités qu'implique l'adoption d'une conception relationnelle des personnes, nous trouvons également des conceptions relationnelles dans la tradition occidentale. Par exemple, Piers Stephens (« Green liberalisms : nature, agency, and the good », *Environmental Politics* 10, 3, 2001, p. 1-47, p. 12) indique que John Stuart Mill préconise implicitement « l'idée de l'agent comme un être social et relationnel ». De même, de nombreuses théories éthiques féministes mettent l'accent sur les dimensions relationnelles de la vie humaine (p. ex., N. Noddings, *Caring : A Feminine Approach to Ethics and Moral Education*, Berkeley : University of California Press, 1984).

devrions ainsi examiner attentivement la valeur heuristique de la réflexion concernant nos obligations liées au changement climatique, dans un contexte traditionnel d'action collective. Bien que le cadre théorique de l'action collective puisse être utile à certaines fins, il n'est pas évident qu'il procure une justification adéquate de l'idée qu'en l'absence d'une convention collective les individus n'ont aucune obligation de réduire leurs émissions de GES. Les conventions collectives peuvent émerger de diverses façons, et l'exemple du véhicule hybride ci-dessus donne à penser que les décisions individuelles des consommateurs, les conversations personnelles au sujet de telles décisions et d'autres petites actions similaires à l'échelle locale peuvent s'avérer être d'importants catalyseurs de nouvelles conventions collectives. Elles peuvent également soutenir et renforcer les conventions et les politiques à plus grande échelle. La distinction entre agir unilatéralement et s'acquitter de ses responsabilités en tant que partie intégrante d'une convention collective n'est donc pas nette, il s'agit plutôt d'une question de degré. En tant que telle, une distinction forte entre les obligations d'une personne en vertu d'une convention collective et ses obligations en l'absence d'une telle convention est donc injustifiée.

Une partie de ce qui rend les choix individuels efficaces et moralement importants, c'est que ces choix ont une fonction communicative et sociale. Selon l'approche confucéenne, les actions individuelles gagnent leur valeur morale dans un contexte social. Ainsi, bien que Confucius souligne l'importance de l'action vertueuse au niveau individuel, il insiste aussi sur le fait qu'il ne faille ni ignorer ses propres obligations politiques afin de préserver sa pureté morale personnelle, ni se retirer de la société afin de vivre, dans l'isolement, en accord avec ses valeurs individuelles[1]. En ce qui concerne le changement climatique, une perspective confucéenne soutient donc une obligation morale individuelle de réduire ses propres émissions de GES, tout en insistant sur le fait que les obligations de chacun ne s'arrêtent pas là : il faut aussi œuvrer pour une réforme sociale à plus grande échelle, et pour des politiques régionales, nationales et internationales de réduction des émissions qui atténuent les effets du réchauffement climatique.

CONCLUSION

J'ai soutenu qu'il y a au moins deux raisons de remettre en question l'idée selon laquelle les individus n'ont aucune obligation de réduire leurs émissions individuelles de GES. La première repose sur un argument relatif à l'intégrité, qui exige la cohérence entre ses engagements au niveau individuel et au niveau politique. Le deuxième argument s'appuie sur la conception confucéenne de la morale et de la personne pour mettre en évidence les dimensions relationnelles et symboliques de l'action humaine. De ce point de vue, la dichotomie entre rationalité individuelle et rationalité collective, telle qu'elle est décrite dans la formulation traditionnelle des problèmes d'action collective, est trop marquée. Parce que les individus sont des êtres relationnels, leurs actions ont une signification morale à la fois dans le contexte de leurs interactions locales et dans le contexte de communautés plus larges. D'un point de vue confucéen, on ne peut pas séparer clairement les

---

1. M. Hourdequin, « Engagement, withdrawal, and social reform : Confucian and contemporary perspectives », *Philosophy East and West* 60, 3, 2010, p. 369–390.

individus de la communauté ou analyser les coûts et les bénéfices de l'action dans les termes mobilisés par le cadre théorique des problèmes d'action collective, parce que les individus moralement matures ne comprennent pas les mesures incitatives de cette manière.

Dans le cas du changement climatique, une conception atomiste des personnes peut conduire à deux types de problèmes différents. Dans le premier problème, l'individualisme mène à l'idée que la responsabilité d'une personne se situe *uniquement* au niveau individuel. Le deuxième problème mène quant à lui à l'idée selon laquelle la responsabilité individuelle dans une « tragédie des biens communs » se situe uniquement au niveau politique. Les arguments de Johnson et de Sinnott-Armstrong répondent au premier type problématique d'individualisme. C'est ce genre d'individualisme qui peut conduire les gens à croire que tant qu'ils « vivent avec une empreinte légère sur la planète », ils ne sont pas responsables de l'épuisement des ressources et des dommages causés au climat global, et n'ont pas besoin de prendre des mesures politiques pour régler ces problèmes. Ce genre d'individualisme ne reconnaît pas le rôle de l'individu dans la société et sa responsabilité plus large quant à la promotion de bonnes décisions sociales.

Cependant, un deuxième type d'individualisme est tout aussi problématique : celui selon lequel notre seule responsabilité est de changer la société sans se changer soi-même. Ce type d'individualisme, qui repose sur le type de présupposés propres aux problèmes d'action collective, ne parvient pas à reconnaître les liens entre l'individuel et le social, la fonction expressive de l'action individuelle, l'importance de l'intégrité, le rôle de l'action individuelle dans la construction de son identité morale, et l'effet de l'action individuelle sur les relations avec autrui ainsi que sur les actions de ces derniers. J'ai essayé, dans cet article, de souligner les problèmes que pose ce dernier type d'individualisme, et ce que son abandon a de prometteur.

Johnson et Sinnott-Armstrong soutiennent qu'il n'y a pas d'obligation morale individuelle de réduire ses émissions de GES parce que les réductions individuelles ne peuvent pas atténuer le problème du changement climatique global. J'ai défendu l'idée que les réductions individuelles *peuvent* apporter une contribution, et donc que s'il y a une obligation d'atténuer le changement climatique, elle comprend l'obligation individuelle de limiter ses propres émissions. Cependant, afin de bien comprendre comment les réductions personnelles peuvent faire une différence, et pour que les contributions individuelles soient les plus efficaces possibles, il est sans doute nécessaire de revoir la conception de la personne proposée par le modèle de la tragédie des biens communs en faveur d'une approche plus relationnelle[1].

1. Pour leurs commentaires utiles, je remercie Rick Furtak, Baylor Johnson, David Littlewood, Alex Rosenberg, David Wong, le Colorado Springs Philosophy Discussion Group, l'auditoire de la réunion conjointe ISEE/IAEP 2008 à Allenspark, CO, et deux évaluateurs anonymes de *Environmental Values*.

UN PROBLÈME DE JUSTICE

INTRODUCTION

La justice climatique est un champ de recherche de la philosophie politique. Son objectif principal est de justifier les principes de justice et de les appliquer par des réformes institutionnelles. Elle a une dimension spatiale (justice climatique globale) et une dimension temporelle (justice climatique intergénérationnelle) et se décline selon plusieurs modalités : justice comme non-nuisance, justice distributive, justice compensatrice et justice procédurale. Les exigences de la justice climatique s'appliquent notamment aux collectivités, comme les États-nations, les régimes internationaux et les multinationales, mais aussi aux individus, citoyens comme responsables politiques, consommateurs comme producteurs.

À ce jour, les débats de justice climatique se sont principalement centrés sur les principes de justice distributive. Comment répartir équitablement les coûts causés par la lutte internationale contre le changement climatique[1]? Cette question a donné lieu à une littérature philosophique très riche, largement initiée par Henry Shue dans le premier texte de cette partie du volume. Selon lui,

1. Une question connexe s'intéresse à la juste répartition du budget carbone global sous forme de droits d'émissions : voir par exemple L. H. Meyer et D. Roser, « Distributive Justice and Climate Change : The Allocation of Emission Rights », *Analyse & Kritik* 28, 2, 2006, p. 223-249 et S. Caney, « Justice and the Distribution of Greenhouse Gas Emissions », *Journal of Global Ethics* 5, 2, 2009, p. 125-146.

un des principes de justice les plus intuitifs consiste à attribuer les coûts d'un problème environnemental à ceux qui y ont le plus contribué :

> Lorsqu'une partie a dans le passé tiré un avantage injuste d'autres personnes en leur imposant des coûts sans leur consentement, ceux qui ont été unilatéralement désavantagés sont en droit d'exiger qu'à l'avenir la partie fautive supporte une répartition inégale des charges, au moins à hauteur de l'avantage injuste obtenu précédemment, afin de rétablir l'égalité.

Ce principe, le premier de trois principes d'équité énoncés par Shue, montre le rôle sous-jacent joué par le principe de non-nuisance dans les discussions sur la justice climatique. Toujours dans le même article, Shue estime que « chacun a une obligation générale, même envers les ressortissants d'autres États et sociétés, de ne pas nuire à autrui ». Il souligne également dans une publication ultérieure que « [l]'un des principes les plus pertinents pour attribuer la responsabilité est le principe selon lequel les personnes imposant une nuisance doivent s'arrêter – d'abord, ne nuis pas – et sont tenues, si possible, de compenser les dommages qu'elles ont déjà faits »[1]. Le principe de la contribution causale exige que la « partie fautive », individuelle ou collective, prenne ses responsabilités face aux torts qu'elle a commis : c'est un principe qui repose ainsi sur celui de non-nuisance. La justice climatique distributive s'articule logiquement avec la justice climatique comme non-nuisance[2].

1. H. Shue, « Human Rights, Climate Change, and the Trillionth Ton », *in* D. G. Arnold (ed.), *The Ethics of Global Climate Change*, Cambridge, Cambridge University Press, 2010, p. 292-314, p. 305.

2. Une double difficulté à souligner cependant est que l'extension du principe de non-nuisance à l'échelle globale et au contexte intergénérationnel ne va pas de soi : voir sur ce point notamment

Le principe de la contribution causale montre également le rôle sous-jacent que joue l'idée régulatrice d'égalité dans les débats sur la justice climatique. Le changement climatique est structuré par une double inégalité dans la responsabilité et la vulnérabilité : les personnes et populations les plus vulnérables aux impacts climatiques comme les ouragans, tempêtes, inondations, sécheresses et vagues de chaleur sont celles qui ont le moins émis de gaz à effet de serre (GES). L'un des rôles principaux de la justice climatique est de réduire les inégalités radicales qui caractérisent le changement climatique en promouvant l'égalité à l'échelle globale.

Dans le deuxième texte, Edward Page s'appuie sur le deuxième rapport d'évaluation du GIEC, publié en 1995, pour mettre en évidence ces inégalités générées par le changement climatique. À cette époque, les impacts négatifs du changement climatique sur les populations vulnérables, comme les habitants des petits États insulaires, étaient déjà largement compris. Depuis, le diagnostic s'est précisé et les projections se sont affinées, mais le constat était déjà là il y a 25 ans (même 30 ans, si on remonte au premier rapport d'évaluation du GIEC en 1990) : les populations les plus affectées par le changement climatique sont celles qui y ont le moins contribué. Dans le troisième texte de cette partie, Simon Caney s'appuie sur le troisième rapport d'évaluation datant de 2001, et met également en avant le

J. Lichtenberg, « Negative Duties, Positive Duties, and the "New Harms" », *Ethics* 120, 3, 2010, p. 557-578 pour l'approche par les « nouvelles nuisances » ; I. M. Young, *Responsibility for Justice*, Oxford-New York, Oxford University Press, 2011 pour l'approche par les « injustices structurelles » ; L. H. Meyer, D. Roser, « Enough for the Future », *in* A. Gosseries, L. H. Meyer (eds.), *Intergenerational Justice*, Oxford, Oxford University Press, 2009, p. 219-248 pour la conception de la nuisance reposant sur un « seuil absolu de suffisance ».

cas des petits États insulaires comme illustration tragique des inégalités climatiques. Ces inégalités radicales sont synonymes d'injustices, et Shue, Page et Caney font partie des premiers philosophes politiques à avoir pris la mesure de la gravité et de l'urgence des problèmes de justice globale et intergénérationnelle soulevés par le changement climatique.

Un dernier point soulevé par le premier principe d'équité discuté par Shue est en effet celui du rôle de la justice intergénérationnelle, tant au niveau des relations entre générations passées et présentes qu'au niveau de celles entre générations présentes et futures. Commençons par les relations entre générations passées et présentes. Une partie importante des émissions de dioxyde de carbone, le principal GES d'origine humaine, reste dans l'atmosphère plusieurs siècles, et même plusieurs millénaires. Après un millénaire, entre 15 et 40% des émissions originales de CO_2 se trouvent encore dans l'atmosphère ; après 10 millénaires, il en reste encore entre 10 et 25%[1]. Or, les climatologues ont estimé qu'un peu plus de la moitié des particules de CO_2 actuellement présentes dans l'atmosphère ont été émises entre le début de la Révolution industrielle et 1990[2]. Cela soulève la question suivante, qui a beaucoup préoccupé les théoriciens de la justice climatique : qui doit payer pour les coûts résultant des émissions de GES causées

1. IPCC 2014, P. Ciais *et al.* (eds.), « Carbon and Other Biogeochemical Cycles », *in* T. F. Stocker *el al.* (eds.), *The Physical Science Basis. Contribution of Working Group I to the Fifth Assessment Report of the Intergovernmental Panel on Climate Change*, Cambridge-New York, Cambridge University Press, 2014, p. 467-570, p. 472-473.

2. IPCC 2014, « Summary for Policymakers », *in* O. R. Edenhofer *et al.* (eds.), *Climate Change 2014 : Mitigation of Climate Change. Contribution of Working Group III to the Fifth Assessment Report of the Intergovernmental Panel on Climate Change*, Cambridge-New York, Cambridge University Press, 2014, p. 1-30, p. 6.

par les générations passées ? Qui doit assumer la responsabilité pour les émissions historiques (précédant 1990) ?

Dans son article, Caney entre dans un dialogue argumentatif serré avec Shue pour montrer les difficultés conceptuelles et normatives contre lesquelles le principe de la contribution causale vient se heurter lorsqu'on l'applique au changement climatique. Selon le principe du pollueur-payeur, qui représente selon Caney une version du premier principe d'équité formulé par Shue[1], les principaux émetteurs de GES doivent payer les coûts engendrés par la réduction des émissions, l'adaptation aux impacts climatiques et la réparation des nuisances climatiques. Mais qui doit payer pour les impacts climatiques résultant des émissions de pollueurs qui n'existent plus aujourd'hui ? N'est-il pas injuste de demander aux membres des générations présentes de prendre en charge les coûts environnementaux causés par les générations passées ?

Il y a ici un désaccord de fond entre Shue et Caney. Le premier propose une distinction entre punition et responsabilité. S'il est en effet injuste de punir A (les générations actuelles) pour les effets secondaires imprévisibles d'actions commises dans le passé par B (les générations passées), il est possible de tenir A responsable pour les effets des actions de B, à condition qu'il existe un rapport entre A et B. Il précise : « les générations

---

1. Dans son article, Shue distingue explicitement son principe d'équité du principe du pollueur-payeur (PPP), estimant que ce dernier est « entièrement prospectif » et ne s'intéresse en conséquence qu'aux émissions futures. Par contraste, Caney l'interprète, en accord avec la manière dont il est utilisé le plus communément dans le droit international, comme un principe attribuant les coûts de la pollution passée, présente et future au pollueur. Pour cette raison, Caney estime que « Shue défend donc le PPP tel que je le définis ».

actuelles sont, et les générations futures seront probablement aussi, les bénéficiaires permanents de l'activité industrielle antérieure ». Caney formule une double objection à cet argument. La première est que si A ne doit pas être puni pour les conséquences des actions de B, il n'y a pas grand sens à lui imposer des charges financières : « la proposition de Shue semble injuste à l'égard des potentiels détenteurs de devoirs ». Autrement dit, la distinction entre punition et responsabilité n'est pas pertinente. La deuxième objection est que l'industrialisation n'a en vérité pas bénéficié aux membres des générations présentes. En formulant une nouvelle version de l'objection classique de la non-identité (sur laquelle nous allons revenir ci-dessous), Caney explique que puisque l'industrialisation a affecté l'identité des individus sur plusieurs générations, d'autres personnes que celles qui auraient existé dans un monde sans industrialisation sont venues au monde. Les personnes existantes ne peuvent donc pas comparer leur niveau de vie actuel avec le niveau de vie qu'elles auraient eu dans un monde sans développement industriel (puisqu'elles n'existeraient pas dans un tel monde). Caney conclut qu'« il est inexact de dire que les individus actuellement en vie ont un niveau de vie plus élevé que celui qu'ils auraient eu s'il n'y avait pas eu d'industrialisation ».

Pour répondre à ce premier problème de justice climatique intergénérationnelle, Caney propose de compléter le principe classique du pollueur-payeur par le principe de la capacité à payer. Selon ce dernier, les coûts engendrés par la lutte contre le changement climatique résultant des émissions historiques doivent être répartis en fonction des capacités financières et technologiques des agents individuels et collectifs. Ce principe est également lié à des préoccupations de justice globale, au sens où il exonère les plus pauvres et les plus démunis d'aujourd'hui de l'obligation de devoir payer. Shue s'accorde d'ailleurs avec Caney sur la pertinence de ce principe, puisqu'il le présente dans son article comme le deuxième principe d'équité relevant du sens commun : « [l]orsque plusieurs parties sont toutes tenues de contribuer à un effort commun, les parties qui ont le plus de ressources sont celles qui devraient normalement contribuer le plus à cet effort »[1].

Venons-en à présent au deuxième problème de justice climatique intergénérationnelle : les membres des générations présentes ont-ils des devoirs de justice envers les membres des générations futures, et si oui, quels devoirs ? Les émissions de GES des générations présentes vont contribuer au développement d'impacts climatiques durant plusieurs siècles, voire plusieurs millénaires, affectant ainsi les circonstances dans lesquelles les générations futures viendront au monde et vivront. Peut-on pour autant affirmer que nos activités émettrices présentes contribuent à nuire aux personnes futures ? En raison du contexte particulier caractérisant les relations entre les générations, cette affirmation n'a rien d'évident.

Le problème particulier posé ici est analysé en détail par Edward Page dans le second texte de cette partie : « on ne voit pas très bien comment les personnes futures peuvent être lésées ou désavantagées par des actes ou des politiques sociales qui sont des conditions nécessaires à leur

---

1. Ce principe est également défendu par Page dans *Climate Change, Justice and Future Generations*, Cheltenham-Northampton, Edward Elgar, 2007, p. 170-173. Plus tard, il le reformulera sous la forme d'un principe du bénéficiaire-payeur pour renforcer sa justification normative : voir E. A. Page, « Give it up for Climate Change : A Defence of the Beneficiary Pays Principle », *International Theory* 4, 2, 2012, p. 300-330.

existence ». Nos politiques de promotion des énergies fossiles ne sauraient nuire aux membres des générations futures, vu que leur existence dépend précisément de l'adoption de telles politiques. Si nous décidons de promouvoir des énergies alternatives, ce changement de politique influencera le comportement d'innombrables personnes, notamment le choix de leur conjoint et le moment où ils se reproduiront, ce qui impliquera à long terme la modification de l'identité des personnes futures. Les futures victimes du changement climatique ne pourront pas alors nous reprocher de leur avoir fait du tort. Elles n'auraient en effet pas existé si nous avions choisi de remplacer nos politiques actuelles par des politiques drastiques de réduction des émissions globales de GES.

Page estime que le problème de la non-identité est tellement sérieux qu'il est difficile d'y répondre de manière entièrement satisfaisante. Il développe une approche collectiviste qui fait des collectivités humaines, comme les populations habitant les petits États insulaires, l'unité d'analyse pertinente. Puisque l'identité des collectivités est plus difficilement modifiable que celle des individus, le problème de la non-identité s'y applique plus rarement. Shue, qui insiste également largement sur la responsabilité des pays développés dans la lutte contre le changement climatique, adopte une approche similaire, affirmant que les coûts des dommages environnementaux reviennent en priorité aux États riches et industrialisés.

Mais ici aussi, Caney formule une objection importante. Il oppose à l'approche collectiviste une approche cosmopolitiste qui fait des individus l'unité d'analyse la plus pertinente. Selon l'individualisme normatif, le plus important est de protéger les droits et intérêts fondamentaux des personnes. L'approche collectiviste peut selon lui avoir des effets injustes envers les individus, par exemple en sacrifiant les droits individuels au nom du bien de la communauté, ou en imposant aux individus des coûts causés par les activités émettrices des générations précédentes :

> En adoptant une approche collectiviste, ne sommes-nous pas injustes envers les individus qui n'ont pas pris ces décisions et qui pourraient s'être violemment opposés à ces décisions ? Ne peuvent-ils pas raisonnablement se plaindre qu'ils n'ont pas été consultés ; qu'ils n'ont pas voté ; qu'ils désapprouvent les politiques et, qu'ils ne devraient pas être tenus de payer pour des décisions prises par d'autres ?

Si l'approche collectiviste permet de répondre partiellement au problème de la non-identité, elle soulève donc de nouvelles questions. De plus, de l'aveu même de Page, elle ne peut résoudre le problème de la non-identité que dans un nombre limité de cas. Pour ces raisons, la non-identité demeure une objection importante à la justice climatique intergénérationnelle[1].

---

1. Pour certaines tentatives de répondre à cette objection dans le cadre des débats sur la justice climatique, voir S. Caney, « Cosmopolitan Justice, Rights and Global Climate Change », *Canadian Journal of Law and jurisprudence* 19, 2, 2006, p. 255-278 ; D. Bell, « Does Anthropogenic Climate Change Violate Human Rights ? », *Critical Review of International Social and Political Philosophy* 14, 2, 2011, p. 99-124 ; L. Hartzell-Nichols, « How is Climate Change Harmful ? », *Ethics & the Environment* 17, 2, 2012, p. 97-110. En contraste avec tous ces auteurs, Shue estime que le problème de la non-identité n'a aucune pertinence, ne lui réservant que quelques lignes en notes de bas de page, par exemple dans « Human Rights, Climate Change, and the Trillionth Ton », art. cit., p. 293, n6, où il renvoie à l'ouvrage d'Edward Page cité dans la note précédente pour une « position différente ». Il semble donc peu convaincu par l'objection que Page lui fait dès 1999 dans l'article traduit ici.

Pour terminer, soulignons un point méthodologique qui porte sur les liens possibles entre les théories de la justice climatique et les théories de la justice au sens général. La justice climatique est un champ de recherche issu de la philosophie politique analytique contemporaine : les auteurs qui y ont contribué défendaient déjà pour la plupart une certaine théorie de la justice globale et/ou intergénérationnelle. Caney explique par exemple à plusieurs reprises dans son article que la justice climatique doit s'intégrer à une théorie de la justice plus large et plus abstraite. Il critique l'« approche atomiste », « qui sépare la construction d'une théorie de la justice environnementale de celle d'autres théories de la justice, notamment de la justice économique ». Il souligne également que le principe du pollueur-payeur « doit être énoncé dans le cadre d'une théorie générale de la justice ». Caney renvoie d'ailleurs à plusieurs reprises aux publications dans lesquelles il développe sa théorie cosmopolitiste pour montrer que sa théorie de la justice climatique est directement liée à sa théorie de la justice globale[1]. Il a depuis développé ces considérations métho-dologiques, en défendant une position « intégrationniste », selon laquelle les principes de justice climatique sont dépendants d'une théorie générale de la justice (en plus du cosmopolitisme, nous pouvons mentionner le libéralisme rawlsien, l'utilitarisme ou l'approche par les capabilités), contre une position « isolationniste » consistant à rendre les principes comme le pollueur-payeur et la capacité à payer indépendants d'une telle théorie[2].

1. Il renvoie notamment à son ouvrage sur la justice globale : S. Caney, *Justice Beyond Borders : A Global Political Theory*, Oxford-New York, Oxford University Press, 2005.

2. Voir notamment S. Caney, « The Struggle for Climate Justice in a Non-Ideal World », *Midwest Studies in Philosophy* 40, 1, 2016, p. 9-26, p. 14-17.

Un autre lien possible avec les théories de la justice est que les philosophes du changement climatique ont largement adopté la logique de concurrence qui caractérisait dans les années 1970 à 1990 les débats sur la justice domestique, puis dans les années 1990 jusqu'à nos jours, les débats sur la justice globale. La question de la juste répartition des charges du changement climatique à travers l'espace et le temps a donné lieu à des affrontements théoriques interminables autour du meilleur principe de justice climatique distributive ou de la meilleure combinaison de principes. Les principes de la justice climatique distributive sont souvent présentés comme rivaux plutôt que comme des critères normatifs conciliables. Ces querelles théoriques sèment la confusion autour de la définition des notions clés de la justice climatique, alors qu'un examen minutieux des principes de justice discutés dans ce contexte révèle en vérité l'existence d'une convergence des différentes positions quant à leurs implications pratiques. Comme Shue le mentionnait déjà à l'origine de ce débat, les principes les plus intuitifs de justice distributive permettent tous « de tirer la même conclusion quant à la répartition des coûts de la protection de l'environnement »[1]. Cette conclusion est que la plus grande part du fardeau climatique revient aux pays développés, ou aux individus plus riches dans les pays développés, tant en raison de leur plus grande responsabilité présente et historique, qu'en raison de leur plus grande capacité financière et technologique, ainsi que des bénéfices qu'ils ont tirés de l'industrialisation. Pour la majorité des philosophes du

---

1. Il souligne également cette convergence dans H. Shue, « Historical Responsibility, Harm Prohibition, and Preservation Requirement : Core Practical Convergence on Climate Change », *Moral Philosophy and Politics* 2, 1, 2015, p. 7-31.

changement climatique, les pays développés et les individus les plus riches doivent financer la plupart des politiques de réduction des émissions, d'aide à l'adaptation aux impacts climatiques, et de réparation des effets néfastes qui n'ont pu être évités.

HENRY SHUE

ENVIRONNEMENT GLOBAL
ET INÉGALITÉ INTERNATIONALE *

Mon objectif est de montrer que trois principes, compatibles avec la justice de sens commun, et qui ne dépendent pas de théories philosophiques controversées, permettent de tirer la même conclusion quant à la répartition des coûts de la protection de l'environnement.

Les États pauvres et les États riches ont depuis longtemps géré leurs relations en grande partie sur la base de conditions inégales. L'imposition de conditions inégales a jusqu'ici été relativement facile pour les États riches, car ils ont rarement eu besoin de demander aux États pauvres et moins puissants de coopérer sur une base volontaire. Mais les pays riches ont maintenant compris que leur propre activité industrielle détruisait l'ozone atmosphérique et constituait de loin la plus grande contribution au réchauffement de la planète. Ils voudraient donc que les États pauvres évitent d'adopter cette même forme d'industrialisation qui les a eux-mêmes rendus riches. Il est en effet de plus en plus évident que si les États pauvres poursuivent leur développement économique avec le même mépris pour l'environ-

* H. Shue, « Global Environment and International Inequality », *International Affairs* 75, 3, 1999, p. 531-545.

nement naturel et le bien-être économique des autres que celui dont les États riches ont fait preuve par le passé au cours de leur propre développement, tout le monde continuera de subir les effets de la dégradation de l'environnement. Par conséquent, il est plausible que les États riches veuillent maintenant développer une coopération équitable avec les États pauvres, d'une manière qui prenne au sérieux à la fois le développement économique des États pauvres et la préservation de l'environnement naturel.

Cependant, si nous voulons avoir la moindre chance de parvenir à une coopération équitable, nous devons essayer de trouver un consensus sur ce que signifie l'équité. Et nous devons définir l'équité non pas comme un concept abstrait, mais concrètement, dans le contexte du développement économique des États pauvres et de la préservation de l'environnement partout dans le monde.

JUSTICE FONDAMENTALE ET INÉGALITÉ ACCEPTABLE

Ce que les diplomates et les juristes appellent équité [*equity*] intègre des aspects importants de ce que l'on appelle ordinairement justice [*fairness*] partout dans le monde*. Le concept de justice n'est ni oriental ni occidental, ni du Nord ni du Sud, mais universel[1]. Partout, les gens comprennent ce que cela signifie de se demander si un accord est juste ou s'il est biaisé en faveur de certaines

---

* Nous avons pris le parti de traduire *equity* par « équité » et *fairness* par « justice ». Bien que *fairness* soit souvent traduit par équité, il nous a semblé nécessaire de maintenir la distinction opérée par Shue entre les deux termes. Le terme de justice se rapporte en effet davantage en français au sens commun que le terme d'équité.

1. C'est du moins ce que je pense. Je serais vivement intéressé par toute preuve de l'existence d'une culture qui semble dépourvue de tout concept de justice, par opposition à des preuves concernant deux cultures dont les conceptions spécifiques de la justice diffèrent à certains égards.

parties prenantes au détriment des autres. Considérez ces exemples : vous possédez la terre mais je fournis le travail, vous possédez la semence mais je possède le bœuf, vous êtes vieux mais je suis jeune, vous êtes une femme mais je suis un homme, vous avez de l'instruction alors que je n'en ai pas, vous avez travaillé longtemps et durement alors que j'étais paresseux. Dans chaque situation il est parfaitement raisonnable de se demander si la répartition particulière d'un certain bien entre deux ou plusieurs protagonistes est juste pour tout le monde, compte tenu de telle ou telle différence entre eux. Toutes les personnes comprennent cette question, même quand on leur a appris à ne pas la poser. Qu'est-ce qui serait juste ? Ou, comme le diraient les avocats et les diplomates, quel arrangement serait équitable ?

Bien entendu, il est également possible de poser d'autres types de questions sur les mêmes arrangements. On peut, par exemple, toujours poser des questions économiques en plus des questions éthiques relatives à l'équité : la production totale augmenterait-elle si, par exemple, les femmes étaient moins payées que les hommes ? Est-ce que cela serait plus efficient ? Il se trouve parfois que l'arrangement le plus efficient est en même temps juste pour toutes les parties prenantes, mais le plus souvent il est injuste. Il faut alors faire un choix entre l'efficience et la justice. Mais avant de pouvoir discuter de tels choix, il nous faut connaître le sens que revêt le concept d'équité : quelles sont les normes d'équité et en quoi sont-elles importantes ? L'égalitarisme absolu – la conviction que toutes les bonnes choses doivent être partagées de manière égale entre les individus – peut être un point de vue très convaincant, et il est beaucoup plus difficile à contester que beaucoup de ses opposants ne semblent le penser. Je

vais néanmoins considérer ici qu'un égalitarisme absolu
est inacceptable. Si c'était la position la plus appropriée à
adopter, notre réflexion sur l'équité pourrait s'arrêter là.
La réponse à la question « qu'est-ce qu'un arrangement
équitable ? » serait toujours la même : une distribution
égale. Seule l'égalité pourrait être source d'équité.

Bien que je considère qu'il puisse être équitable de
distribuer certains biens de manière inégale, je considère
également que d'autres choses doivent rester égales – en
particulier la dignité et le respect. Le fait que toute personne
ait un droit égal à la dignité et au respect fait partie du
consensus international actuel. Dans les sociétés
traditionnelles des deux hémisphères, l'égalité de la dignité
et du respect était rejetée en théorie comme en pratique.
Aujourd'hui, bien que les principes d'égalité soient encore
largement violés dans la pratique, l'inégalité de la dignité
et du respect a relativement peu de défenseurs publics,
même parmi ceux qui la pratiquent. S'il peut être équitable
que certains autres biens humains soient répartis de manière
inégale, mais qu'il n'est pas équitable que la dignité ou le
respect soient inégaux, les questions centrales deviennent
alors : « quelles sont les inégalités relatives à d'autres biens
humains qui sont compatibles avec une égale dignité et un
égal respect humains ? » et « quelles inégalités relatives à
d'autres biens devraient être éliminées, réduites ou
empêchées de se renforcer ? ».

Lorsque l'on part d'une inégalité existante, comme
l'inégalité de richesse actuelle entre le Nord et le Sud, trois
types de justification sont particulièrement importants.
Premièrement, la justification d'une répartition inégale des
charges [burdens] destinée à réduire ou à éliminer l'inégalité
existante en supprimant un avantage injuste des mieux
lotis. Deuxièmement, la justification d'une répartition

inégale des charges destinée à empêcher l'inégalité existante de s'aggraver par le biais d'un désavantage injuste supplémentaire infligé aux moins bien lotis. Et troisièmement, la justification d'un minimum garanti également destiné à empêcher l'inégalité existante de s'aggraver par le biais d'un désavantage injuste supplémentaire infligé aux moins bien lotis. La deuxième justification d'une répartition inégale des charges et la justification d'un minimum garanti sont les mêmes, puisqu'il s'agit de deux mécanismes différents qui sont utilisés pour atteindre essentiellement le même objectif. Je vais maintenant examiner les deux formes de justification d'une répartition inégale des charges et ensuite la justification d'un minimum garanti.

CHARGES INÉGALES

Contribution plus importante au problème

Partout dans le monde, les parents apprennent à leurs enfants à ranger leur propre désordre. Cette règle toute simple fait sens du point de vue de l'incitation : si l'on apprend que l'on ne pourra pas s'en tirer en se désintéressant simplement du désordre que l'on a causé, on est fortement incité à éviter de créer du désordre en premier lieu. Quiconque crée le désordre le fait vraisemblablement dans le but d'obtenir un bénéfice. Pour un enfant, le bénéfice peut être simplement le plaisir de jouer avec les objets qui constituent le désordre. Mais si l'on intègre que celui qui récolte un bénéfice en créant du désordre doit aussi être celui qui paie le coût du rangement, on apprend au minimum à ne pas créer de désordre dont les coûts sont supérieurs aux bénéfices.

Les économistes ont donné à cette simple règle ses lettres de noblesse en la qualifiant « d'internalisation des externalités ». Si la base de calcul du prix d'un produit n'intègre pas les coûts de réparation des dégâts causés par le processus de fabrication, ces coûts sont externalisés, c'est-à-dire qu'ils sont répercutés sur d'autres parties prenantes. Incorporer dans le calcul du prix du produit les coûts qui avaient auparavant été imposés à la société se nomme internaliser une externalité.

La prise en compte de la justice ou de l'équité est cependant au moins aussi importante que celle des incitations. Si celui qui crée un dommage en reçoit les bénéfices et n'en paie pas les coûts, il n'a non seulement aucune incitation à éviter de créer autant de dommages qu'il lui plaira, mais il est également injuste envers ceux qui en paient les coûts. Il impose des coûts à d'autres personnes, à l'encontre de leurs intérêts et vraisemblablement sans leur consentement. En améliorant sa situation d'une manière qui détériore celle des autres, il crée une inégalité grandissante.

Lorsqu'une telle inégalité a été créée de manière unilatérale par quelqu'un qui impose des coûts à d'autres personnes, nous sommes en droit de remédier à cette inégalité en imposant des charges supplémentaires à la personne qui est à l'origine de l'inégalité. Il y a ici deux arguments distincts. Premièrement, nous pouvons attribuer de manière justifiée des charges supplémentaires à la partie qui nous a imposé des coûts. Deuxièmement, le niveau minimal de la charge compensatoire que nous sommes en droit d'attribuer doit être suffisant pour corriger l'inégalité précédemment imposée de manière unilatérale. Le but de la charge supplémentaire est de rétablir une égalité qui a été perturbée unilatéralement et arbitrairement (ou de réduire une inégalité qui a été aggravée unilatéralement et arbitrairement). Pour atteindre cet objectif, la charge supplémentaire attribuée doit être au moins égale à l'avantage injuste qui a été obtenu auparavant. Cela nous permet de formuler notre premier principe d'équité :

> Lorsqu'une partie a dans le passé tiré un avantage injuste d'autres personnes en leur imposant des coûts sans leur consentement, ceux qui ont été unilatéralement désavantagés sont en droit d'exiger qu'à l'avenir la partie fautive supporte une répartition inégale des charges, au moins à hauteur de l'avantage injuste obtenu précédemment, afin de rétablir l'égalité[1].

Dans le domaine du développement et de l'environnement, les cas les plus évidents relevant de ce premier principe d'équité sont la destruction partielle de la couche d'ozone et le déclenchement du réchauffement climatique par le processus d'industrialisation qui a enrichi le Nord mais pas le Sud. Les actions unilatérales des pays dits développés à économie de marché (PDEM) les ont rendus riches, tout en maintenant les pays les moins avancés (PMA) dans la pauvreté. Ce faisant, les activités industrielles et les modes de vie dans les PDEM ont infligé des dommages majeurs et globaux à l'atmosphère terrestre. Les deux types de dommages sont nuisibles à ceux qui n'ont pas bénéficié de l'industrialisation du Nord, tout comme à ceux qui en ont bénéficié. Selon le premier principe d'équité, les sociétés dont les activités ont détérioré l'atmosphère devraient désormais supporter une répartition des charges suffisamment inégale pour corriger l'inégalité qu'elles ont imposée. Dans ce cas, tout le monde se voit imposer des coûts – car les

---

1. Une présentation préliminaire de ces principes à la faculté de droit de la New York University a été commentée de manière constructive dans T. M. Franck, *Fairness in International Law and Institutions*, Oxford, Clarendon, 1997, p. 390-391.

dommages sont universels – mais les bénéfices sont très majoritairement retombés sur ceux qui se sont enrichis au cours du processus.

Ce principe d'équité doit être distingué du « principe du pollueur-payeur » (PPP) qui est considérablement plus faible, car entièrement prospectif, et qui exige uniquement que tous les coûts futurs de la pollution (liés à la production ou à la consommation) soient désormais internalisés dans les prix. Même l'OCDE a officiellement adopté le PPP en 1974, pour réglementer les relations entre États riches[1].

Les représentants des pays riches avancent au moins trois types de contre-arguments à ce premier principe d'équité :

1. Les PMA ont également bénéficié de l'enrichissement des PDEM, avance-t-on, même s'il est généralement admis que les pays industrialisés en ont davantage bénéficié que les pays non industrialisés. Il est toutefois affirmé que les médicaments et les technologies rendus possibles par le mode de vie des pays riches, par exemple, ont également atteint les pays pauvres, apportant des avantages que ces derniers n'auraient pas pu produire eux-mêmes aussi rapidement.

On a fait couler beaucoup d'encre à se demander dans quelle mesure les PMA avaient bénéficié des technologies et autres progrès réalisés par les PDEM, notamment en comparaison des avantages dont jouissent les PDEM eux-mêmes. Pourtant, il n'est pas nécessaire de régler ce différend pour se prononcer sur des questions d'équité. Quels que soient les avantages dont les PMA ont bénéficié, ils en ont pour la plupart payé le prix. Il ne fait aucun doute que certaines avancées ont été largement diffusées. Mais,

---

1. OECD Council, « Recommendation on the Implementation of the Polluter-Pays Principle », November 1974, Paris, OECD, 1974, p. 223.

à l'exception d'un filet d'aide tout relatif, tous les transferts ont été facturés aux bénéficiaires, qui se sont de fait retrouvés avec un énorme problème de dette, dont une grande partie a été contractée précisément dans le but de se procurer les biens produits par l'industrialisation.

Dans l'ensemble, tous les avantages que les pays pauvres ont reçus de quiconque provenant des pays riches leur ont été facturés, ce qui remet l'ardoise à zéro. De bien plus grands bénéfices sont allés aux pays riches eux-mêmes, contribuant ainsi de manière importante au processus qui les a rendus tellement plus riches que les pays pauvres. Ce faisant, les dommages environnementaux causés par ce processus ont été subis par tout le monde. Les pays riches ont donc pu tirer profit de l'excédent de bénéfice qu'ils ont obtenu par rapport aux coûts de dommages environnementaux encourus par tout le monde et dont ils sont responsables. Ils devraient donc à l'avenir assumer des charges supplémentaires dans la gestion des dommages qu'ils ont causés.

2. Quel que soit le dommage environnemental qui a été causé, affirme-t-on, cela n'était pas intentionnel. Nous savons maintenant toutes sortes de choses sur les CFC et la couche d'ozone, ainsi que sur le dioxyde de carbone et l'effet de serre, dont personne ne pouvait se douter quand les CFC ont été inventés ou quand l'industrialisation fondée sur les énergies fossiles a commencé. Les gens ne peuvent être tenus pour responsables, soutient-on, des effets néfastes qu'ils n'auraient pas pu anticiper. Le philosophe Emmanuel Kant est souvent cité en Occident pour avoir dit que « le devoir présuppose le pouvoir », et il est peut-être vrai que quelqu'un n'a une obligation de faire quelque chose que s'il a la capacité de le faire. Par conséquent, il est prétendument injuste de tenir les gens responsables d'effets qu'ils

n'auraient pas pu éviter parce qu'ils ne pouvaient pas être prévus.

Cette objection repose sur une confusion entre punition et responsabilité. Il n'est pas juste de punir quelqu'un pour avoir provoqué des effets qui ne pouvaient pas être évités, mais il est courant de tenir des personnes responsables d'effets qui étaient imprévus et inévitables. Nous avons souligné précédemment que, pour être justifiable, une inégalité dans un domaine particulier entre deux ou plusieurs parties prenantes doit être compatible avec une égalité de dignité et de respect entre ces mêmes parties. S'il existait une inégalité entre deux groupes de personnes telle que les membres du premier groupe pourraient créer des problèmes et attendre ensuite des membres du second groupe qu'ils s'en occupent, cette inégalité serait incompatible avec une égalité de respect et de dignité. Les membres du deuxième groupe agiraient en fait comme des serviteurs du premier groupe. Si je disais : « j'ai cassé cela, et je veux que vous le répariez », alors je serais votre maître et vous seriez mon serviteur. Si je pensais que vous deviez être à mes ordres, je pourrais difficilement vous respecter en tant que mon égal.

Il est donc vrai que les propriétaires de nombreuses usines à charbon ne pouvaient pas connaître les effets néfastes du dioxyde de carbone qu'ils libéraient dans l'atmosphère, et ne pouvaient donc pas avoir contribué intentionnellement à sa dégradation. Il serait donc injuste de les punir, en leur demandant par exemple de payer des dommages-intérêts à double ou triple. Il n'y a cependant pas la moindre injustice à les tenir pour responsables des dommages qu'ils ont effectivement causés. Cela conduit naturellement à la troisième objection.

3. Même s'il est juste de tenir une personne responsable d'un dommage causé involontairement, dira-t-on, il n'est pas juste de tenir cette personne responsable d'un dommage qu'elle n'a pas causé elle-même. Par exemple, il ne serait pas juste de tenir un petit-fils responsable des dommages causés par son grand-père. Pourtant, c'est exactement ce que l'on fait lorsque la génération actuelle est tenue pour responsable des émissions de dioxyde de carbone produites au XIXe siècle. Les Européens d'aujourd'hui sont peut-être responsables des émissions actuelles de gaz endommageant l'atmosphère, mais il n'est pas juste de tenir les gens responsables d'actes commis bien avant leur naissance.

Cette objection fait appel à un principe raisonnable, à savoir qu'une personne ne doit pas être tenue responsable de ce que fait une autre personne sans aucun rapport avec elle. L'expression « sans aucun rapport » constitue toutefois une composante essentielle de ce principe. Supposer que les faits concernant la contribution du Nord industriel au réchauffement de la planète relèvent directement de ce principe, revient à tenir ces faits pour considérablement plus simples qu'ils ne le sont en réalité.

Premièrement, et c'est indéniable, les contributions des États industriels au réchauffement climatique se sont poursuivies sans relâche longtemps après qu'il soit devenu impossible de plaider l'ignorance. Dès que les premières preuves des effets dangereux de l'activité industrielle sur l'environnement ont commencé à s'accumuler, l'adoption d'une politique modérée, ou même prudente, aurait pu être envisagée par les États, afin de réduire les émissions de gaz à effet de serre ou du moins de ralentir leur taux de croissance. Dans l'ensemble, cela ne s'est pas produit.

Deuxièmement, la génération actuelle des États industriels est loin d'être sans aucun rapport avec les générations précédentes remontant jusqu'au début de la révolution industrielle. Quelle différence y a-t-il entre le fait d'être né en 1975 en Belgique et celui d'être né en 1975 au Bangladesh? Il est évident que l'une des différences les plus fondamentales est que l'enfant belge est né dans une société industrielle, ce qui n'est pas le cas de l'enfant bangladais. Même le contexte médical de la naissance, sans parler du niveau des soins prénataux offerts à la future mère, est assurément beaucoup plus favorable pour les Belges que pour les Bangladais. L'alimentation des enfants, l'accès à l'éducation et le niveau de vie tout au long de l'existence se distinguent fortement en raison de la différence entre une économie industrialisée et une économie non industrialisée. À cet égard, les générations actuelles sont, et les générations futures seront probablement aussi, les bénéficiaires permanents de l'activité industrielle antérieure.

Il n'y a rien de faux dans le principe invoqué à la troisième objection. Il est en effet injuste de tenir quelqu'un responsable de ce qui a été fait par quelqu'un d'autre. Cependant, ce principe n'est pas pertinent dans le cas présent, car une génération d'une société industrielle riche n'est pas sans rapport avec les autres générations passées et futures. Toutes sont engagées dans des structures économiques pérennes. Coûts et bénéfices, ainsi que droits et responsabilités, se transmettent d'une génération à l'autre.

Passons maintenant à un deuxième type de justification, tout à fait différent, du même mécanisme d'attribution inégale des charges. Cette première justification reposait en partie sur l'injustice de l'inégalité existante. La deuxième justification ne fait aucune présupposition, et ne donne aucun argument, au sujet de l'injustice de cette inégalité initiale.

Plus grande capacité à payer

Le deuxième principe d'équité est largement accepté comme une simple exigence de justice. Il affirme que :

> Lorsque plusieurs parties sont toutes tenues de contribuer à un effort commun, les parties qui ont le plus de ressources sont celles qui devraient normalement contribuer le plus à cet effort.

Ce principe de paiement en fonction de la capacité à payer, s'il était énoncé de manière rigoureuse, préciserait ce que l'on appelle souvent un taux de contribution progressif. Dans la mesure où les ressources d'une partie sont plus importantes, le taux auquel la partie doit contribuer à l'effort en question devient également plus élevé. La progressivité pourrait être strictement proportionnelle : ceux qui possèdent le double du niveau de ressources de référence contribuent à un taux deux fois plus élevé que ceux qui ont juste le niveau de référence ; ceux qui possèdent le triple du niveau de ressources de référence contribuent à un taux trois fois plus élevé que ceux qui ont juste le niveau de référence, et ainsi de suite. Mais en général, la progressivité n'est pas strictement proportionnelle. Certes, plus une partie a de ressources plus le taux auquel elle est censée contribuer est élevé. Cependant, le taux n'augmente pas de manière strictement proportionnelle à l'augmentation du niveau de ressources.

Le principe général lui-même est suffisamment fondamental pour qu'il ne soit pas nécessaire, voire peut-être même impossible, de le justifier en le faisant dériver de considérations encore plus fondamentales. Néanmoins, il est dans une certaine mesure possible d'expliquer son attrait de manière plus approfondie. L'attrait principal d'un paiement conforme à la capacité à payer, en tant que principe de justice, est plus facile à voir par opposition à un taux de contribution fixe, c'est-à-dire le même taux de contribution pour tous les protagonistes, indépendamment des différences de ressources à leur disposition. À première vue, il semble évident qu'un taux fixe pour tous est la solution la plus juste que l'on puisse imaginer. Qu'est-ce qui pourrait être plus juste, a-t-on tendance à penser au premier abord, que de traiter tout le monde de manière absolument égale ? Il semble bien que si tout le monde est soumis au même taux, tout le monde est traité de la même manière et donc de façon juste. Il s'agit toutefois d'une approche exagérément abstraite, qui ne tient absolument pas compte des circonstances concrètes et réelles des parties contributrices. En outre, elle se concentre exclusivement sur le mécanisme de contribution et fait abstraction de la situation finale dans laquelle les parties se retrouvent en raison même de ce mécanisme. La contribution en fonction de la capacité à payer est beaucoup plus sensible à la fois aux circonstances concrètes et au résultat final.

Supposons que la partie A dispose de 90 unités de quelque chose, la partie B de 30 unités et la partie C de 9 unités. Pour accomplir leurs missions, il est proposé que chacune contribue selon un taux fixe d'un tiers. Cela peut sembler juste dans la mesure où tout le monde est traité de manière égale, puisque le même taux est appliqué à tout le monde, quelles que soient les circonstances. Lorsque l'on considère que la contribution de A sera de 30 et celle de B de 10, alors que celle de C ne sera que de 3, le taux fixe peut sembler plus qu'équitable envers C qui ne contribue qu'à hauteur d'un dixième de la contribution de A. Cependant, supposons que ces unités représentent un revenu de 100 dollars par an et que là où vit C, il est possible de survivre avec 750 dollars par an, mais pas moins. Si C doit contribuer à hauteur de 3 unités – 300$ – il tombera en dessous du minimum vital. Le taux fixe d'un tiers exigerait certes que A contribue beaucoup plus (3000$) que C, et que B contribue également sensiblement plus (1000$) que C ; mais A (avec 6000$ restants) et B (avec 2000$ restants) resteraient cependant bien à l'abri du besoin au-dessus du niveau de subsistance. A et B peuvent se permettre de contribuer à hauteur d'un tiers parce qu'il leur reste plus qu'il n'en faut alors que C ne peut pas contribuer à ce taux et survivre.

Si les taux fixes semblent justes dans l'abstrait, bien que de manière trompeuse, c'est en grande partie parce qu'ils ne prennent en compte qu'une partie du problème et négligent le résultat final. La grande force des taux progressifs, au contraire, est qu'ils tendent à prendre en compte les résultats finaux, en relation avec la capacité des contributeurs à payer leurs contributions respectives.

Une seule objection est généralement soulevée contre les taux de contribution progressifs : les effets dissuasifs. Si ceux qui disposent de plus de ressources perdent ce qu'ils ont à un taux plus élevé que ceux qui en ont moins, l'incitation à obtenir plus de ressources en premier lieu sera, dit-on, bien moindre qu'elle ne l'aurait été avec un taux de contribution fixe. Pourquoi devrais-je prendre plus de risques, faire preuve de plus d'imagination ou déployer plus d'efforts pour obtenir plus de ressources, si le résultat est que chaque fois que quelque chose doit être payé, je devrai contribuer non seulement pour un montant absolu plus élevé (ce qui se produirait même avec un taux fixe) mais aussi à un pourcentage plus élevé ? Autant ne pas être productif si une grande partie de ce que je produis en plus m'est retirée, me rendant à peine mieux loti que ceux qui ont été beaucoup moins productifs.

Il convient de mentionner trois choses à propos de cette objection. Premièrement, il est évident qu'être juste et mettre en place des incitations sont deux choses différentes, et il n'y a assurément aucune garantie dans l'abstrait que le dispositif qui fournirait les meilleures incitations serait également juste.

Deuxièmement, des préoccupations concernant les incitations apparaissent souvent lorsqu'on part du principe qu'une production maximale et une croissance illimitée constituent le meilleur objectif. Mais il est de plus en plus évident que de nombreuses formes actuelles de production et de croissance ne sont pas durables et que la dernière chose que nous devrions faire est de donner aux gens des raisons intéressées de consommer autant de ressources qu'ils le peuvent, même lorsque ces ressources sont consommées à bon escient. Ces questions ne peuvent pas non plus être résolues de manière abstraite, mais savoir si dans une situation particulière il est souhaitable de stimuler les gens à la production maximale est une question ouverte qui devrait être posée très sérieusement. Parfois, cela est souhaitable, et parfois cela ne l'est pas. Il s'agit d'une question au sujet des fins.

Troisièmement, il y a une question au sujet des moyens. En supposant qu'il ait été démontré que le meilleur objectif à poursuivre, dans certaines circonstances spécifiques, consiste à stimuler davantage la production de quelque chose, il faudrait alors se demander quel est le niveau d'incitation nécessaire pour stimuler une telle production. Ceux qui se soucient des incitations avancent souvent sans fondement que des incitations illimitées sont pratiquement toujours nécessaires. Certes, il est vrai qu'il est généralement nécessaire de fournir quelques incitations additionnelles afin de stimuler une production supplémentaire. Si certaines personnes sont altruistes et sont donc parfois prêtes à contribuer davantage au bien-être des autres, sans que cela n'améliore leur propre bien-être, il serait toutefois totalement irréaliste d'essayer de faire fonctionner une économie en partant du principe que les gens produiront généralement davantage, sans que leur propre intérêt ne soit pris en compte. Il faut au contraire leur donner une certaine incitation. Toutefois, une certaine incitation ne signifie pas une incitation sans aucune limite.

Il n'est assurément pas nécessaire d'offrir des incitations sans limite pour stimuler une production supplémentaire (limitée) de la part de certaines personnes (et pas d'autres). Le fait que les gens y réagissent ou non dépend des différentes personnalités et des circonstances individuelles. Pour que telles personnes produisent telle quantité supplémentaire dans telles circonstances, quel est le niveau d'incitation suffisant ? Cette question est une question factuelle qui ne peut être résolue de manière abstraite. Ce qui est par contre clairement erroné, c'est l'hypothèse fréquente selon laquelle seule l'incitation maximale sera suffisante.

Pour conclure, si cette objection fondée sur les effets dissuasifs se comprend comme une réfutation décisive du deuxième principe d'équité, elle n'est alors pas convaincante. Ce n'est pas toujours une erreur d'offrir moins que le maximum d'incitation possible, même lorsque l'objectif d'augmenter la production de cette manière a lui-même été jugé légitime. Rien ne prouve même qu'une incitation inférieure au maximum soit une erreur en général. Les effets psychologiques doivent être déterminés au cas par cas.

En revanche, l'objection fondée sur les effets dissuasifs peut être comprise – de manière beaucoup plus modeste – comme un simple avertissement quant au fait que l'un des coûts possibles de la limitation des inégalités au moyen de taux de contribution progressifs, dans un souci de justice, peut (ou non) être une réduction des effets incitatifs. À titre de mise en garde plutôt que de réfutation (ratée), l'objection souligne une considération pertinente qui doit être prise en compte pour spécifier quelle variation du deuxième principe général d'équité serait la plus appropriée dans un cas spécifique. Il faudrait alors examiner dans quelle mesure l'effet d'incitation serait renforcé si le taux de contribution était moins progressif, au regard de l'injustice qui en résulterait.

Cette conclusion selon laquelle les effets dissuasifs méritent d'être pris en considération, même s'ils ne sont pas toujours décisifs, explique en partie pourquoi le deuxième principe d'équité est énoncé, non pas comme un principe absolu, mais comme un principe général, qui affirme que « […] les parties qui ont le plus de ressources sont celles qui devraient *normalement* contribuer le plus […] ». Pas toujours, mais normalement. L'une des raisons pour lesquelles le taux de contribution pourrait ne pas être progressif, ou l'être un peu moins qu'il serait autrement possible, est l'effet dissuasif potentiel de taux fortement progressifs. Il faudrait alors démontrer au cas par cas qu'un objectif important est atteint grâce à un certain niveau d'incitation et que l'objectif en question ne serait pas atteint par l'incitation plus faible correspondant à un taux de contribution plus progressif.

Jusqu'à présent, nous avons examiné deux types de justifications très différentes d'une répartition inégale des charges : réduire ou éliminer une inégalité existante en supprimant un avantage injuste dont les mieux lotis bénéficient, et empêcher que l'inégalité existante ne s'aggrave du fait d'un désavantage supplémentaire et injuste imposé à ceux qui sont les moins bien lotis. La première justification repose en partie sur l'explication des raisons pour lesquelles l'inégalité initiale est injuste et devrait être supprimée ou réduite. La deuxième justification est valable indépendamment du fait que l'inégalité initiale soit juste ou non.

Tournons-nous maintenant vers un mécanisme différent qui sert de manière beaucoup plus directe le deuxième objectif, à savoir éviter de rendre ceux qui sont déjà les plus pauvres encore plus mal lotis.

MINIMUM GARANTI

Nous avons noté précédemment que des problèmes d'équité ou de justice ne peuvent se poser que s'il y a quelque chose qui doit être partagé entre différentes parties. L'existence des circonstances suivantes peut être considérée comme une raison de penser que certaines parties sont légitimement en droit de revendiquer une part des ressources disponibles : (a) le total cumulé des ressources est tel que toutes les parties pourraient en avoir plus qu'il n'en faut ; (b) certaines parties en ont de fait plus qu'il n'en faut et d'autres beaucoup plus encore ; et (c) les autres parties en ont moins qu'il n'en faut. Le philosophe américain Thomas Nagel a qualifié de telles circonstances d'inégalité radicale[1]. Une telle inégalité est radicale entre autres parce que le

1. Voir T. Nagel, « Poverty and food : why charity is not enough », *in* P. G. Brown, H. Shue (eds.), *Food Policy : The Responsibility of The United States in The Life and Death Choices*, New York, Free Press, 1977, p. 54-62. Dans une récente analyse, aussi importante que synthétique, Thomas W. Pogge a suggéré d'ajouter deux autres éléments à la caractérisation d'une inégalité radicale, et la considération d'un point de vue différent sur son statut moral. Voir T. W. Pogge, « A global resources dividend », *in* D. A. Cracker, T. Linden (eds.), *Ethics of Consumption : The Good Life, Justice and Global Stewardship*, Oxford, Rowman & Littlefield, 1998, p. 501-536 (sur l'inégalité radicale, voir p. 502-503).

total des ressources disponibles est si grand qu'il n'est pas nécessaire de ramener les personnes les plus aisées à un niveau proche du minimum afin de permettre aux plus démunis d'atteindre le niveau minimal. Le degré d'inégalité existant est parfaitement inutile et facile à réduire compte tenu des ressources totales déjà disponibles. En d'autres termes, il serait possible de maintenir une inégalité considérable – par exemple pour fournir des incitations, si celles-ci étaient nécessaires à la réalisation d'un objectif important – tout en s'arrangeant pour que ceux qui ont moins de ressources qu'il n'en faut puissent au moins en avoir assez.

Assez pour quoi ? La réponse pourrait bien sûr être donnée de manière très détaillée, et certains détails seraient sujets à controverse (et certains, mais pas tous, varieraient selon les sociétés). L'idée de base est cependant la suivante : avoir assez de ressources pour posséder une chance décente de mener une vie raisonnablement saine et active d'une durée plus ou moins normale, hormis les accidents et les interventions tragiques. « Assez » désigne les conditions essentielles pour atteindre un niveau de vie au moins un peu plus élevé que la simple survie physique, pour vivre au minimum une vie authentiquement humaine, même modeste. Par exemple, comme l'a fait remarquer Adam Smith, en avoir assez signifie posséder non seulement des vêtements adéquats pour une protection efficace contre les éléments, mais aussi des vêtements d'apparence adéquate pour éviter tout embarras, selon les normes locales, lorsqu'on est vu en public.

Dans une situation d'inégalité radicale – c'est-à-dire une situation présentant les trois caractéristiques décrites ci-dessus – la justice exige que les personnes qui n'ont pas assez de ressources pour mener une vie humaine décente reçoivent des ressources en suffisance. Ceci nous amène au troisième principe d'équité :

> Lorsque certaines personnes n'ont pas assez de ressources pour mener une vie humaine décente, que d'autres en ont beaucoup plus qu'il n'en faut et que les ressources totales disponibles sont si importantes que tout le monde pourrait en avoir en suffisance sans empêcher certaines personnes d'en conserver beaucoup plus que d'autres, il est injuste de ne pas garantir à chacun au moins un minimum adéquat[1].

Il est clair que les dispositions visant à garantir un minimum adéquat peuvent être de types différents et en ce qui concerne bon nombre de ces options, l'équité a peu de choses à dire, voire rien du tout. Les dispositions visant à fournir le minimum peuvent être locales, régionales, nationales, internationales ou, plus probablement, un mélange complexe de toutes ces possibilités, sachant que les dispositions secondaires à un niveau donné fournissent un appui aux dispositions principales situées à un autre niveau[2]. De même, des dispositions particulières pourraient attribuer la responsabilité initiale du maintien du minimum aux familles ou aux autres groupes restreints, aux organisations volontaires plus larges comme les groupes

---

1. Ce troisième principe d'équité est étroitement lié à ce que j'ai appelé l'argument des intérêts vitaux dans H. Shue, « The unavoidability of justice », *in* A. Hurrell, B. Kingsbury (eds.) *The International Politics of the Environment*, Oxford, Oxford University Press, 1992, p. 373-397. C'est la satisfaction des intérêts vitaux qui constitue le minimum garanti à chacun. Dans la formulation retenue ici, le lien avec l'idée de maintenir l'inégalité dans certaines limites est rendu explicite.

2. Sur l'importance des dispositifs de soutien, ou l'attribution de devoirs par défaut, voir la postface dans H. Shue, *Basic Rights : Subsistence, Affluence, and US Foreign Folicy*, Princeton, Princeton University Press, 1996.

religieux ou à une agence étatique. Les considérations d'équité peuvent n'avoir aucune implication pour une grande partie des dispositions possibles, et certains choix peuvent tout à fait varier d'une société à l'autre, à condition que le minimum soit effectivement garanti.

Il convient de souligner que les enfants sont les principaux bénéficiaires de ce principe d'équité. Lorsqu'une famille tombe en dessous du minimum requis pour subvenir aux besoins de tous ses membres, les enfants sont les plus vulnérables. Même si les adultes choisissent de donner leur propre part d'un approvisionnement insuffisant aux enfants, il est malgré tout fort probable que les enfants seront moins résistants à la maladie et moins résilients en général. Et bien sûr, tous les adultes ne sacrifieront pas leur propre part à leurs enfants. Ou alors, dans un certain nombre de cultures, les adultes se sacrifieront au profit des enfants de sexe masculin, mais pas au profit des enfants de sexe féminin. Dans l'ensemble, lorsque les biens de première nécessité sont rares, la proportion d'enfants parmi les morts est bien plus importante que leur proportion dans la population, alors que celle-ci est déjà élevée dans les pays pauvres. Dans un certain nombre de ces pays, plus de la moitié de la population a moins de 15 ans.

L'une des objections les plus courantes à ce troisième principe d'équité découle précisément de ce constat sur la survie des enfants. C'est ce que l'on pourrait appeler l'objection de la surpopulation. Je considère cette objection comme éthiquement révoltante et sans fondement factuel, comme je l'explique ailleurs[1].

Une autre objection courante est que s'il est peut-être juste que chaque société ait un minimum garanti pour ses

---

1. H. Shue, *Basic Rights : Subsistence, Affluence, and US Foreign Policy*, *op. cit.*, chap. 4.

propres membres, il n'est pas juste d'attendre des membres d'une société qu'ils contribuent à maintenir un minimum garanti pour les membres d'une autre société[1]. Cette objection repose parfois sur l'hypothèse que les frontières des États – les frontières politiques nationales – ont une importance morale si grande que les citoyens d'un État ne peuvent être moralement tenus, même par des considérations de justice élémentaire, de se préoccuper du bien-être des citoyens d'une autre juridiction politique. Une variation sur ce thème est l'affirmation selon laquelle au-delà des frontières politiques des États, les devoirs moraux ne peuvent être que des obligations négatives de ne pas nuire et non des obligations positives d'aider. Je ne suis pas convaincu qu'en général les frontières politiques de l'État et la citoyenneté nationale soient des marqueurs d'une importance morale aussi extraordinaire et prépondérante que cela. Mais quoi qu'il en soit en général, cette deuxième objection est particulièrement peu convaincante si elle est invoquée au nom des citoyens des États riches et industrialisés, dans le contexte de la coopération inter-nationale pour lutter contre des problèmes environnementaux qui sont principalement causés par leurs propres États, et qui ne sont particulièrement préoccupants pour eux qu'à moyen terme.

Contribuer au maintien d'un minimum garanti pourrait impliquer l'une des deux choses suivantes : une obligation faible (a) de ne pas entraver la capacité des autres à maintenir un minimum pour eux-mêmes ; ou une obligation forte (b) de fournir une assistance aux autres dans le maintien

---

1. Cette objection a récemment reçu une formulation kantienne puissante et sophistiquée qui mérite beaucoup plus d'attention que l'espace disponible ici ne le permet. Voir : R. W. Miller, « Cosmopolitan respect and patriotic concern », *Philosophy & Public Affairs* 27, 3, 1998, p. 202-224.

d'un minimum pour eux-mêmes. S'il est vrai que chacun a une obligation générale, même envers les ressortissants d'autres États et sociétés, de ne pas nuire à autrui, nous pouvons en déduire l'obligation faible. La seule condition à cela est que le fait d'entraver la capacité des personnes à maintenir un minimum pour elles-mêmes soit considéré comme une nuisance grave, ce qui semble assurément être le cas. Par conséquent, des personnes n'ayant pas le moindre lien entre elles auraient malgré tout l'obligation morale de ne pas entraver les efforts des autres pour se procurer le minimum.

On ne pourrait pas, par exemple, exiger comme condition d'un accord que quelqu'un fasse des sacrifices qui le priveraient du strict nécessaire. Cela signifie que des personnes ayant plus qu'il n'en faut et qui concluent un accord de coopération avec des personnes dépourvues du minimum ne peuvent raisonnablement exiger de ces dernières de faire des sacrifices. Ceux à qui il manque l'essentiel devront tout de même accepter de coopérer, si une coopération doit avoir lieu, mais ils ne devraient pas avoir à en assumer les coûts, y compris ceux de leur propre coopération. Il est injuste d'exiger de ceux qui manquent de l'essentiel qu'ils fassent des sacrifices, car cela leur causerait du tort.

Que l'obligation faible (a) s'impose semble parfaitement clair. Mais quand est-ce que (b), l'obligation plus forte de fournir une assistance aux autres dans le maintien d'un niveau minimal, s'imposerait-elle? Examinons le cas qui nous occupe. Les États riches, qui sont riches en grande partie parce qu'ils ont recours à des processus industriels, demandent aux États pauvres, qui sont pauvres en grande partie parce qu'ils ne se sont pas industrialisés, de coopérer pour remédier aux effets néfastes de ces mêmes processus industriels, comme la destruction de l'ozone atmosphérique et le réchauffement climatique. Supposons que les citoyens des États riches n'aient aucune obligation générale, s'appliquant préalablement et indépendamment de tout accord de coopération sur les problèmes environnementaux, de contribuer à fournir un minimum garanti aux citoyens des États pauvres. Les citoyens des États pauvres n'ont certainement aucune obligation générale non plus, préalable et indépendante de tout accord, d'aider les États riches à faire face aux problèmes environnementaux que produisent leurs propres processus industriels. Il est sans doute à long terme dans l'intérêt des États pauvres de voir la destruction de la couche d'ozone et le réchauffement climatique s'arrêter, mais à moyen terme leurs citoyens sont confrontés à des problèmes bien plus graves et urgents, comme le manque de nourriture, le manque d'eau potable et le manque d'emplois pour subvenir à leurs besoins et à ceux de leur famille. En effet, si les États riches disaient aux États pauvres « notre requête la plus urgente est que vous agissiez de manière à éviter d'aggraver la destruction de la couche d'ozone et le réchauffement climatique que nous avons provoqués », les États pauvres pourraient raisonnablement répondre « notre requête la plus urgente est que vous nous aidiez à garantir la satisfaction des besoins essentiels de nos citoyens ».

En d'autres termes, si les riches n'ont pas d'obligation générale d'aider les pauvres, les pauvres n'ont assurément pas d'obligation générale d'aider les riches. Si cette absence présumée d'obligations générales signifie que les décisions doivent être prises en fonction de l'intérêt national plutôt que des obligations internationales, alors les États pauvres sont tout aussi libres que les États riches de définir leur propre priorité principale. Les États pauvres n'ont aucune

obligation générale préalable d'aider les États riches à
résoudre les problèmes qui se trouvent être leur priorité
absolue. Ceci est d'autant plus vrai que les États riches
regardent passivement des centaines de milliers d'enfants
mourir chaque année dans les États pauvres, par manque
de biens de première nécessité, alors que les ressources
mondiales pourraient amplement y remédier. Si les États
riches se contentent de laisser des inégalités radicales
persister et s'aggraver, il est difficile de voir pourquoi les
États pauvres devraient se détourner de leurs problèmes
les plus graves pour aider à résoudre des problèmes qui,
pour eux, sont beaucoup moins immédiats et moins mortels.
C'est un peu comme si je mourais de faim, et que vous
vouliez que j'accepte d'arrêter de chercher de la nourriture
pour vous aider à réparer une fuite dans le toit de votre
maison, sans pour autant me promettre de la nourriture.
Pourquoi devrais-je me détourner de mon problème plus
grave pour me concentrer sur le vôtre, qui est moins grave,
alors que je n'ai aucune garantie que si je vous aide à
résoudre votre problème vous m'aiderez à résoudre le
mien ? S'il existait un accord injuste, ce serait bien celui-là.

Les inégalités humaines radicales ne peuvent être
tolérées et doivent être supprimées, que leur suppression
implique ou non le déplacement de ressources au-delà des
frontières politiques nationales. Les ressources se déplacent
d'ailleurs en permanence par-delà les frontières nationales
pour toutes sortes de raisons. Toutefois, je n'ai pas défendu
ici cette affirmation au sujet de l'inégalité radicale[1]. La
conclusion pour laquelle j'ai fourni une justification est
encore plus convaincante : lorsque des inégalités radicales
existent, il est injuste que les habitants des États qui ont

---

1. Pour une défense de la position contraire, voir Miller, « Cosmopolitan
respect and patriotic concern », art. cit.

plus qu'assez attendent des habitants des États qui ont moins qu'il n'en faut qu'ils se détournent de leurs propres problèmes afin de coopérer à la résolution des problèmes des riches. Cela est d'autant plus injuste quand, à la lumière du premier principe d'équité, les problèmes des plus aisés ont été créés par les plus aisés eux-mêmes, lors du processus même qui leur a permis de devenir aussi riches qu'ils le sont. La moindre des choses que peuvent raisonnablement exiger ceux qui se situent en dessous du minimum, en contrepartie de l'attention qu'ils portent aux problèmes des plus riches, est que l'on s'occupe de leurs propres problèmes les plus vitaux, c'est-à-dire qu'on leur garantisse les moyens de subvenir à leurs besoins minimaux. Toute garantie inférieure à cela est trop faible pour être équitable. Cela signifie que tout accord international qui tenterait d'ignorer l'inégalité radicale entre les États, tout en demandant aux plus pauvres de faire des efforts pour aider les plus riches, serait terriblement injuste.

SYNTHÈSE

J'ai souligné que les raisons qui justifient les deuxième et troisième principes d'équité sont fondamentalement les mêmes, à savoir l'impératif de ne pas rendre ceux qui sont déjà les plus mal lotis encore plus pauvres. Le deuxième principe sert cet objectif en exigeant que lorsque des contributions doivent être consenties, elles soient prises en charge de manière plus importante par les riches, indépendamment du fait que l'inégalité existante soit justifiable ou non. Le troisième principe sert cet objectif en exigeant qu'aucune contribution ne soit demandée à ceux qui se trouvent en dessous du minimum, à moins qu'on ne leur garantisse des moyens de s'élever au moins jusqu'à ce niveau minimal. Ce principe présuppose que les inégalités radicales sont injustifiées. Ensemble, les deuxième et troisième principes exigent que si des contributions à un effort commun sont attendues des personnes dont les besoins minimaux n'ont pas été assurés jusqu'à présent, des garanties doivent être apportées, et ce en premier lieu par les plus riches.

La raison qui justifie le premier principe est différente de celle qui justifie le second, en ce sens que la justification du premier repose sur le postulat d'une inégalité existante qui est déjà en elle-même injustifiée. La justification du troisième principe repose sur le même postulat. Le premier et le troisième principe s'appliquent toutefois à des inégalités qui sont injustifiées pour des raisons différentes. Les inégalités auxquelles s'applique le premier principe sont injustifiées en raison de la manière dont elles sont apparues, à savoir le fait que certaines personnes ont injustement tiré profit d'une situation en répercutant les coûts de leurs propres progrès sur d'autres personnes. Les inégalités auxquelles s'applique le troisième principe sont injustifiées indépendamment de la manière dont elles sont apparues, simplement parce qu'elles sont radicales, c'est-à-dire extrêmes dans des circonstances où il serait très facile de les rendre moins graves.

Ce qui ressort clairement, est que malgré le contenu différent de ces trois principes d'équité, et malgré les différents types de raisons sur lesquelles ils reposent, ils convergent tous vers la même conclusion pratique. Quoi que doivent faire les États riches et industrialisés ou les États pauvres et non industrialisés pour résoudre les problèmes environnementaux globaux, tels que la destruction de la couche d'ozone et le réchauffement climatique, les coûts devraient être initialement supportés par les États riches et industrialisés.

Edward A. Page

JUSTICE INTERGÉNÉRATIONNELLE ET CHANGEMENT CLIMATIQUE[*]

Le problème du changement climatique global a suscité un intérêt croissant chez les spécialistes de sciences politiques et les théoriciens politiques ces dernières années. Les interactions complexes entre les États-nations résultant des initiatives visant à établir des restrictions mondiales et juridiquement contraignantes d'émissions de gaz à effet de serre (GES) constituent une thématique fascinante de recherche pour les théoriciens des relations internationales en général, en particulier pour les approches par la théorie des jeux[1]. De plus, le fait que les coûts futurs du changement climatique ne seront probablement pas partagés

[*] E. A. Page, « Intergenerational Justice and Climate Change », *Political Studies* 47, 1, 1999, p. 53-66.

[1]. Pour une approche par la théorie des jeux de la politique du changement climatique, voir H. Ward, « Game theory and the politics of global warming : the state of play and beyond », *Political Studies* 44, 5, 1996, p. 850-871 ; pour la perspective des relations internationales sur les problèmes propres au changement climatique, voir M. Peterson, *Global Warming and Global Politics*, London, Routledge, 1996.

équitablement entre les nations a suscité l'intérêt des théoriciens préoccupés par les problèmes de justice globale[1].

Un ensemble des plus marquants parmi les questions soulevées par le changement climatique concerne toutefois la manière dont les ressources sociales, économiques et culturelles devraient être réparties *entre les générations*. Des données récentes donnent à penser que les niveaux actuels d'émissions de GES auront des conséquences particulièrement graves tant pour l'intégrité de la biosphère que pour le bien-être de ses futurs habitants humains et non humains. Dans son évaluation la plus récente du problème du changement climatique global, le Groupe d'experts intergouvernemental sur l'évolution du climat (GIEC), qui fait autorité, a conclu non seulement que « la prépondérance des preuves suggère une influence humaine perceptible sur le changement climatique »[2], mais aussi que l'impact à long terme du changement climatique aura principalement, sinon uniformément, des effets néfastes sur la santé, la vie culturelle et la prospérité économique des populations humaines futures[3]. De fait, le GIEC a

1. Voir M. Grubb, « Seeking fair weather : ethics and the international debate on climate change », *International Affairs* 71, 3, 1995, p. 463-496 ; H. Shue, « Avoidable Necessity : Global Warming, International Fairness, and Alternative Energy », *in* I. Shapiro, J. W. DeCew (eds.), *NOMOS XXXVII : Theory and Practice*, New York, New York University Press, 1995, p. 239-264 ; H. Shue, « The Unavoidability of Justice », *in* A. Hurrell, B. Kingsbury (eds.), *The International Politics of the Environment*, Oxford, Oxford University Press, 1992, p. 373-397.

2. J. T. Houghton, M. C. Zinyowera, R. H. Moss (eds.), *Climate Change 1995 : The Science of Climate Change*, Cambridge, Cambridge University Press, 1996, p. 5.

3. Voir A. J. McMichael *et al.*, « Human Population Health », *in* R. T. Watson *et al.* (eds.), *Climate Change 1995 : Impacts, Adaptations, and Mitigation of Climate Change*, Cambridge, Cambridge University Press, 1996, p. 564. Il convient de relever qu'au moins certains des

conclu que les problèmes relatifs au changement climatique global soulèvent des « questions particulières d'équité entre les générations »[1].

Bien que le GIEC semble généralement tenir pour acquis que le changement climatique soulève des questions de justice intergénérationnelle, il existe peu de tentatives systématiques visant à tester l'exactitude de ce point de vue (1) à travers les différentes théories de la justice distributive et (2) à la lumière de certains problèmes complexes associés à l'extension de la portée de ces théories au-delà du domaine des relations entre contemporains d'une même société. En ce qui concerne la question 2, par exemple, il semble y avoir une conviction largement répandue que les activités qui aggravent le problème du changement climatique sont injustes, ou contraires à l'éthique, parce qu'elles *nuisent* aux générations

résultats des recherches du GIEC sont controversés. Toutefois, même ceux qui doutent de la pertinence des conclusions du GIEC pour les questions de justice sociale, comme Wilfrid Beckerman, ne contestent pas le fait que le changement climatique aura une certaine incidence sur la répartition des ressources entre les générations. Voir W. Beckerman, *Small is Stupid : Blowing the Whistle on the Greens*, London, Duckworth, 1995, p. 90. [Notons que les résultats des rapports du GIEC sont nettement moins sujets à controverse aujourd'hui. Ils sont généralement considérés comme la source scientifique la plus fiable sur le changement climatique.]

1. K.J. Arrow *et al.*, « International Equity, Discounting and Economic Efficiency », *in* J. P. Bruce, H. Lee, E. Haites (eds.), *Climate Change 1995 : Economic and Social Dimensions of Climate Change*, Cambridge, Cambridge University Press, 1996, p. 130. Cette conclusion est conforme au texte de la Convention-cadre des Nations Unies sur les changements climatiques, selon lequel les nations membres « doivent protéger le système climatique dans l'intérêt des générations présentes et futures de l'humanité, sur la base de l'équité et conformément à leurs responsabilités communes mais différenciées et leurs capacités respectives ». Voir *United Nations Framework Convention on Climate Change*, London, HMSO, 1993, p. 5.

à venir[1]. Cet article soutient cependant que ceux qui souhaitent expliquer nos responsabilités envers les générations futures en termes de *désavantages et de nuisances*, par exemple en matière de changement climatique, sont confrontés à une difficulté philosophique unique. Le problème central est que l'on ne voit pas très bien comment les personnes futures peuvent être lésées ou désavantagées par des actes ou des politiques sociales qui sont des conditions nécessaires à leur existence. Je montrerai que cela représente un défi majeur pour tout un spectre d'approches de la justice environnementale et intergénérationnelle, qui supposent que les actions ou les politiques ne peuvent être mauvaises que si elles désavantagent ou nuisent à certains animaux humains ou non humains, ou en font des victimes (je les appelle des approches de la justice *dépendantes de l'identité*).

Dans la section suivante, je donne un exemple d'une théorie influente de la justice intergénérationnelle dépendante de l'identité. J'explique ensuite comment cette théorie, en vertu de sa structure reposant sur l'identité, semble peu susceptible de générer des devoirs stricts de justice intergénérationnelle – par exemple, des devoirs qui pourraient expliquer pourquoi les générations existantes devraient sacrifier certains bénéfices afin de préserver le système climatique pour leurs descendants éloignés. Je montre ensuite que bien que l'on puisse faire appel à une théorie de la justice intergénérationnelle indépendante de l'identité pour expliquer le fondement de ces devoirs, certaines considérations suggèrent qu'il serait intéressant

1. Par exemple, Onora O'Neill écrit : « en brûlant massivement des combustibles fossiles, nous accélérons l'effet de serre et risquons de nuire gravement à nos successeurs, qui ne peuvent rien nous faire ». Voir O. O'Neill, *Towards Justice and Virtue*, Cambridge, Cambridge University Press, 1996, p. 115.

d'examiner si une certaine version de l'approche dépendant de l'identité peut être défendue. Enfin, je développe un raisonnement autour de la notion d'intérêt collectif qui cherche justement à développer une telle approche.

LA JUSTICE INTERGÉNÉRATIONNELLE COMME CONSERVATION DES RESSOURCES

Une théorie de la justice intergénérationnelle qui semble cohérente avec l'idée que les générations actuelles ont un devoir, envers leurs lointains successeurs, de ne pas détruire l'environnement naturel en général, et le système climatique en particulier, propose que chaque génération doive transmettre à la suivante une part non moins importante de ressources que celle qu'elle a héritée des générations précédentes. Selon une version influente de cette théorie proposée par Barry, la consommation de ressources naturelles non renouvelables au fil du temps « devrait être compensée en ce sens que les générations futures *ne devraient pas être laissées dans une situation pire* [...] qu'elles ne l'auraient été sans raréfaction* de la ressource »[1]. Nous pourrions appeler cela l'approche *ressourciste* de la justice entre les générations.

Barry arrive à cette approche ressourciste par le raisonnement suivant[2]. Selon lui, le problème fondamental d'une théorie de la justice intergénérationnelle est la consommation appropriée des ressources naturelles non

---

* Nous traduisons ici « *depletion* » par « raréfaction ». Dans le reste de l'article, nous traduisons parfois ce nom par « exploitation » (comme dans l'expression « politique d'exploitation »), et le verbe « *to deplete* » par « réduire » ou « exploiter », en fonction du contexte de leur occurrence.

1. B. Barry, « The Ethics of Resource Depletion », in *Democracy, Power and Justice*, Oxford, Clarendon, 1989, p. 519 – je souligne.

2. *Ibid.*, p. 515.

renouvelables au fil du temps. Lorsque les réserves de ressources non renouvelables (comme le pétrole ou le gaz naturel) sont réduites, les coûts d'extraction, puis d'utilisation de ces ressources augmentent pour les générations futures. Il y a aussi des coûts imposés aux générations futures en raison des *effets secondaires* néfastes de l'exploitation de ces ressources, tels que le changement climatique global, la pollution de l'air et la destruction de la couche d'ozone. Par conséquent, il est crucial d'établir dans quelle mesure les générations actuelles peuvent exploiter les stocks de ressources non renouvelables sans enfreindre les exigences de la justice intergénérationnelle.

Il serait injuste d'exiger des générations actuelles qu'elles laissent intactes *toutes* les ressources non renouvelables pour le bien des générations futures (c'est-à-dire qu'elles ne consomment rien); il ne serait également pas possible pour chaque génération de reproduire dans le moindre détail les ressources non renouvelables qu'elle exploite. Toutefois, il semblerait qu'un bon principe soit que les générations actuelles ne devraient pas agir de manière à aggraver la situation des générations futures en exploitant les ressources non renouvelables sans aucune mesure compensatoire ou de dédommagement. L'idée de faire un dédommagement laisse cependant ouverte la possibilité qu'une ressource exploitée, X, soit compensée par la mise à disposition d'une ressource comparable donnée, Y – tant que cette compensation empêche le bénéficiaire d'être dans une situation pire que celle dans laquelle il aurait été si la ressource originale, X, n'avait pas été exploitée. Peut-être que l'exemple le plus évident dans le contexte intergénérationnel serait la façon dont les améliorations technologiques (en matière d'efficacité énergétique, par exemple) semblent compenser les pertes de ressources naturelles non renouvelables (les ressources énergétiques comme le charbon, par exemple).

Tant que nous considérerons le système climatique comme une sorte de « ressource en libre accès » à part entière, il semble que le ressourcisme impliquera que les générations actuelles ont l'obligation générale (1) de ne pas endommager le système climatique en continuant à produire des émissions de GES excessives, (2) de ne pas surexploiter les ressources naturelles non renouvelables qui sont sources de GES, ou (3) de ne pas provoquer la destruction de certaines ressources naturelles (comme les zones côtières) par le changement climatique, *à moins que ces actions ne fassent l'objet d'une compensation appropriée.*

LE RESSOURCISME INTERGÉNÉRATIONNEL ET LE PROBLÈME DE LA NON-IDENTITÉ

Pour tester la théorie de la justice intergénérationnelle de Barry, examinons maintenant le cas des *deux politiques climatiques* :

> Il faut faire un choix entre deux politiques exhaustives et mutuellement exclusives en matière de changement climatique. La première, la *politique d'exploitation*, implique une utilisation continue des sources d'énergie non renouvelables avec des niveaux élevés d'émissions de GES, sans aucun engagement en matière de compensation pour le bien des générations futures. La deuxième, la *politique de conservation*, prévoit une plus grande utilisation des sources d'énergie renouvelables, des réductions strictes d'émissions de GES, ainsi que certaines mesures compensatoires pour le bien des générations futures (comme l'augmentation des investissements dans des projets de protection des zones

côtières vulnérables à l'augmentation du niveau de la mer induite par le changement climatique).

L'adoption de la Politique de Conservation, on le sait, limitera les dommages causés par le changement climatique. La politique d'exploitation exigerait peu ou pas de sacrifices de la part des personnes présentes, mais elle aurait des répercussions plus graves sur le bien-être humain (comme les coûts sociaux associés à l'adaptation aux températures et aux niveaux de la mer plus élevés) par rapport à la Politique de Conservation, parce qu'elle n'empêcherait pas l'augmentation des émissions de GES d'origine humaine.

En fait, on sait avec un certain niveau de confiance qu'un ou deux siècles après avoir fait le choix, bon nombre des personnes qui vivront si la politique d'exploitation est choisie jouiront d'une qualité de vie nettement inférieure à celle des personnes qui vivront si la politique de conservation est adoptée. Cependant, les inconvénients à long terme associés au choix de la Politique d'exploitation ne seront pas suffisamment graves pour que la vie des personnes qui naîtront, dans le cas où cette option est choisie, ne vaille pas la peine d'être vécue – c'est-à-dire que ces personnes ne seront pas, tout compte fait, en mesure de regretter d'être nées.

Examinons ensuite l'argumentation suivante, qui semble saper les fondements du raisonnement qui sous-tend les objections intuitives de nombreuses personnes à la politique d'exploitation[1].

En conséquence de l'impact profond qu'il aura sur les moindres détails de la vie de tous les êtres humains, tout choix en faveur de la politique de conservation ou de la politique d'exploitation aura un impact prévisible, même

1. Différentes versions de cette argumentation ont été avancées, mais celle de Parfit est de loin la plus influente. Voir D. Parfit, *Reasons and Persons*, Oxford, Clarendon, 1984, p. 351.

si indirect, sur l'identité des personnes qui s'accouplent et sur le choix du moment de cet accouplement et donc sur l'identité des personnes qui naîtront à l'avenir. Cela est dû au fait que toutes les personnes doivent leur existence à la rencontre d'un ovule unique et d'un spermatozoïde unique – et cette « rencontre » dépend fortement des événements antérieurs. En fait, après quelques générations, et selon la politique que nous choisirons, des groupes de personnes complètement différents verront le jour et ces groupes de personnes devront leur existence à ce choix antérieur (ils ne seraient pas nés si ce choix n'avait pas été fait). De plus, comme nous pouvons prédire avec une certaine précision que l'adoption de l'une ou l'autre de ces politiques n'imposera pas à nos lointains successeurs une vie qui ne vaille pas la peine d'être vécue, il semble que choisir l'Exploitation plutôt que la Conservation ne causera pas de nuisance à une personne future en particulier. En même temps, un tel choix profiterait à beaucoup dans la génération actuelle, car même s'ils sont limités, les sacrifices que la Conservation exigera des personnes existantes seront tout compte fait néfastes. Il semble donc que la politique qu'il conviendrait d'adopter soit, sans doute de manière contre-intuitive, la *politique d'exploitation*.

Existe-t-il une objection à cette argumentation et, si c'est le cas, laquelle ? La nécessité de répondre à ces questions soulève ce que l'on appelle le *problème de la non-identité*[1] et la façon dont nous y répondrons aura une grande importance pour la manière dont nous aborderons les questions de justice environnementale et intergénérationnelle. Prenons l'approche ressourciste de Barry. Le problème de la non-identité semble poser un défi de taille à cette approche, parce qu'elle fait appel à un lien

1. *Ibid.*

étroit entre les exigences de la justice, d'une part, et les notions de *nuisance* et de *désavantage*, d'autre part. Barry soutient qu'il est injuste de ne pas compenser les générations futures pour les pertes de ressources causées par les actions des générations précédentes, et que ces pertes sont injustes parce qu'elles placent les gens dans une situation plus mauvaise que celle dans laquelle ils auraient été autrement. Mais le problème de la non-identité montre qu'il y aura peu de cas, voire aucun cas, où une personne future sera placée dans une situation plus mauvaise en raison des émissions excessives de GES de ses ancêtres, parce que cette personne n'aurait jamais existé si ces émissions n'avaient pas eu lieu.

L'approche de Barry n'est pas la seule à faire face à ce problème. Toutes les approches de la justice intergénérationnelle qui souscrivent à ce que l'on désigne comme la conception « contractualiste » de la morale sont sujettes au problème de la non-identité. Selon le contractualisme, la source de la motivation morale est « le désir de pouvoir justifier ses actes auprès d'autrui à l'aide de raisons qu'ils ne peuvent raisonnablement rejeter[1] ». Dans ce cadre, un acte n'est répréhensible *que* si son exécution « est prohibée par un système de règles générales de comportement, que personne ne pourrait raisonnablement contester en tant que base d'un accord social informé et libre[2] ». Pour qu'une

---

1. T. M. Scanlon, « Contractualism and Utilitarianism », *in* A. Sen, B. Williams (eds.), *Utilitarianism and Beyond*, Cambridge, Cambridge University Press, 1982, p. 116.

2. *Ibid.*, p. 110. Barry souscrit au point de vue contractualiste à la fois dans *Theories of Justice*, Berkeley, University of California Press, 1989, p. 284, et dans *Justice as Impartiality*, Oxford, Clarendon, 1995, p. 67-72. Il convient de noter que Barry n'aborde les difficultés posées à son approche par le problème de la non-identité dans aucun de ses travaux publiés sur la justice intergénérationnelle et environnementale. Dans un article récent, il observe cependant que la pensée contractualiste

personne puisse raisonnablement contester ou soulever une objection décisive à propos d'un acte ou d'une politique sociale du point de vue contractualiste, cette personne doit (1) être désavantagée ou lésée d'une manière ou d'une autre et (2) doit pouvoir présenter une plainte irréfutable fondée sur ce désavantage (nous pourrions appeler cela l'*Exigence relative aux Plaintes Irréfutables*)[1].

Le problème de l'application de l'exigence relative aux plaintes irréfutables au choix entre Conservation et Exploitation est qu'il ne semble pas y avoir de personnes *en particulier* que nos actes affecteront pour le pire, et qui auront donc une plainte contre nous, si nous choisissons l'Exploitation. En outre, étant donné que même les politiques de conservation modérées exigeront des sacrifices de la part des personnes existantes, il semble que si certaines personnes ont des plaintes irréfutables, ce seront des personnes appartenant à la génération actuelle (par exemple, celles qui vivent dans les pays en développement qui vont souffrir si leur économie ne continue pas de croître) – et ces plaintes seront soulevées contre l'adoption de la

---

ne peut pas expliquer facilement les devoirs envers les personnes futures ou envers le monde non humain. Ainsi, il remarque que même si « les intérêts des personnes dans le futur ne devraient pas avoir moins de poids que ceux des personnes dans le présent », il ne semble pas que « l'appareil contractualiste soit utile dans ce contexte ; il soulève plus de problèmes qu'il n'en résout ». Voir « Contractual justice : a modest defence », *Utilitas* 8, 1996, p. 365. Barry ne précise pas comment il pense que nous pourrions concilier le contractualisme avec des devoirs stricts de justice intergénérationnelle, même s'il semble vouloir le faire dans les prochains volumes de son *Treatise on Social Justice*.

1. Voir D. Parfit, *Reasons and Persons*, *op. cit.*, p. 523, qui observe que, d'après l'approche de Scanlon, « un acte ne peut être répréhensible que s'il affecte quelqu'un d'une manière qui ne peut être justifiée – à moins qu'il y ait un plaignant dont la plainte soit irréfutable ».

politique de conservation et non contre celle de la politique d'exploitation[1].

Je me suis focalisé ici sur les questions soulevées par le problème de la non-identité pour les théories de la justice intergénérationnelle, telles que celle de Barry, qui soutiennent explicitement le point de vue contractualiste. Cependant, des questions similaires sont soulevées par de nombreuses autres théories qui font appel, du moins en partie, à la manière dont les actes ou les politiques sociales nuisent à certaines personnes dans le cadre des questions de justice intergénérationnelle. Par exemple, on peut mettre en doute les tentatives récentes visant à fonder des exigences strictes de conservation de l'environnement, à partir de la fameuse deuxième clause de Locke, selon laquelle l'appropriation doit laisser des ressources naturelles « en commun pour les autres en quantité suffisante et d'aussi bonne qualité »[2].

De telles théories, que l'on peut décrire comme des théories *dépendantes de l'identité*, nous demandent

1. Beckerman et Malkin évoquent la possibilité que les politiques climatiques puissent avoir un effet *néfaste* sur le bien-être des pauvres d'aujourd'hui comparable aux effets *bénéfiques* sur le bien-être des générations futures. Les auteurs observent que « Le réchauffement climatique est bien plus glamour et télégénique, bien sûr, que le besoin de meilleures toilettes et de meilleurs égouts dans le Tiers-Monde. Mais si nous nous soucions vraiment du bien-être de nos concitoyens du monde, ce sont les questions environnementales de ce genre sur lesquelles nous devons concentrer notre attention ». Voir W. Beckerman and J. Malkin, « How much does global warming matter ? », *The Public Interest* 114, 1994, p. 15-16.

2. J. Locke, *Two Treatises of Government*, London, Everyman, 1924, Book II, chap. v, Sec. 27, p. 130 [trad. fr. J.-F. Spitz, *Le Second traité du gouvernement. Essai sur la véritable origine, l'étendue et la fin du gouvernement civil*, Paris, P.U.F, 1994]. Voir également R. Elliot, « Future generations, Locke's proviso and libertarian justice », *Journal of Applied Philosophy* 3, 1986, p. 217.

d'améliorer la santé d'êtres humains ou d'animaux particuliers ou de les rendre plus heureux, ou de protéger des personnes de nuisances ou de désavantages, surtout si ces désavantages ne sont pas imputables à leur propre faute. Les théories dépendantes de l'identité peuvent être mises en contraste avec les théories *indépendantes de l'identité*, selon lesquelles il peut être répréhensible d'accomplir des actes ou d'adopter des politiques sociales, même s'ils ne nuisent à aucune personne en particulier. De telles théories nous amènent à promouvoir la santé ou le bonheur et à éliminer la pauvreté ou la maladie d'un point de vue *impersonnel* (c'est-à-dire pour des raisons tout à fait indépendantes de la manière dont ces phénomènes affectent certains individus).

Une façon d'illustrer le dilemme posé par le problème de la non-identité aux théories de la justice environnementale et intergénérationnelle dépendantes de l'identité consiste à relever que ce problème incite les tenants de ces théories à défendre quatre convictions mutuellement contradictoires, à savoir :

(A) Il est répréhensible d'adopter la politique d'exploitation ;

(B) un acte ou une politique sociale ne peut être répréhensible que s'il ou elle nuit ou désavantage une personne en particulier ;

(C) un acte ou une politique sociale ne nuit ou ne désavantage une personne en particulier que dans les cas où cette personne est dans une situation plus mauvaise que celle dans laquelle elle aurait été si l'acte ou la politique n'avait pas été réalisé(e) ;

(D) l'adoption de la politique d'exploitation est une condition indirecte, mais nécessaire, de la venue au monde des personnes existant sous cette politique.

Si nous voulons expliquer pourquoi le choix de la politique d'exploitation violerait certaines exigences de justice dans le cadre d'une approche dépendante de l'identité, il semble que nous devions abandonner la croyance B ou C (ou peut-être les deux)[1]. Cependant, B et C semblent toutes deux fortement intuitives. Par exemple, David Heyd a récemment défendu que le prix de l'abandon de l'une ou l'autre de ces croyances, et par là même l'abandon de l'approche de la justice dépendante de l'identité, est tout simplement trop élevé[2]. En adoptant une approche qu'il appelle le *générocentrisme*, Heyd affirme que les obligations de justice sociale ne peuvent être dues qu'à des personnes dont l'identité est hors de portée du problème de la non-identité. Mais parce que les personnes dont l'identité ne dépend pas des décisions présentes appartiendront presque invariablement à la génération actuelle, Heyd affirme que nous n'avons aucune obligation de justice envers la grande majorité des individus futurs. Si l'on pouvait défendre cette approche *strictement* dépendante de l'identité, il semblerait que le problème de la non-identité aurait des implications considérables à la fois pour la nature de la justice intergénérationnelle et pour celle de la justice environnementale. Cela impliquerait, par exemple, que des actes d'exploitation ou des politiques sociales qui entraîneraient d'énormes quantités d'émissions de GES dans l'atmosphère et une baisse de la qualité de

---

1. Je ne mentionne pas la possibilité de réviser la croyance D afin de conserver les croyances A, B et C – une possibilité qui semble pour le moins incompatible avec les théories dominantes de l'identité personnelle. Voir D. Parfit, *Reasons and Persons*, *op. cit.*, p. 351-355.

2. D. Heyd, *Genethics : Moral Issues in the Creation of Persons*, Berkeley, University of California Press, 1992, p. 80 *sq.*

vie des générations futures ne seraient ni injustes ni immoraux[1].

LES LIMITES DU PROBLÈME DE LA NON-IDENTITÉ

Même si nous supposons que le problème de la non-identité est pertinent pour les débats sur nos obligations envers les générations futures et pour les questions de justice environnementale en général, il semble que les considérations sur la non-identité ne soient pas problématiques pour toutes les théories environnementales. Nous pouvons l'expliquer en voyant comment le problème est lié aux différentes façons de théoriser l'environnement.

D'après la terminologie couramment utilisée dans ces théories environnementales, nous pouvons distinguer entre le mode *anthropocentriste*, le mode *zoocentriste* et le mode *écocentriste* de la pensée environnementale[2]. Les théories anthropocentristes attribuent une valeur uniquement aux états des êtres humains. La « théorie verte de la valeur » proposée par Robert Goodin en est un bon exemple. Selon cette théorie, la valeur du monde naturel ne peut remonter qu'« à sa valeur pour les êtres humains et à la place qu'il occupe dans leur vie »[3].

1. Il convient de relever que le problème de la non-identité semble remettre en question l'idée d'obligations à la fois envers les futurs humains et les futurs non-humains. En effet, l'identité de certains animaux non humains sera autant dépendante d'événements qui précèdent leur existence que ne l'est celle de leurs futurs homologues humains.

2. Voir par exemple B. Barry, *Justice as Impartiality, op. cit.*, p. 20 *sq.*

3. R. Goodin, *Green Political Theory*, Cambridge, Polity, 1992, p. 42-43. Un point de vue anthropocentriste similaire sur la valeur de l'environnement naturel est adopté par l'influent rapport de la Commission mondiale sur l'Environnement et le Développement, *Our Common Future*, Oxford, Oxord University Press, 1987. Dans l'avant-propos du rapport, Gro Harlem Brundlandt soutient que le bien-être humain « est le but ultime de toutes les politiques environnementales et de développement » (p. XIV).

Les théories zoocentristes, en revanche, n'attribuent de valeur qu'aux états de créatures sentientes*, êtres humains compris. L'idée ici est que le désir de restreindre les préoccupations de justice environnementale au bien-être des êtres humains représente une sorte de « chauvinisme humain »[1] qui ignore le fait que l'appartenance à une espèce est essentiellement « une différence sans pertinence morale entre les individus »[2]. Selon Singer, par exemple, si nous sommes attachés au principe fondamental selon lequel les intérêts de chaque être humain doivent être traités avec la même considération et le même respect, nous sommes également attachés à accepter ce principe d'égalité « comme fondement moral solide pour les relations avec ceux qui n'appartiennent pas à notre propre espèce [comme] les animaux non humains »[3].

Enfin, les théories écocentristes rejettent l'idée selon laquelle l'environnement naturel n'a de valeur que dans la mesure où il fournit un contexte pour l'épanouissement des humains ou d'autres créatures sentientes. Ce mode de pensée présuppose plutôt que les composantes du monde naturel telles que la vie végétale, voire la communauté biotique dans son ensemble, possèdent une valeur indépendamment des humains ou des animaux[4].

---

* Ce terme, qui est utilisé en éthique animale, désigne l'expérience subjective de la sensibilité, la capacité à éprouver le plaisir et la souffrance de manière consciente.

1. Voir R. et V. Routley, « Against the Inevitability of Human Chauvinism », *in* R. Elliot (ed.), *Environmental Ethics*, Oxford, Oxford University Press, 1995, p. 104 *sq.*

2. R. Elliot, *Environmental Ethics*, *op. cit.*, p. 9.

3. P. Singer, *Practical Ethics*, Cambridge, Cambridge University Press, 1993, p. 55 [trad. fr. M. Marcuzzi, *Questions d'éthique pratique*, Paris, Bayard Éditions, 1997].

4. Voir P. Taylor, *Respect for Nature*, New Jersey, Princeton University Press, 1986 ; K. Goodpaster, « On being morally considerable », *Journal*

Je ne pense pas qu'il soit nécessaire d'établir quel mode de théorisation saisit le mieux nos préoccupations sur l'environnement ou sur la justice intergénérationnelle pour comprendre que le problème de la non-identité ne fait que remettre en question la portée de *certaines variétés* de théories anthropocentristes et zoocentristes, à savoir celles qui font référence à des catégories éthiques qui reposent essentiellement sur l'état des choses pour des êtres humains particuliers ou d'autres créatures sentientes. Bref, la distinction entre les théories de la justice dépendantes de l'identité et indépendantes de l'identité recoupe la distinction entre les différentes façons de théoriser les préoccupations et les valeurs environnementales (dont les approches anthropocentristes, zoocentristes et écocentristes sont les plus largement discutées).

Néanmoins, il y a au moins trois considérations qui soutiennent la position selon laquelle le problème de la non-identité mérite plus d'attention que celle qui lui a été accordée par la plupart des philosophes politiques de l'environnement au cours des dernières années. Premièrement, même si nous rejetons l'idée que les théories dépendantes de l'identité englobent l'ensemble des approches de la justice intergénérationnelle ou environnementale, il semble probable qu'elles jouent au moins un certain rôle dans cet ensemble. Par conséquent, il semble utile d'explorer les limites de telles théories. Deuxièmement, les théories environnementales qui ne font aucune référence à la situation des entités individuelles particulières, comme l'utilitarisme impersonnel ou le holisme biotique, sont très

of Philosophy 78, 1978, pp. 308 *sq.* [trad. fr. H.-S. Afeissa, « De la considérabilité morale », dans H.-S. Afeissa (éd.), *Éthique de l'environnement. Nature, valeur, respect*, Paris, Vrin, 2007, p. 61-91.]

controversées. Par exemple, Parfit s'est efforcé de démontrer que l'application de principes utilitaristes indépendants de l'identité à des questions de distribution intergénérationnelle mène à des résultats paradoxaux[1]. De plus, l'idée derrière le holisme biotique, à savoir que le statut éthique soit étendu aux composantes de la biosphère (comme les roches, les arbres, les espèces végétales ou la vie animale) – ou même à la biosphère dans son ensemble – semble totalement contre-intuitive pour beaucoup[2].

Troisièmement, comme nous l'avons déjà mentionné, beaucoup de théories de l'environnement et de la justice intergénérationnelle demeurent obstinément liées, d'une part, aux considérations quant à la nuisance et au statut de victime et, d'autre part, aux intérêts, aux besoins, aux droits et aux désirs de créatures sentientes particulières. C'est ce que révèle la brève discussion des points de vue de Barry et de Scanlon ci-dessus, mais un autre exemple à mentionner est celui des recherches de Shue, qui traite spécifiquement de la question du changement climatique. Shue a récemment soutenu que nous devrions concevoir les effets nuisibles du changement climatique de manière analogue à ceux du tabagisme passif, l'idée étant que tant l'activité des fumeurs que celle des émetteurs excessifs de GES *empirent* la

---

1. L'un des problèmes soulevés par Parfit est que, conformément au devoir de maximiser l'utilité sociale entre les générations, l'utilitarisme pourrait nous obliger à adopter des politiques environnementales qui conduiront à ce qu'un grand nombre de personnes futures mène une vie globalement de mauvaise qualité au lieu de politiques qui conduiront à un nombre beaucoup plus restreint de personnes futures menant une vie de qualité nettement supérieure. Voir D. Parfit, *Reasons and Persons*, *op. cit.*, p. 381 *sq.*

2. Pour une critique de l'approche écocentrée, voir A. Brennan, « Ecological Theory and Value in Nature », *in* R. Elliot (ed.), *Environmental Ethics*, *op. cit.*, p. 195 *sq.*

situation des autres non-fumeurs et des non-émetteurs, sans que la faute ne soit imputable à ces derniers[1]. Shue ne reconnaît cependant pas que le fait que les personnes futures doivent leur existence même aux actions émettrices des générations précédentes signifie que les personnes futures ne pourraient apparemment pas se plaindre d'un tort qui leur aurait été fait ou d'une situation plus mauvaise dans laquelle ils se trouvent en raison de ces actions. À cet égard, l'analogie entre les effets du tabagisme passif, d'une part, et les effets des politiques d'exploitation sur les générations futures, d'autre part, semble mal fondée.

LES OBLIGATIONS ENVERS LES COLLECTIVITÉS FUTURES

Dans cette section, j'explique qu'un recours limité aux intérêts, aux droits ou à la valeur morale de certaines collectivités humaines (voire de certaines communautés animales non humaines) peut résoudre le problème de la non-identité dans un nombre limité mais important de cas. Par conséquent, une telle approche peut expliquer, d'un point de vue dépendant de l'identité, ce qui est moralement condamnable dans l'application de politiques qui auront des effets négatifs à long terme. J'appelle les approches de la justice intergénérationnelle fondées sur le recours aux communautés humaines des *approches centrées sur le groupe*. Les approches centrées sur le groupe sont des cas particuliers d'approches dépendantes de l'identité, comme celles de Barry ou de Scanlon, qui ont été élargies pour inclure les groupes humains (ou animaux) en tant que sujets de considération morale. La façon dont ces points de vue divergents sont en relation les uns avec les autres est représentée dans la figure 1.

1. Voir Shue, « Avoidable Necessity », art. cit., p. 245-246.

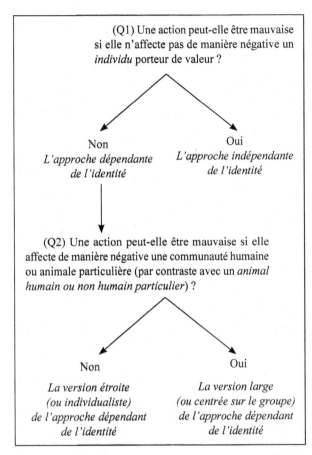

(Q1) Une action peut-elle être mauvaise si elle n'affecte pas de manière négative un *individu* porteur de valeur ?

Non
L'approche dépendante de l'identité

Oui
L'approche indépendante de l'identité

(Q2) Une action peut-elle être mauvaise si elle affecte de manière négative une communauté humaine ou animale particulière (par contraste avec un *animal humain ou non humain particulier*) ?

Non
La version étroite (ou individualiste) de l'approche dépendant de l'identité

Oui
La version large (ou centrée sur le groupe) de l'approche dépendant de l'identité

Figure 1 – *Les théories dépendantes et indépendantes de l'identité*

*Le changement climatique
et les revendications des collectivités futures*

Les changements du climat prévus par le GIEC et d'autres chercheurs devraient modifier le tissu culturel et social de certaines nations. Le meilleur exemple est sans doute la façon dont ces changements devraient entraîner une élévation importante du niveau de la mer au cours des décennies et des siècles à venir. Dans sa dernière évaluation, le GIEC a conclu qu'il y aura une augmentation du niveau moyen global des mers entre 20 et 86 cm (avec 49 cm comme « estimation la plus probable ») par rapport aux niveaux de 1990 d'ici 2100[1]. De plus, il prévoit également que cela aura de graves conséquences pour de nombreux pays à l'avenir, en particulier pour les pays en développement qui sont entièrement ou partiellement à *faible altitude*. Par exemple, l'élévation du niveau de la mer devrait causer des dommages aux terres cultivées côtières et déplacer des millions de personnes vivant dans des communautés côtières de faible altitude. Selon le GIEC, les pays de faible altitude les plus menacés comprennent le nord-est des pays côtiers d'Amérique latine, le Bangladesh, l'Égypte et les Pays-Bas[2].

Les exemples les plus déconcertants de nations vulnérables à l'élévation du niveau de la mer sont sans doute les petits États insulaires du Pacifique Sud. Le GIEC

1. Voir R. A. Warrick *et al.*, « Changes in Sea-level », *in* J. T. Houghton *et al.* (eds.), *Climate Change 1995, op. cit.*, p. 385.
2. Voir L. Bijlsma *et al.*, « Coastal Zones and Small Islands », *in* R. T. Watson *et al.* (eds.), *Climate Change 1995, op. cit.*, p. 289-324. Les auteurs estiment que l'élévation du niveau de la mer aura « des effets négatifs sur un certain nombre de secteurs, notamment le tourisme, l'approvisionnement et la qualité de l'eau douce, la pêche et l'aquaculture, l'agriculture, les habitats humains, les services financiers et la santé humaine » (p. 292).

attire l'attention sur ces nations en raison des effets
particulièrement, voire uniformément néfastes de l'élévation
du niveau de la mer sur ces pays, qui comprennent, dans
le pire des cas, la possibilité d'une *disparition complète*.
L'effet combiné du réchauffement et de l'élévation du
niveau de la mer sur ces États devrait entraîner une réduction
de la fertilité des sols, une diminution de la disponibilité
des terres agricoles et des niveaux plus élevés d'érosion
des sols. Il sera extrêmement coûteux d'entreprendre ne
serait-ce que des mesures adaptatives modérées à tous ces
effets, et même si l'on pouvait trouver les ressources
nécessaires (grâce à l'aide humanitaire internationale, par
exemple), les coûts pour les diverses communautés en
termes de maintien d'accès aux modes de vie traditionnels
et d'adaptation aux nouveaux modes de vie seraient
énormes. Ce sont là autant de projections que le GIEC fait
avec un degré élevé de certitude[1].

Supposons que les craintes du GIEC concernant
l'« estimation la plus probable » de l'élévation globale du
niveau de la mer d'un demi-mètre d'ici 2100 s'avèrent
exactes. Prenons le cas suivant :

> *Les insulaires déplacés*. Vers la fin du 21e siècle, les aînés
> d'un État insulaire du Pacifique se réunissent pour évaluer
> les dommages causés par le changement climatique à
> leur petite communauté. Conformément aux projections
> du GIEC, leur île a été partiellement submergée par
> l'océan Pacifique et leur industrie agricole a été
> partiellement détruite par une combinaison d'érosion et
> d'infertilité des sols. En outre, en raison de l'absence de
> perspectives d'emploi et de bouleversements sociaux

---

1. L. Bijlsma *et al.*, « Coastal Zones and Small Islands », *op. cit.*,
p. 296-298. Voir également E. Charles *et al.*, *A Future for Small States :
Overcoming Vulnerability*, London, Commonwealth Secretariat, 1997,
p. 67 *sq.*

généraux, la population autochtone a été réduite à un faible pourcentage de son niveau du 20ᵉ siècle. Enfin, en raison des déplacements de population et d'autres impacts, de nombreuses pratiques culturelles – des pratiques qui se sont transmises de génération en génération – ont été abandonnées. Les aînés s'accordent sur le fait que la communauté est sur le point de s'effondrer.

Mettons de côté les impacts économiques, sociaux et sanitaires du changement climatique sur les habitants actuels de cette île, et en particulier les questions importantes de *justice intergénérationnelle* soulevées par ces impacts. La communauté insulaire elle-même a-t-elle été lésée par (une plainte peut-elle être déposée en son nom contre) l'incapacité des générations précédentes à mettre en œuvre des politiques limitant les émissions de GES qui auraient pu empêcher les effets néfastes du changement climatique décrits ci-dessus? Selon l'approche centrée sur le groupe, il y a au moins une raison d'affirmer que oui. L'idée est la suivante : bien qu'aucun habitant de l'île qui existerait dans un futur où des politiques d'exploitation auraient été adoptées n'existerait également si l'on avait adopté des politiques de conservation, divers groupes et associations insulaires existeront quel que soit le type de politique choisi. Les intérêts de ces groupes méritent donc une attention et un respect *en tant que tels*. Ici, ce sont les intérêts des nombreux groupes dont l'existence et l'épanouissement sont liés à l'environnement naturel de l'île qui génèrent certaines exigences morales que nous pouvons considérer comme violées par l'adoption de la politique d'exploitation.

Supposons que la communauté ait été, avant l'élévation du niveau de la mer, une communauté traditionnelle dévouée à la préservation d'un riche patrimoine culturel et linguistique. Comme le réchauffement et l'élévation du niveau de la mer qui s'en est suivi ont entraîné l'appauvrissement du patrimoine linguistique et culturel des insulaires (la plupart des membres de la population, sauf les aînés, ont dû fuir vers le continent et doivent maintenant parler une autre langue pour gagner leur vie), il est possible de considérer que les intérêts des insulaires *en tant que collectivité* ont été lésés. Parce qu'elle suppose qu'il y ait une valeur inhérente à la survie de certains groupes et que ces groupes possèdent des revendications morales valables *en tant que* groupes, l'approche centrée sur le groupe semble éviter les problèmes de non-identité. En effet, les conditions d'existence de nombreux groupes futurs (tels que les États, les nations ou les cultures) seront souvent si robustes qu'elles ne seront pas affectées par les politiques environnementales choisies dans le passé. De toute évidence, un certain nombre d'hypothèses simpli-ficatrices sont faites ici, comme l'hypothèse selon laquelle plusieurs effets néfastes du changement climatique sur les populations futures peuvent être évités grâce aux efforts concertés des personnes, des gouvernements et des institutions internationales actuels. Cependant, l'idée centrale semble plausible : les changements du climat mettront dans certains cas en péril la survie de certaines communautés et de certains modes de vie traditionnels, indépendamment des effets qu'ils auront sur les membres individuels de ces cultures[1].

---

1. Le GIEC le pense certainement, car il s'attend à ce que « l'adaptation à l'élévation du niveau de la mer et au changement climatique implique des compromis importants, qui pourraient inclure des valeurs environnementales, sociales et culturelles » (Bijlsma *et al.*, « Coastal Zones and Small Islands », *op. cit.*, p. 292).

Il vaut la peine de comparer l'approche proposée ici avec les contributions récentes à la question des droits ou des revendications des minorités culturelles. On a récemment défendu l'idée que certaines actions ou que l'adoption de certaines politiques sociales peuvent être moralement répréhensibles parce qu'elles compromettent la satisfaction des besoins de certains individus. En l'occurrence, les besoins d'accéder à un contexte culturel ou communautaire épanouissant dans lequel les individus peuvent poursuivre leur projet de vie personnel ou leur conception du bien. Dans son traitement de la question des revendications des communautés minoritaires, Kymlicka soutient, par exemple, que « l'appartenance à une structure culturelle est ce qui rend possible la liberté individuelle, ce qui rend possible des choix significatifs sur la façon de mener sa vie »[1]. Kymlicka poursuit en disant que l'importance morale de la liberté *individuelle* est telle que les personnes appartenant à des cultures minoritaires défavorisées devraient se voir accorder des droits et des ressources supplémentaires pour compenser les désavantages qu'elles subissent du fait de leur appartenance à une culture minoritaire. Mais si ces droits sont collectifs, en ce sens qu'ils sont exercés collectivement plutôt qu'individuellement, il s'agit néanmoins de droits individuels, puisqu'ils sont fondés sur les intérêts de personnes particulières[2]. En revanche, selon l'approche centrée sur le groupe, les communautés dont feront partie les personnes futures méritent l'attention

1. W. Kymlicka, *Liberalism, Community, and Culture*, Oxford, Clarendon, 1989, p. 208 ; W. Kymlicka, *Multicultural Citizenship*, Oxford, Clarendon, 1995, p. 80 *sq*. [trad. fr. P. Savidan, *La citoyenneté multiculturelle. Une théorie libérale du droit des minorités*, Paris, La Découverte, 2001].

2. Voir W. Kymlicka, *Multicultural Citizenship*, *op. cit.* p. 34 *sq*.

et le respect *en tant que telles*; et si les actions actuelles
ont pour résultat soit que ces communautés disparaissent
complètement, soit qu'elles subissent un dommage – c'est-
à-dire que diverses pratiques communautaires soient
compromises – ces actions sont moralement condamnables,
au moins dans ce cas[1].

À cet égard, l'approche centrée sur le groupe a beaucoup
en commun avec les travaux de Charles Taylor sur le
multiculturalisme et la politique de reconnaissance, en
particulier sur la question de la valeur des communautés.
Taylor nie que la valeur des communautés découle de la
valeur qu'elles ont pour répondre aux « besoins culturels »
des individus, comme le fait qu'ils cherchent à donner un
sens à leur vie. Il donne deux raisons à cela. Premièrement,

---

1. L'idée d'exigences de justice intergénérationnelle centrées sur le
groupe pourrait aussi être contrastée avec l'idée plus manifestement
« communautarienne » selon laquelle les personnes présentes devraient
protéger les conditions d'épanouissement communautaire parce que les
communautés auxquelles elles appartiennent sont en fait des composantes
essentielles de leur identité en tant que personnes. Voir par exemple la
théorie communautarienne de la justice intergénérationnelle défendue
par A. de Shalit, *Why Posterity Matters*, London, Routledge, 1996,
particulièrement le chapitre 1. Cette idée doit également être contrastée
avec les contributions récentes à la pensée environnementale de « l'écologie
profonde », selon laquelle les devoirs de conservation de l'environnement
découlent du fait que l'identité humaine n'est pas seulement façonnée
par l'appartenance aux communautés humaines, mais aussi par son lien
aux processus naturels et à la biosphère elle-même. Voir par exemple
W. Fox, *Toward a Transpersonal Ecology*, Boston, Shambala, 1990. Par
contraste, l'élément crucial de l'approche centrée sur le groupe est l'idée
que l'adoption de politiques sociales qui sapent l'intégrité de la viabilité
de certaines communautés humaines ou non humaines est moralement
problématique parce que ces politiques n'accordent pas à ces communautés
le respect qu'elles méritent en tant qu'entités morales, et non parce
qu'elles sont problématiques en ce qu'elles sapent la motivation de la
transcendance de soi que les êtres humains existants entretenaient.

la vision *individualiste* de Kymlicka néglige l'importance morale de diverses communautés *en tant que* communautés. L'idée ici est que les communautés ne sont souvent pas simplement des associations d'individus porteurs de valeurs, mais plutôt des entités morales à part entière. Deuxièmement, la vision individualiste ne peut pas prendre en compte la façon dont de nombreuses personnes ont un fort désir que la (ou les) communauté(s) dont ils font partie continue(nt) de survivre et de s'épanouir, pour des raisons sans rapport avec l'impact positif que cela aura sur leur propre bien-être ou sur le bien-être de leurs compatriotes pris individuellement[1]. Taylor soutient donc que la vision individualiste de Kymlicka est peut-être valable « pour ceux qui se trouvent piégés dans une culture mise sous pression et ne peuvent prospérer que dans cette culture. Mais elle ne justifie pas des mesures destinées à assurer la survie d'une communauté au travers d'un nombre indéfini de générations. Pour les populations concernées, cependant, c'est ce qui est en jeu »[2]. Selon la terminologie introduite plus haut et développée dans la figure 1, il semble que Taylor préconise une version *large* (ou centrée sur le groupe) de l'approche dépendante de l'identité contre la version *étroite* (ou individualiste) de l'approche dépendante de l'identité défendue par Kymlicka.

L'un des avantages de l'adoption de l'approche centrée sur le groupe est que, grâce à sa structure dépendante de l'identité, elle semble facilement conciliable avec les approches de Barry et de Scanlon. Rappelons que, pour

---

1. C. Taylor, « The Politics of Recognition », *in* A. Guttman (ed.), *Multiculturalism : Examining the Politics of Recognition*, Princeton, Princeton University Press, 1994, p. 40-41.

2. *Ibid.*, p. 41.

Scanlon, un acte n'est répréhensible que si son exécution
« est prohibée par un système de règles générales de
comportement, que personne ne pourrait raisonnablement
contester en tant que base d'un accord social informé et
libre[1] ». Il a été dit plus haut que le contractualisme, et le
principe des plaintes irréfutables soutenu par cette
conception de la moralité, semblent problématiques dans
le contexte des cas de non-identité, comme le cas du choix
entre l'Exploitation et la Conservation, en raison du fait
que les gens dans le scénario de l'Exploitation, pris un par
un, ne semblent pas avoir de plainte légitime contre
l'adoption de la politique d'exploitation.

Toutefois, les contractualistes ne semblent pas être
attachés à l'idée que les plaintes qu'ils considèrent comme
étant irréfutables doivent être limitées à celles qui découlent
de nuisances ou de torts causés à des *personnes en
particulier*. C'est ce que montre l'interprétation de Scanlon
de la portée du contractualisme, selon laquelle (1) les êtres
moraux doivent posséder un bien dans le sens où « il doit
y avoir un sens clair dans lequel on peut dire que les choses
peuvent aller mieux ou moins bien pour cet être », et
(2) « les êtres moraux doivent constituer un point de vue,
c'est-à-dire qu'il doit y avoir une chose comme "l'effet
que cela fait d'être cet être" »[2]. Selon Scanlon, ces deux
conditions doivent valoir pour nous permettre de défendre
l'application de la notion de justification à une entité. Mais
bien qu'il y ait certainement des différences entre les
« points de vue » d'êtres humains particuliers d'un côté,
et de groupes particuliers d'êtres humains de l'autre, il ne
semble pas y avoir d'obstacle insurmontable pour ceux

1. T. Scanlon, « Contractualism and Utilitarianism », art. cit., p. 110.
2. *Ibid.*, p. 113-114.

qui veulent défendre qu'il puisse exister quelque chose comme un point de vue ou une perspective de groupe, ou que les choses peuvent aller mieux ou moins bien au moins pour *certains* groupes.

Bien que je n'aie pas ici la place nécessaire pour construire une défense plus solide de ce raisonnement, il convient de mentionner que les convictions éthiques de nombreuses personnes vont certainement dans ce sens. Considérons, par exemple, la conviction largement répandue que la mort d'un grand nombre de personnes issues de petites communautés autochtones (qui entraîne la mort de ces communautés) est plus regrettable du point de vue moral que le nombre équivalent de décès d'individus sans relation particulière. Quoi qu'il en soit, la suggestion est que nous devrions sérieusement envisager de réviser l'approche du raisonnement moral de Scanlon et affirmer qu'« un acte n'est répréhensible que s'il affecte un individu *ou un groupe* particulier d'une manière qui ne peut être justifiée ».

Je n'ai assez de place que pour mentionner un seul problème soulevé par l'approche centrée sur le groupe, lorsque celle-ci est utilisée pour défendre une objection dépendante de l'identité à des politiques d'exploitation, dans le cadre du problème de la non-identité. Supposons qu'une série d'actions qui, nous le pensons, nuira aux intérêts d'un certain groupe futur, serait en même temps une condition nécessaire à l'existence de ce groupe. Dans un tel cas, il se peut que l'approche soit touchée par une nouvelle version du problème de la non-identité, centrée sur le groupe, que nous pourrions appeler le *problème étendu de la non-identité*. Cette nouvelle version du problème de la non-identité suggère qu'un représentant d'une certaine communauté qui prétend que les intérêts de sa communauté ont été lésés par l'exploitation excessive de l'environnement par les générations passées se heurterait à de grandes difficultés pour défendre son point de vue. Dans de telles circonstances, il semble que l'approche centrée sur le groupe ne puisse être utilisée pour fonder une objection à ces activités dans une optique dépendante de l'identité; il semble donc que seules les considérations indépendantes de l'identité s'opposeraient à l'allégation selon laquelle il ne serait pas répréhensible pour les générations actuelles d'adopter des politiques d'exploitation.

Il convient bien entendu de noter que les conditions de non-identité seront remplies beaucoup moins régulièrement dans le cas des groupes que dans le cas des personnes individuelles. Cela s'explique par le fait que l'identité de nombreux groupes et communautés est plus robuste – les nations, par exemple, survivent en général souvent à leurs membres individuels. La conclusion que nous devons en tirer est que l'approche centrée sur le groupe fournit au moins une défense partielle d'une éthique environnementale et intergénérationnelle dépendante de l'identité[1].

1. Je tiens à remercier Andrew Williams, John Horton et un évaluateur anonyme de *Political Studies* pour leurs commentaires utiles sur les versions antérieures de cet article.

Simon Caney

JUSTICE COSMOPOLITIQUE, RESPONSABILITÉ ET CHANGEMENT CLIMATIQUE GLOBAL*

> C'est excitant d'avoir une vraie crise sur les bras quand on a passé la moitié de sa vie politique à s'occuper de choses banales comme l'environnement[1].

Le climat de notre planète subit des changements profonds et rapides. En particulier, la Terre s'est nettement réchauffée et son climat est devenu de plus en plus imprévisible. Ces changements ont eu des conséquences importantes pour la vie humaine et continuent d'en avoir. Dans cet article, je souhaite examiner quelle est la manière la plus équitable de répartir les charges [burdens] résultant du changement climatique global. Qui devrait les supporter ? Ceux qui ont causé le problème ? Ceux qui sont le plus à même de régler le problème ? Ou devrait-il s'agir de quelqu'un d'autre ? Dans cet article, je défends une théorie cosmopolitique de la justice, je critique un principe clé du

---

* S. Caney, « Cosmopolitan Justice, Responsibility, and Global Climate Change », *Leiden Journal of International Law* 18, 4, 2005, p. 747-775.

1. Margaret Thatcher en 1982 pendant la guerre des Malouines. Citée dans S. Barnes, « Want to Save the Planet? Then Make Me Your Not So Benevolent Dictator », *The Times*, 9 avril 2005.

droit international de l'environnement et je conteste l'approche par la « responsabilité commune mais différenciée » qui est affirmée dans le droit international de l'environnement en vigueur.

Avant d'envisager différentes réponses à la question de savoir qui devrait payer les coûts du changement climatique global, il est essentiel de prendre conscience à la fois de la nature distincte du défi théorique que pose le changement climatique global et des effets du changement climatique sur la vie des gens. La section 1 présente ainsi quelques observations méthodologiques préliminaires sur les théories normatives du changement climatique global. La section 2 examine une façon usuelle d'envisager le devoir de supporter les charges causées par le changement climatique, à savoir la doctrine selon laquelle ceux qui ont causé le problème ont la responsabilité d'en supporter la charge. Elle soutient que cette doctrine, bien que séduisante à bien des égards, est plus problématique qu'elle ne semble à première vue et est également incomplète à plusieurs titres (sections 3 à 8). En particulier, elle doit s'appuyer sur une théorie plus générale de la justice et des droits. L'article présente ensuite une approche des droits environnementaux globaux fondée sur les intérêts, et en déduit quatre principes qui déterminent qui doit supporter les charges du changement climatique global (section 9). Cette approche est ensuite comparée et contrastée avec une approche alternative, à savoir le principe des responsabilités communes mais différenciées qui est articulé dans un certain nombre de documents constitutifs du droit international de l'environnement (section 10). Enfin, dans la section 11, j'explique que les analyses normatives du changement climatique tendent à osciller entre des principes individualistes et collectivistes.

LE CHANGEMENT CLIMATIQUE GLOBAL

Avant de commencer l'analyse normative, il est nécessaire de faire trois remarques préliminaires.

1. Cet article étudie une partie de ce que l'on pourrait appeler la « justice environnementale globale », c'est-à-dire la répartition des coûts et des bénéfices environnementaux à l'échelle mondiale. Il vaut la peine de faire quelques observations méthodologiques sur l'utilité ou non de l'application des théories orthodoxes de la justice distributive au changement climatique. Dans quelle mesure ces théories sont-elles pertinentes pour traiter de ce sujet ? Et d'ailleurs, ont-elles une quelconque pertinence en général ? Si elles sont pertinentes, de quelles façons, le cas échéant, doivent-elles être révisées ou ajustées ? Pour répondre à cette série de questions, nous pouvons commencer par observer que les analyses classiques de la justice distributive tendent à se concentrer sur la façon dont les revenus et les richesses devraient être répartis entre les membres existants d'un État. La construction d'une théorie de la justice environnementale nous oblige à repenser trois hypothèses qui sous-tendent cette analyse classique[1].

Premièrement, la justice distributive se préoccupe de la répartition des coûts et des bénéfices. Aujourd'hui, les

---

1. Voir, dans ce contexte, la discussion de Rawls au sujet des « problèmes d'extension » et, en particulier, sa discussion sur la façon dont la « justice comme équité » est étendue au domaine international, aux générations futures, aux devoirs envers l'environnement et les animaux non humains (ainsi que son extension aux personnes malades) dans « The Law of Peoples », dans S. Freeman (ed.), *Collected Papers*, Harvard, Harvard University Press, 1999, p. 531 (et, plus généralement, p. 531-543). Voir aussi J. Rawls, *Political Liberalism*, New York, Columbia University Press, 1993, p. 20-21 [trad. fr. C. Audard, *Libéralisme politique*, Paris, P.U.F., 1995].

théories conventionnelles de la justice distributive tendent à se concentrer sur les avantages tels que la richesse et les revenus. Il est donc important de se demander si ce cadre peut être étendu aux coûts et bénéfices environnementaux. En particulier, il s'agit de savoir comment attribuer de la valeur à l'environnement. Faut-il le faire en fonction de son impact sur ce que Rawls appelle les « biens premiers », par lesquels il entend des biens tels que les revenus, la richesse, les libertés, les opportunités et les bases sociales du respect de soi[1] ? Ou doit-on le faire en fonction de ses effets sur ce que Sen et Nussbaum appellent les « capabilités », qui renvoient à la capacité d'une personne à réaliser certains « fonctionnements »[2] ? Ici, nous devrions être sensibles au fait que l'environnement, de par ses caractéristiques, est un cas à part. Or, cela pourrait signifier que son importance (pour une théorie de la justice) ne pourrait être saisie par le discours libéral orthodoxe sur les ressources, le bien-être, les capabilités et ainsi de suite.

1. Voir J. Rawls, *A Theory of Justice*, Harvard, Harvard University Press, 1999, p. 54-55, 78-81, 348 [trad. fr. C. Audard, *Théorie de la justice*, Paris, Seuil, 1987], et *Justice as Fairness : A Restatement*, ed. E. Kelly, Harvard, Harvard University Press, 2001, p. 57-61, 168-176 [trad. fr. B. Guillarme, *La justice comme équité. Une reformulation de* Théorie de la justice, Paris, La Découverte, 2003].

2. Voir M. C. Nussbaum, *Women and Human Development : The Capabilities Approach*, Cambrige, Cambridge University Press, 2000 [trad. fr. C. Chaplain, *Femmes et développent. L'approche des capabilités*, Paris, Édition des Femmes, 2008], et A. Sen, « Capability and Well-being », *in* M. C. Nussbaum et A. Sen (eds.), *The Quality of Life*, Oxford, Clarendon Press, 1993, p. 30–53. Pour une excellente analyse de plusieurs approches différentes de ce qui devrait être distribué et une évaluation de leurs implications pour notre évaluation du changement climatique global, voir E. A. Page, *Climate Change, Justice and Future Generations*, Cheltenham-Northampton, Edward Elgar, 2006, chap. 3.

Deuxièmement, tandis que les théories conventionnelles de la justice distributive s'intéressent à la répartition des coûts et bénéfices au sein d'un *État*, les questions relatives au changement climatique nous obligent à examiner la répartition *globale* des coûts et bénéfices. Une analyse appropriée doit donc déterminer si les types de principes qui devraient être adoptés au niveau national devraient également l'être au niveau global. Les deux sont peut-être analogues, auquel cas les principes qui devraient être mis en œuvre au niveau national devraient également être mis en œuvre au-delà des frontières. Ils sont peut-être cependant tellement différents que nous ne pouvons pas appliquer au niveau global des principes valant au niveau national[1]. Dans un cas comme dans l'autre, une théorie de la justice appliquée au changement climatique global doit nécessairement aborder la question de savoir si la dimension globale du problème fait une différence moralement pertinente.

Troisièmement, la justice environnementale globale soulève des questions de justice intergénérationnelle. Cela est vrai en deux sens. D'une part, les effets du changement climatique global seront ressentis par les personnes futures, de sorte qu'une théorie adéquate de la justice environne-mentale globale doit fournir des indications sur les devoirs des personnes qui vivent actuellement envers les générations

---

1. Pour en savoir plus à ce sujet, et pour ma défense d'une approche cosmopolitiste, voir S. Caney, *Justice Beyond Borders : A Global Political Theory*, Oxford-New York, Oxford University Press, 2005. Voir aussi les défenses d'une approche cosmopolitique dans T. Pogge, « Recognized and Violated by International Law : The Human Rights of the Global Poor », *Leiden Journal of International Law* 18, 4, 2005, p. 717-745 ; et K.-C. Tan, « International Toleration : Rawlsian versus Cosmopolitan », *Leiden Journal of International Law* 18, 4, 2005, p. 685-710.

futures. Elle doit étudier si les personnes futures ont des droits et s'il devrait y avoir un taux d'actualisation sociale[1]. Elle doit aussi se demander si les principes qui s'appliquent à une génération donnée s'appliqueront nécessairement aux générations futures. Les principes qui s'appliquent au sein d'une génération diffèrent-ils de ceux qui s'appliquent au fil du temps entre les générations ? Certains, comme John Rawls, pensent clairement que c'est le cas. Ce dernier soutient que le « principe de différence » (selon lequel la structure de base de la société devrait être conçue de manière à maximiser la condition des moins favorisés) devrait guider la distribution des ressources au sein d'une génération, mais ne devrait pas être appliqué au niveau intergénérationnel. Un autre principe, celui de juste épargne, détermine les obligations des personnes envers les générations futures. Selon le principe de juste épargne, les sociétés devraient épargner suffisamment pour que les générations futures puissent être capables de vivre dans une société juste. Elles n'ont pas besoin de transmettre plus que cela et ne doivent certainement pas chercher à maximiser la condition des personnes les moins favorisées qui viendront au monde[2]. D'autre part, se pencher sur des

1. Pour une analyse de ces derniers points, voir D. Parfit, *Reasons and Persons*, Oxford, Clarendon Press, 1986, Appendix F, p. 480-486.

2. J. Rawls, *A Theory of Justice*, *op. cit.*, p. 251-258 ; J. Rawls, *Justice as Fairness*, *op. cit.*, p. 159-160. En plus de proposer deux principes différents pour gouverner « la justice envers les contemporains » et la « justice envers les personnes futures », Rawls adopte également deux méthodes différentes pour faire dériver ces principes. Il est bien connu que sa dérivation des principes de justice pour gouverner les membres contemporains d'une société a recours à une « position originelle » dans laquelle les personnes cherchent par leurs choix à promouvoir leurs propres biens premiers. Sa dérivation des principes de justice pour gouverner les générations futures invoque également la position originelle,

sujets tels que le changement climatique implique que nous étudiions la pertinence morale des décisions prises par les générations précédentes. Par exemple, certains des effets nuisibles de l'industrialisation se font sentir aujourd'hui. Cela soulève la question de savoir qui devrait être responsable de la gestion des effets néfastes qui résultent des actions des générations précédentes. En bref, donc, une théorie de la justice que l'on souhaite appliquer au changement climatique global doit aborder la question de savoir comment les dimensions intergénérationnelles du problème font une différence moralement pertinente.

En s'appuyant sur ces éléments, on peut donc dire qu'une théorie de la justice qui s'applique adéquatement au changement climatique doit expliquer de quelle manière le changement climatique global affecte les droits des personnes et elle doit le faire d'une manière qui (i) soit sensible aux particularités de l'environnement; (ii) explore les questions qui découlent de l'application des principes au niveau global plutôt qu'au niveau national; et (iii) explore les dimensions intergénérationnelles du changement climatique global[1].

mais il stipule dans ce cas que les parties doivent choisir le principe qu'elles auraient voulu que les générations précédentes honorent (sur ce dernier point, voir *Justice as Fairness, op. cit.*, p. 160). Ainsi, Rawls traite la justice intergénérationnelle de façon très différente de la « justice envers les contemporains » – tant dans la méthode qu'il emploie que dans les conclusions qu'il tire (notez que la méthode de Rawls pour faire dériver le principe de « juste épargne » a évolué au fil du temps : voir *ibid.*, p. 160, n. 39).

1. Voir, en outre, S. Caney, « Global Distributive Justice and the Environment », *in* R. Tinnevelt, G. Verschraegen (eds.), *Between Cosmopolitan Ideals and State Sovereignty : Studies in Global Justice*, New York, Palgrave Macmillan, 2006, p. 51-63.

2. Pour passer des considérations méthodologiques à des questions plus empiriques, une analyse adéquate des dimensions éthiques du changement climatique global exige une approche empirique des différentes manières dont le changement climatique affecte les intérêts fondamentaux des personnes (j'entends par là les intérêts qu'une théorie de la justice devrait chercher à protéger). Dans ce qui suit, je m'appuierai largement sur les conclusions du Groupe d'experts intergouvernemental sur l'évolution du climat (GIEC), créé en 1988 par le Programme des Nations Unies pour l'environnement (PNUE) et l'Organisation météorologique mondiale (OMM)[1]. Le GIEC a désormais publié trois rapports d'évaluation – en 1990, en 1995 et en 2001. Pour nos besoins, le principal rapport est le *Troisième rapport d'évaluation* publié en 2001. Il comprend quatre volumes – *Bilan 2001 des changements climatiques : Les éléments scientifiques ; Bilan 2001 des changements climatiques : Conséquences, adaptation et vulnérabilité; Bilan 2001 des changements climatiques : Mesures d'atténuation*; et un résumé des trois rapports, *Changements climatiques 2001 : Rapport de synthèse*. Les conclusions du GIEC ont, bien entendu, été critiquées par un certain nombre de personnes – y compris par Bjørn Lomborg – et il y a eu, en retour, des réponses à ces critiques[2]. Je n'ai pas les qualifications pour

1. Voir le site Internet du GIEC, <https://www.ipcc.ch/about/>.

2. B. Lomborg, *The Sceptical Environmentalist : Measuring the Real State of the World*, Cambridge, Cambridge University Press, 2001, chap. 24 [trad. fr. T. Anne, *L'écologiste sceptique. Le véritable état de la planète*, Paris, Cherche Midi, 2004]. Pour une réponse critique, voir M.A. Cole, « Environmental Optimists, Environmental Pessimists and the Real State of the World – An Article Examining *The Sceptical Environmentalist : Measuring the Real State of the World* by Bjørn Lomborg », *Economic Journal* 113, 488, 2003, p. 362-380, notamment p. 373-376.

participer à ces débats et je vais donc rapporter les affirmations du GIEC, sans pour autant insinuer que ces affirmations ne peuvent pas, par ailleurs, être contestées.

Le GIEC rend compte de manière très complète des effets du changement climatique global dans son rapport intitulé *Bilan 2001 des changements climatiques : Conséquences, adaptation et vulnérabilité*. Dans ce dernier, il affirme que le changement climatique global entraînera, entre autres, une élévation du niveau des mers et menacera donc les installations côtières et les petits États insulaires. Il entraînera également une hausse des températures et, par conséquent, engendrera sécheresses, mauvaises récoltes et vagues de chaleur. L'augmentation de la température va également conduire à une augmentation de l'incidence de la malaria et du choléra. À cela, il faut aussi ajouter que le changement climatique global entraînera une plus grande imprévisibilité de la météo. Ce n'est, bien sûr, que le plus bref des résumés[1]. Un compte rendu plus complet sera présenté ci-dessous.

3. près avoir relevé les diverses façons dont le changement climatique a des effets néfastes, je voudrais maintenant clarifier ce que je veux dire quand je parle des « charges du changement climatique global ». Comme on le reconnaît généralement, les changements récents du climat imposent deux types de coûts distincts – ce que j'appellerai les « coûts de réduction » et les « coûts d'adaptation »[2]. Les « coûts de réduction », comme je

---

1. Voir J. J. McCarthy *et al.* (éds.), *Bilan 2001 des changements climatiques : Conséquences, adaptation et vulnérabilité – Résumés du Groupe de travail II du GIEC* (2001), [en ligne] <https://www.ipcc.ch/site/assets/uploads/2018/03/wg2sumfrench.pdf>.

2. La distinction entre « réduction » et « adaptation » provient du GIEC. Ainsi, par exemple, le volume 2 du rapport de 2001 du GIEC se centre sur l'adaptation : voir notamment B. Smit et

définis ce terme, sont les coûts, pour les acteurs, relatifs au fait de ne pas s'engager dans des activités qui contribuent au changement climatique global. Ceux qui s'engagent dans une politique de réduction ont un coût d'opportunité : ils renoncent à des avantages qu'ils auraient pu avoir s'ils s'étaient engagés dans des activités qui impliquent des émissions élevées de gaz à effet de serre (ci-après GES). Concrètement, la réduction impliquera de réduire des activités comme l'utilisation des énergies fossiles et, à ce titre, elle exige que les personnes réduisent l'utilisation de leur voiture, de l'électricité et des vols aériens, ou qu'elles investissent dans d'autres ressources énergétiques. Quoi qu'il en soit, la réduction représente un coût pour certains[1].

O. Pilifosova *et al.* (eds.), « Adaptation to Climate Change in the Context of Sustainable Development and Equity », *in* McCarthy *et al.* (eds.), *Climate Change 2001 : Impacts, Adaptation and Vulnerability – Contribution of Working Group II to the Third Assessment Report of the Intergovernmental Panel on Climate Change*, Cambridge, Cambridge University Press, chap. 18. Le volume 3, en revanche, est davantage axé sur la réduction : voir B. Metz *et al.* (éds.), *Bilan 2001 des changements climatiques : Mesures d'atténuation – Résumés du Groupe de travail III du GIEC* (2001), [en ligne] <https://www.ipcc.ch/site/assets/uploads/2018/03/wg3sumfrench.pdf>. Voir également l'analyse éclairante de Henry Shue sur les différentes questions éthiques soulevées par le changement climatique global : « Subsistence Emissions and Luxury Emissions », *Law & Policy* 15, 1, 1993, p. 39-59, p. 40 ; « After You : May Action by the Rich be Contingent on Action by the Poor ? », *Indiana Journal of Global Legal Studies* 1, 2, p. 343-366, p. 344 ; et « Avoidable Necessity : Global Warming, International Fairness, and Alternative Energy », *in* I. Shapiro, J. Wagner deCew (eds.), *Theory and Practice : NOMOS XXXVII*, New York, NYU Press, 1995, p. 239-264, p. 240.

1. Les coûts de réduction engagés par un acteur A ne sont pas limités aux cas où A réduit au minimum ses propres émissions de GES. Considérons, par exemple, la politique du « Mécanisme de Développement Propre » énoncée dans l'article 12 du Protocole de Kyoto (<https ://unfccc.int/resource/docs/convkp/convfr.pdf>). Dans le cadre de cette proposition, certains pays (ceux qui appartiennent à l'Annexe I) peuvent se voir

Le deuxième type de coût est ce que j'appelle les « coûts d'adaptation ». Il s'agit des coûts pour les personnes qui adoptent des mesures leur permettant à eux-mêmes et/ou à d'autres de faire face aux effets néfastes du changement climatique. Car il existe des moyens pour les gens de s'adapter à certains des effets prévus du changement climatique global. Ils pourraient par exemple dépenser davantage en médicaments minimisant ainsi la propagation du choléra et de la malaria. Ils pourraient aussi investir davantage pour protéger les régions côtières contre l'élévation du niveau de la mer. Ces mesures devraient évidemment compter comme un coût, car elles exigent des ressources qui pourraient autrement être consacrées à d'autres activités.

Dans cet article, je me focalise sur la question suivante : « qui doit supporter les coûts causés par le changement climatique ? » Je n'explorerai pas la question difficile de savoir dans quelle mesure nous devrions chercher à réduire nos émissions et dans quelle mesure nous devrions chercher à nous adapter. Il s'agit là, bien sûr, d'une question clé servant à déterminer quelles politiques concrètes spécifiques devraient être mises en œuvre, et elle fait par ailleurs l'objet d'une certaine controverse[1]. Je souhaite cependant mettre

---

attribuer des crédits pour la réduction des émissions de GES s'ils soutiennent des projets qui permettent aux pays en développement de se développer sans émettre des niveaux élevés de GES. Étant donné que leurs actions ont pour effet de réduire les émissions de GES et qu'elles ont un coût pour eux (le coût du soutien au développement propre), ce coût devrait en principe être inclus dans la rubrique des coûts de réduction : ils font un sacrifice qui permet de réduire les émissions de GES.

1. Voir, par exemple, B. Lomborg, *The Sceptical Environmentalist*, *op. cit.*, p. 305-318, en particulier p. 318. Lomborg défend le point de vue très controversé selon lequel il serait plus efficient de se concentrer sur l'« adaptation » plutôt que sur la « réduction ». Pour un point de vue

cette question pratique de côté et me concentrer simplement sur la question plus abstraite de savoir à qui revient la responsabilité morale de la prise en charge des coûts du changement climatique, sans aborder la question du choix entre l'adaptation et la réduction.

LE PRINCIPE DU « POLLUEUR-PAYEUR »

Passons maintenant à une analyse normative de la responsabilité qui est en jeu dans le traitement de ces problèmes. Qui est responsable ? Qui a le devoir d'assumer les coûts du changement climatique global ? Une façon courante de penser les nuisances, à la fois environnementales et non environnementales, consiste à soutenir que ceux qui causent un problème (comme la pollution) doivent régler l'addition. En d'autres termes, le principe clé est que « le pollueur doit payer ». Ce principe a un attrait intuitif considérable. Dans les situations quotidiennes, nous pensons souvent que si des personnes ont causé une nuisance (s'ils ont jeté des déchets dans les rues, par exemple), ils devraient rectifier cette situation. Ils sont, en tant que cause du problème, responsables des effets néfastes.

Le principe du « pollueur-payeur » (ci-après le PPP) est également un principe qui apparaît dans un certain nombre d'accords juridiques internationaux[1]. L'Organisation

---

opposé, voir J. Houghton, *Global Warming : The Complete Briefing*, Cambridge, Cambridge University Press, 2004, p. 242-321 ; et M. Maslin, *Global Warming : A Very Short Introduction*, Oxford, Oxford University Press, 2004, p. 136-143.

1. Pour deux excellentes analyses du rôle du principe du pollueur-payeur en droit international de l'environnement, dont je suis très redevable, voir P. Birnie et A. Boyle, *International Law and the Environment*, Oxford, Oxford University Press, 2002, p. 92-95, p. 383-385 ; et P. Sands, *Principles of International Environmental Law*, Cambridge, Cambridge University Press, 2003, p. 279-285.

de coopération et de développement économiques (OCDE), par exemple, a recommandé l'adoption du principe du « pollueur-payeur » dans les recommandations du Conseil du 26 mai 1972 et du 14 novembre 1974[1]. En outre, le 21 avril 2004, l'Union européenne et le Conseil des ministres ont adopté une directive affirmant le principe du « pollueur-payeur »[2]. Ce principe a également été recommandé par la Commission sur la gouvernance mondiale[3]. En outre, un certain nombre de spécialistes universitaires sur le sujet ont appliqué ce principe aux coûts du changement climatique global. Par exemple, Henry Shue s'est inspiré du principe selon lequel ceux qui ont causé la pollution doivent l'éliminer, et a défendu rigoureusement que les membres des pays industrialisés ont causé le changement climatique global et que, par conséquent, il leur revient à eux, et non aux membres des pays en développement, d'assumer les charges du changement climatique[4]. En plus de Shue,

1. Les documents relatifs aux deux recommandations du Conseil se trouvent dans le document de l'OCDE intitulé *The Polluter Pays Principle : Definition, Analysis, Implementation*, Paris, OECD, 1975.

2. Voir la Directive 2004/35/CE du Parlement européen et du Conseil (adoptée le 21 avril 2004) sur la responsabilité environnementale en ce qui concerne la prévention et la réparation des dommages environnementaux. Le texte peut être consulté dans le Journal officiel du 30 avril 2004 (L143) à l'adresse <http://europa.eu.int/eur-lex/pri/en/oj/dat/2004/l 143/l 14320040430en00560075.pdf>.

3. Commission on Global Governance, *Our Global Neighbourhood*, Oxford, Oxford University Press, 1995, p. 208, 212.

4. Voir H. Shue, « Global Environment and International Inequality », *International Affairs* 75, 3, 1999, p. 531-545, p. 533-537 [trad. fr. dans le présent volume]. Shue écrit que son argument ne fait pas appel au PPP parce qu'il l'interprète comme un principe « prospectif » attribuant les coûts associés à la pollution future au pollueur (p. 534). Par contraste, mon interprétation du PPP y voit un principe attribuant les coûts de la pollution passée, présente et future, au pollueur. Shue défend donc le PPP tel que je le définis ici.

d'autres ont fait valoir qu'il s'agissait de la bonne façon de penser la prise en charge des charges du changement climatique. Par exemple, Eric Neumayer soutient que les coûts du réchauffement climatique devraient être déterminés en fonction de la « responsabilité historique »[1]. Nous pourrions également noter que le GIEC a mentionné cette question dans son *Bilan 2001 des changements climatiques : Mesures d'atténuation*[2]. Il a cherché non pas à recommander une ligne de conduite précise, mais à citer le PPP comme un principe de justice possible parmi d'autres. À quel point ce principe est-il donc approprié pour déterminer la responsabilité d'assumer les coûts du changement climatique ?

Commençons notre analyse par deux précisions. Premièrement, le PPP signifie généralement, de manière littérale, que si un acteur individuel X effectue une action qui cause une pollution, il doit alors payer pour les effets néfastes de cette action. Appelons cela la « version micro ». On pourrait cependant reconstruire le PPP pour affirmer également que si les acteurs X, Y et Z effectuent des actions qui ensemble causent de la pollution, ils devraient alors payer le coût de la pollution qui en résulte proportionnellement à la quantité de pollution qu'ils ont causée. Appelons cela la « version macro ». Celle-ci affirme que les pollueurs (en tant que groupe) doivent payer pour la pollution qu'ils

1. Voir E. Neumayer, « In Defence of Historical Accountability for Greenhouse Gas Emissions », *Ecological Economics* 33, 2, 2000, p. 185-192.

2. Voir F. L. Toth et M. Mwandosya (eds.), « Decision-Making Frameworks », *in* B. Metz *et al.* (eds.), *Climate Change 2001 : Mitigation – Contribution of Working Group III to the Third Assessment Report of the Intergovernmental Panel on Climate Change*, Cambridge, Cambridge University Press, chap. 10, sect. 10.4.5, p. 669 (pour la mention du principe du « pollueur-payeur ») et p. 668-673 (pour une discussion générale).

ont causée (en tant que groupe). Ainsi, alors que la version micro établit un lien direct entre les actions d'un agent et la pollution subie par d'autres, la version macro établit un lien indirect entre, d'une part, les actions d'un groupe de personnes (par exemple, émettant du dioxyde de carbone) et, d'autre part, un certain niveau de pollution.

Cette distinction est pertinente car la version micro ne peut être appliquée que lorsque l'on peut identifier un coût spécifique qui résulte d'un acte spécifique. Elle est toutefois inapplicable dans les cas où l'on ne peut pas attribuer des coûts spécifiques à des actes individuels antérieurs. Or, le changement climatique entre clairement dans cette dernière catégorie. Si une installation industrielle rejette un niveau élevé de dioxyde de carbone, nous ne pouvons pas identifier les coûts individuels spécifiques revenant à cet acteur particulier et à cette action particulière. La version macro peut cependant prendre en compte la relation de cause à effet. Même si l'on ne peut pas dire que A a causé telle ou telle partie spécifique du réchauffement climatique, on peut dire que la progression du réchauffement climatique dans son ensemble résulte des actions de plusieurs acteurs dont A fait partie. De plus, il faut noter que la version macro peut nous permettre d'attribuer des responsabilités plus importantes à certains. Même s'il ne fait pas vraiment sens de dire que nous pouvons attribuer une partie spécifique du réchauffement climatique à chacun des acteurs en jeu, nous pouvons néanmoins dire que ceux qui émettent plus de dioxyde de carbone que les autres sont davantage responsables. En principe, si l'on avait toutes les connaissances pertinentes sur les émissions de GES des agents, il serait possible de faire des évaluations attribuant sa part de responsabilité à chaque agent particulier. À la lumière de ce qui précède, nous devons donc interpréter le PPP (lorsqu'il est appliqué au cas du réchauffement climatique) en fonction de la version macro[1].

Deuxièmement, pour appliquer l'approche par le pollueur-payeur au changement climatique, nous devons répondre à la question : « Qui est le pollueur ? » Quelle est l'unité d'analyse pertinente ? Quels types d'entités sont les pollueurs ? S'agit-il d'individus, d'États ou d'une autre entité ? De plus, laquelle de ces entités joue le plus grand rôle ? Supposons que les acteurs pertinents soient, en fait, les États ; nous serions alors confrontés à la question empirique : « quels sont les États qui contribuent le plus ? » Notre réponse à la question « qui pollue ? » est, bien sûr, essentielle, si nous acceptons le PPP pour nous permettre de répartir les responsabilités et de répondre à la question « qui devrait payer ? ».

Beaucoup de ceux qui adoptent une approche du changement climatique par le PPP semblent traiter les pays comme l'unité d'analyse pertinente. Shue, par exemple, fait constamment référence aux « pays » et aux « États »[2]. De même, Neumayer fait toujours référence à la pollution causée par les pays émetteurs, en se référant par exemple à « la Dette des Émissions Historiques d'un pays »[3]. Comme il le dit, son approche

---

1. Il est intéressant de noter ici que la récente directive de l'Union européenne sur la responsabilité environnementale (2004/35/CE) rejette expressément ce que j'appelle la version macro du principe du pollueur-payeur et affirme la version micro. Voir par. 13 et l'art. 4 s. 5, disponible sur <http://europa.eu.int/eurlex/pri/en/oj/dat/2004/l_143/l_14320040430en00560075.pdf>.

2. Voir par exemple H. Shue, « Global Environment and International Inequality », art. cit., p. 534, 545. Ailleurs, Shue fait référence aux « nations (ou autres parties) » (« After You », art. cit., p. 361), mais suppose généralement que les pollueurs et les payeurs sont des nations.

3. E. Neumayer, « In Defence of Historical Accountability », art. cit., p. 186.

tient les pays responsables de la quantité d'émissions de
gaz à effet de serre dans l'atmosphère émanant de leurs
émissions historiques. Elle exige que les pays ayant le
plus émis dans le passé entreprennent également les
principales réductions d'émissions à l'avenir, car
l'accumulation des gaz à effet de serre dans l'atmosphère
est principalement de leur responsabilité et la capacité
d'absorption de la nature est attribuée égalitairement à
tous les êtres humains, peu importe quand et où ils vivent[1].

Selon ces auteurs, les pollueurs sont donc des pays.
Mais est-ce une analyse appropriée ? Considérons les
possibilités suivantes.

a) *Les individus*. Tout d'abord, on pourrait observer
que les individus consomment de l'électricité pour le
chauffage, la cuisine, l'éclairage, les télévisions et les
ordinateurs et, bien sûr, ils consomment des combustibles
fossiles en conduisant des voitures et en prenant l'avion,
toutes ces activités étant responsables d'émissions de
dioxyde de carbone. En outre, le troisième rapport d'évaluation du GIEC indique dans ses prescriptions que les
individus doivent changer leurs modes de vie à forte inten-
sité énergétique[2]. Devrions-nous donc dire que les individus
devraient payer ? Dans l'affirmative, il semblerait qu'au
lieu d'affirmer simplement que chaque pays devrait payer
sa part, nous devrions idéalement, et en principe, défendre
que chaque individu devrait payer sa part.

b) *Les entreprises*. On pourrait peut-être faire valoir
que les principales causes des émissions de GES sont les
entreprises qui consomment de vastes quantités de
combustibles fossiles et/ou contribuent à la déforestation.

1. *Ibid.*
2. Voir F. L. Toth and M. Mwandosya, « Decision-Making
Frameworks », *op. cit.*, p. 637-638.

Si tel est le cas, on peut supposer que la responsabilité principale devrait leur incomber[1].

c) *Les États*. L'unité d'analyse pertinente est peut-être cependant l'État. Comme on l'a vu plus haut, c'est ce que supposent de nombreux experts sur le sujet. Comme ils pensent que les États devraient soit réduire les émissions de GES, soit consacrer des ressources pour couvrir les coûts de l'adaptation, ils doivent penser que les États sont la cause première du changement climatique global.

d) *Les institutions et régimes internationaux*. On pourrait peut-être encore faire valoir que les institutions supra-étatiques et la nature du droit international constituent un facteur pertinent. On pourrait par exemple penser, comme Thomas Pogge, que le « nationalisme explicatif » adopté par la position (c) est intenable, car il ne reconnaît pas à quel point nous faisons partie d'un ordre global interdépendant contribuant à causer des événements ne pouvant être simplement expliqués par des facteurs domestiques[2]. En s'appuyant sur ce qui précède, on pourrait soutenir que les causes de la pollution ne sont pas exactement des « pays » ou des « États », mais plutôt des institutions internationales ou le système international. Peut-être pourrait-on faire valoir que les systèmes internationaux existants (tels que l'Organisation mondiale du commerce (OMC) et le Fonds monétaire international (FMI)), en

---

1. Comme on l'a vu plus haut, Shue soutient que les pays industrialisés devraient payer. Cependant, il fait également référence aux actions des « propriétaires de nombreuses usines de charbon » (« Global Environment and International Inequality », art. cit., p. 535) – une explication de niveau (b).

2. Pour la discussion de Pogge sur le « nationalisme explicatif », voir son ouvrage *World Poverty and Human Rights : Cosmopolitan Responsibilities and Reforms*, Cambridge, Polity, 2002, p. 15, 139-144.

favorisant la croissance économique, encouragent les pays à s'engager dans la déforestation et dans l'utilisation intensive de combustibles fossiles, deux activités contribuant au changement climatique.

Faisons trois remarques avec cette typologie à l'esprit. La première est que la réponse probable à la question « qui est le pollueur ? » amènera à se référer à plusieurs types d'acteurs différents. L'objectif de la typologie ci-dessus n'est pas de suggérer que la réponse appropriée se situe à un seul niveau. Deuxièmement, nous devons observer que pour parvenir à la conclusion dominante (à savoir que certains *pays* devraient payer), nous devons montrer que les options (a), (b) et (d) ne tiennent pas. On pourrait par exemple soutenir, contre (d), que le droit et les régimes internationaux n'ont aucune autonomie, qu'ils sont simplement des créations des États et, en tant que tels, le niveau d'analyse pertinent est l'action des États. Ou l'on pourrait soutenir, contre (a) et (b), qu'il n'est pas possible de déterminer les émissions de GES de personnes ou d'entreprises considérées individuellement. Pour cette raison, nous devrions nous référer aux émissions de GES d'un pays comme étant la meilleure approximation disponible. On peut aussi rétorquer aux points (a) et (b) que les émissions de GES des individus ou des entreprises sont celles qui ont été autorisées par l'État concerné, de sorte que ce dernier devrait être tenu responsable. Mon but ici n'est pas d'examiner ces options, mais simplement de souligner que la seule façon de justifier la conclusion à laquelle sont parvenus Neumayer, Shue et d'autres est d'établir que l'unité d'analyse pertinente est l'État et que les autres options s'y rapportent. Bien sûr, une analyse empirique plus poussée peut révéler qu'il est tout simplement invraisemblable de soutenir que les États sont les entités appropriées et que nous avons besoin d'une analyse fine qui retrace les contributions des individus, des entreprises, des États et des acteurs internationaux, et qui attribue en conséquence des responsabilités à chacun d'entre eux.

Ces deux précisions étant faites, nous allons maintenant examiner certains des problèmes que rencontre l'approche par le pollueur-payeur pour répartir les charges du changement climatique.

LES GÉNÉRATIONS PASSÉES

L'un des problèmes liés au fait d'appliquer le PPP au changement climatique est qu'une grande partie de la détérioration du climat a été causée par les politiques des générations précédentes. Par exemple, il est largement reconnu qu'il y a eu des niveaux élevés d'émissions de dioxyde de carbone au cours des deux derniers siècles, depuis la Révolution industrielle en Europe de l'Ouest. Cela pose un problème simple, bien que difficile, pour le PPP : qui paie lorsque le pollueur n'est plus en vie ? La proposition faite par Neumayer et Shue, selon laquelle les économies des pays industrialisés devraient payer, semble à première vue injuste, car elle ne fait pas payer les véritables pollueurs. Leur conclusion n'est donc pas soutenue par le PPP : au contraire, elle viole le PPP.

Il s'agit d'une objection puissante, mais il existe au moins trois types de réponses à disposition d'un défenseur de l'application du PPP au changement climatique.

La position individualiste

Une première réponse est donnée à la fois par Shue et Neumayer. Tous deux soulèvent le problème des générations passées mais affirment que ce défi peut être relevé. Shue répond que les habitants actuels d'un pays ne sont pas

« complètement indépendants » des habitants les ayant précédés et qu'en tant que tels ils peuvent porter la responsabilité des actions de leurs ancêtres. Ils bénéficient notamment des avantages des politiques adoptées par les générations précédentes[1]. Comme il l'écrit, « les générations actuelles sont, et les générations futures seront probablement aussi, les bénéficiaires permanents de l'activité industrielle antérieure[2] ». Le même point est soulevé par Neumayer, qui écrit,

> Le contre-argument fondamental au fait de ne pas être tenu pour responsable des émissions des générations passées est que les pays actuellement développés acceptent volontiers les bénéfices des émissions passées sous forme de niveaux de vie élevés et ne devraient donc pas être exemptés de la responsabilité des effets secondaires préjudiciables des activités ayant rendu possible leur niveau de vie[3].

Désignons cette réponse sous le nom de principe du « bénéficiaire payeur » (PBP). En termes plus formels, ce principe veut que lorsque A a bénéficié d'une politique menée par d'autres, et que la poursuite de cette politique par d'autres a contribué à imposer des effets négatifs à des tiers, alors A a l'obligation de ne pas poursuivre cette politique elle-même (réduction) et/ou l'obligation de remédier aux effets négatifs subis par les tiers (adaptation).

Ainsi, si les habitants actuels des pays industrialisés ont bénéficié d'une politique de consommation de combustibles fossiles et que cette politique contribue à un

---

1. H. Shue, « Global Environment and International Inequality », art. cit., p. 536.

2. *Ibid.*; voir aussi p. 536-537.

3. E. Neumayer, « In Defence of Historical Accountability », art. cit., p. 189.

processus qui nuit à d'autres, ils n'ont pas le droit de consommer des combustibles fossiles dans la même mesure. Leur niveau de vie est plus élevé qu'il ne l'aurait été autrement et ils doivent en payer le prix[1].

Ce type de raisonnement a un certain attrait. Il convient toutefois de souligner deux éléments. Tout d'abord, le PBP n'est pas une révision de l'approche par le pollueur-payeur, mais un abandon de celle-ci. Il justifierait l'imposition d'un coût à une personne dont on ne peut, en aucune façon, dire qu'elle a causé une nuisance environnementale, mais qui bénéficie néanmoins de la politique qui a causé cette nuisance. Dans ce cas, cette personne n'est pas un pollueur mais un bénéficiaire. Ainsi, selon le PPP, elle ne devrait pas se voir attribuer un devoir de contribution pour compenser la nuisance environnementale ; par contraste, selon le PBP, elle devrait le faire. Ensuite, l'application du PBP dans ce cas est plus problématique qu'il n'y paraît de prime abord, en raison du « problème de la non-identité » présenté par Derek Parfit dans *Reasons and Persons*. Dans cet ouvrage fondamental, Parfit a attiré l'attention sur une caractéristique importante de notre devoir moral envers les générations futures. Parfit commence par affirmer que l'identité de la personne qui naît dépend du moment exact où ses parents se sont unis. Si les parents d'une personne s'étaient unis à un autre moment, alors, bien sûr, une personne différente serait née. Il s'ensuit que les politiques

---

1. Une position similaire est défendue par Axel Gosseries dans son article éclairant et intéressant, « Historical Emissions and Free-Riding », *Ethical Perspectives* 11, 1, 2004, p. 36-60 [version française abrégée : « Émissions historiques et free-riding », *Archives de philosophie du droit*, vol. 47, 2003, p. 301-331]. Je ne suis tombé sur cette contribution qu'après avoir terminé le présent article et j'espère pouvoir en parler plus longuement prochainement.

que les personnes adoptent à un moment donné ont une incidence sur l'identité des personnes qui naîtront à l'avenir. Supposons donc que nous construisions aujourd'hui des usines qui n'auraient pas d'effets nocifs immédiats mais qui libèreraient des fumées qui seraient toxiques dans 300 ans. Selon Parfit, les politiques adoptées aujourd'hui conduiraient alors à la naissance de personnes différentes de celles qui naîtraient si ces politiques n'étaient pas adoptées. Les membres des générations futures dont la vie serait menacée par les fumées toxiques, dans 300 ans, ne pourraient pas naître sans la construction de ces usines. Ils ne pourraient donc pas dire que cette politique a aggravé leur situation ou leur a causé du tort. Selon Parfit, une telle politique serait mauvaise, mais elle n'aggraverait pas la situation de qui que ce soit par rapport au scénario dans lequel cette politique ne serait pas adoptée[1].

Je pense qu'un argument similaire pourrait être avancé contre l'utilisation du PBP par les défenseurs du PPP[2]. Le PBP défend l'idée que les politiques d'industrialisation

---

1. D. Parfit, *Reasons and Persons, op. cit.*, chap. 16.

2. Cette affirmation de l'impossibilité de bénéficier aux personnes futures a également été faite par Thomas Schwartz. Dans un article pionnier publié en 1978, il a présenté un raisonnement semblable pour montrer que les politiques des générations actuelles ne profitent pas aux générations futures. L'argument de Schwartz est dirigé contre les politiques démographiques reposant sur l'idée qu'elles rendraient les personnes de demain mieux loties. Mais son argument va également à l'encontre des affirmations selon lesquelles les personnes actuelles sont mieux loties grâce à l'industrialisation (et donc qu'elles ont un devoir de payer pour les émissions de GES causées par cette industrialisation productrice de bénéfices). Voir T. Schwartz, « Obligations to Posterity », *in* R. I. Sikora et B. Barry (eds.), *Obligations to Future Generations*, Philadelphia, Temple University Press, 1978, p. 3-13. Je ne suis tombé sur l'article de Schwartz qu'au moment des révisions finales du présent article. C'est envers le travail de Parfit que j'ai ici une dette.

ont bénéficié aux personnes qui vivent actuellement. Mais de la même manière que, dans l'exemple qui précède, l'utilisation des ressources ne *nuirait* pas aux personnes futures, l'industrialisation passée n'a pas *amélioré* le niveau de vie des personnes qui vivent actuellement. Nous ne pouvons pas dire aux gens : « vous devriez supporter les charges du changement climatique parce que sans l'industrialisation, vous seriez bien plus mal lotis que vous ne l'êtes actuellement », car sans l'industrialisation, le « vous » auquel la phrase précédente fait référence n'existerait pas. L'industrialisation n'a pas apporté à ces personnes des avantages dont elles auraient pu se passer autrement[1]. Et comme elle ne l'a pas fait, nous ne pouvons

1. Il convient ici de noter une complication à mon argument. Dans une annexe à *Reasons and Persons*, Parfit envisage la possibilité que la création d'une personne puisse être considérée comme bénéfique pour celle-ci. Il ne défend pas cette possibilité, mais il la considère comme plausible. Dans cette mesure, il y a une asymétrie entre son traitement de la nuisance causée aux générations futures (on ne peut pas nuire aux personnes futures parce que les politiques dangereuses affectent l'identité des personnes qui naissent) et son traitement du bénéfice causé aux générations futures (on peut bénéficier aux personnes futures en les mettant au monde) – voir Parfit, supra note 7, annexe G (p. 487-490). Voir, en particulier, sa discussion de « l'exigence des deux états », selon lequel « nous ne bénéficions à quelqu'un que si nous lui permettons d'être mieux loti qu'il ne l'aurait été à ce moment-là » (p. 487 : voir plus loin p. 487-488). Je suis reconnaissant envers Edward Page pour avoir attiré mon attention sur cette asymétrie et pour nos discussions très utiles sur les questions analysées. Je ne chercherai pas à contester les arguments de Parfit selon lesquels le fait de faire naître des personnes peut leur être bénéfique (les arguments qu'il présente dans l'annexe G). Je défends cependant que pour soutenir le traitement différent des nuisances et des bénéfices futurs, Parfit doit faire face à la possibilité que le problème de la non-identité sape l'affirmation selon laquelle nous pouvons bénéficier aux personnes futures et doit également expliquer pourquoi ce ne serait pas correct. Sans un tel argument, le problème de la non-identité semblerait (comme je l'ai fait valoir dans le texte) saper le PBP. L'approche de

pas leur dire : « vous devriez payer pour ces avantages parce que votre niveau de vie est plus élevé qu'il ne l'aurait été »[1]. C'est pourquoi le PBP n'est pas en mesure de montrer pourquoi les membres des pays industrialisés devraient payer les coûts de l'industrialisation qui a été entreprise par les générations précédentes.

La position collectiviste

À la question « pourquoi les générations suivantes devraient payer pour les politiques d'industrialisation adoptées par leurs ancêtres ? », la première réponse donnée a été de nature individualiste. Une deuxième réponse possible à ce défi intergénérationnel repose sur une position collectiviste[2]. Cette approche soutient que le problème en question ne se pose que si nous nous concentrons sur les personnes individuelles. Si nous nous focalisons sur les individus, dans ce cas faire payer aux individus actuels la pollution causée par les générations passées revient en effet à faire payer quelqu'un d'autre que le pollueur.

Schwartz peut être contrastée avec celle de Parfit sur ce point, parce que, contrairement à Parfit, Schwartz affirme explicitement que l'on ne peut ni nuire ni bénéficier à des personnes futures : T. Schwartz, « Obligations to Posterity », art. cit., p. 3-4.

1. Nous pourrions bien sûr dire « vous devriez payer parce que vous êtes tellement mieux lotis que les autres », mais cela fait appel à un principe tout à fait différent qui sera abordé ci-dessous.

2. Une approche collectiviste est suggérée par Edward Page dans une discussion ingénieuse du problème de la non-identité de Parfit : voir E. Page, « Intergenerational Justice and Climate Change », *Political Studies* 47, 1, 1999, p. 53-66, p. 61-66 [trad. fr. dans le présent volume] (voir également J. Broome, *Counting the Cost of Global Warming*, Cambridge, The White Horse Press, 1992, p. 34-35). Page n'aborde cependant pas l'argument que je présente ici. Il utilise plutôt une approche collectiviste pour réfuter le problème de la non-identité de Parfit.

Supposons toutefois que nous nous focalisions sur des entités collectives comme une nation ou un État (ou une entreprise). Prenons un pays comme la Grande-Bretagne. Elle s'est industrialisée à la fin du XVIIIe et au XIXe siècles, contribuant ainsi à ce qui allait devenir le problème du réchauffement climatique. Si nous adoptons une approche collectiviste, nous pourrions dire que puisque la Grande-Bretagne (en tant que collectivité) a émis des quantités excessives de GES pendant une période donnée, alors elle peut, par exemple cent ans plus tard, être tenue de payer pour la pollution qu'elle a causée si elle ne l'a pas encore fait. Faire payer cette unité collective, *c'est* faire en sorte que le pollueur paie. Pour revenir à l'objection initiale, on pourrait donc dire que la prémisse de l'objection (à savoir que le pollueur n'est plus en vie) est incorrecte.

Avant d'évaluer cet argument, nous devons faire trois observations. Premièrement, bien que j'aie utilisé dans ce cas un exemple de nation en tant que collectivité, il n'y a aucune raison de supposer qu'on doive retenir cette forme. Supposons, par exemple, qu'il existe une entreprise établie de longue date. Nous pourrions défendre, dans une approche collectiviste, que si cette entité a émis des niveaux élevés de dioxyde de carbone dans le passé, elle devrait payer la facture maintenant. Les décideurs individuels de l'époque ne sont peut-être plus là depuis longtemps, mais l'entreprise persiste.

Deuxièmement, on pourrait observer que la réponse collectiviste est également pertinente pour la discussion précédente au sujet du PBP. Mon objection à l'utilisation de ce principe est que les actes qui ont conduit à un niveau de vie plus élevé (dans ce cas l'industrialisation) n'ont pas rendu le niveau de vie des personnes actuellement en vie plus élevé qu'il ne l'aurait été si l'industrialisation n'avait jamais eu lieu. La perspective collectiviste ajoute une dimension différente à cela car, comme Edward Page l'a relevé à juste titre, les identités des nations sont moins variables dans le temps que celles des individus. L'industrialisation peut avoir affecté l'identité des individus venus au monde : à cause d'elle, des personnes différentes sont nées par rapport à celles qui seraient nées si elle n'avait pas eu lieu. Et c'est pour cette raison qu'il est inexact de dire que les individus actuellement en vie ont un niveau de vie plus élevé que celui qu'ils auraient eu s'il n'y avait pas eu d'industrialisation. Cependant, les actes d'industrialisation n'ont (supposément) pas donné naissance à des pays différents de ceux qui auraient existé autrement[1]. Ainsi, pour en venir à l'objection au PBP : alors que nous ne pouvons pas dire que l'industrialisation a conféré des avantages (nets) aux individus actuellement existants dont ils seraient autrement privés, nous *pouvons* dire que l'industrialisation a conféré des avantages (nets) aux pays qui existent actuellement (tels que la Grande-Bretagne) dont ils seraient autrement privés. La réponse collectiviste nous permet donc de défendre le PBP contre mon objection inspirée par Parfit[2].

Troisièmement, nous pouvons observer que la réponse collectiviste est cohérente avec la manière récente d'argumenter de certains philosophes politiques. Par exemple, dans *Le droit des peuples*, John Rawls a donné

---

1. E. Page, « Intergenerational Justice and Climate Change », art. cit., p. 61-66.
2. Voir également la discussion de Schwartz sur cette position. Schwartz examine brièvement la position collectiviste décrite ici. Il la rejette au motif que ce qui compte, ce sont les avantages pour les individus ; les avantages pour les collectivités n'ont aucun poids moral : T. Schwartz, « Obligations to Posterity », art. cit., p. 6-7.

deux exemples qui font appel à un raisonnement similaire afin de réfuter une morale politique cosmopolitique. Dans un exemple, Rawls nous demande de comparer une société qui s'industrialise avec une société qui s'écarte de cette voie en choisissant un mode de vie plus pastoral. Dans son deuxième exemple, Rawls nous demande à nouveau de comparer deux sociétés. La première, en accordant aux femmes une plus grande autonomie en matière de reproduction, a une politique démographique plus contrôlée, avec moins d'enfants. En revanche, l'autre société ne poursuit pas ce genre de politique démographique. Rawls conclut que dans ces scénarios, les peuples autonomes (libéraux ou décents) devraient assumer la responsabilité de leurs politiques. Ainsi, pour prendre le premier exemple, Rawls est d'avis que la justice n'exige pas que la société riche et industrialisée aide la société pastorale plus pauvre[1]. Un raisonnement similaire est avancé par David Miller, qui affirme que les nations autonomes devraient être tenues responsables de leurs décisions[2].

Évaluons à présent cette réponse collectiviste au problème des générations passées. Elle est sujette à deux objections. Premièrement, il ne suffit pas d'attirer l'attention sur la possibilité d'affirmer une position collectiviste. Nous devons vérifier si nous avons des raisons de préférer une position collectiviste à une position individualiste. Pour justifier la perspective collectiviste, nous avons besoin

1. Voir J. Rawls, *The Law of Peoples with 'The Idea of Public Reason Revisited'*, Cambridge, Harvard University Press, 1999, p. 117-118. [trad. fr. B. Guillarme, *Paix et démocratie. Le droit des peuples et la raison publique*, Paris, La Découverte, 2006].

2. D. Miller, « Justice and Global Inequality », *in* A. Hurrell, N. Woods (eds.), *Inequality, Globalization, and World Politics*, Oxford, Oxford University Press, 1999, 193–196.

d'un argument qui puisse montrer quand et pourquoi il est exact de dire qu'un collectif a causé une nuisance environnementale et donc que ce collectif doit payer. En effet, nous avons besoin d'un argument expliquant pourquoi cette description est meilleure qu'une description plus individualiste (les individus a, b et c ont pollué, et donc les individus a, b et c doivent payer). Deuxièmement, une approche collectiviste est sujette à un problème troublant. Le problème fondamental en question est qu'il semble injuste de faire payer aux individus les coûts causés par les générations précédentes. En adoptant une approche collectiviste, ne sommes-nous pas injustes envers les individus qui n'ont pas pris ces décisions et qui pourraient même s'être violemment opposés à ces décisions? Ne peuvent-ils pas raisonnablement se plaindre qu'ils n'ont pas été consultés; qu'ils n'ont pas voté; qu'ils désapprouvent les politiques et, qu'ils ne devraient pas être tenus de payer pour des décisions prises par d'autres? « Normalement, pourraient-ils ajouter, les individus ne peuvent pas hériter des dettes de leurs parents ou grands-parents, alors pourquoi cela devrait-il être différent dans ce cas? ». Pour cette raison, une réponse collectiviste aux problèmes posés par les émissions excessives de GES des générations précédentes n'est pas une position très attrayante[1].

---

1. Voir également A. Gosseries, « Historical Emissions and Free-Riding », art. cit., p. 41-42. Pour une discussion intéressante sur la manière dont les approches collectivistes sont insuffisamment sensibles aux droits des individus, voir K.-C. Tan, *Justice Without Borders : Cosmopolitanism, Nationalism and Patriotism*, Cambridge, Cambridge University Press, 2004, p. 73-74. Plus généralement, voir S. Caney, « Global Equality of Opportunity and the Sovereignty of States », *in* T. Coates (ed.), *International Justice*, New York, Routledge, 2000, p. 142-143, pour une discussion du principe en question.

Une troisième réponse

Jusqu'à présent, nous avons examiné deux réponses à l'objection intergénérationnelle. La première défend l'idée que les personnes vivant actuellement dans les pays industrialisés ont bénéficié d'une croissance économique qui est source de pollution. La deuxième soutient que les acteurs causalement responsables sont des collectivités qui existent encore aujourd'hui (soit des entreprises, soit des pays ou des unités collectives telles que « le monde industrialisé »). Une troisième réponse serait de faire valoir que tous les coûts du changement climatique anthropique devraient être payés par les pollueurs existants. Elle suggère que les pollueurs actuels devraient payer les coûts de leur pollution et de celle des générations précédentes. Ainsi, les coûts de la réduction et de l'adaptation au changement climatique seraient pris en charge par les pollueurs (et non par des non-pollueurs). Mais cela semble injuste : ils paieraient plus que leur dû. L'intuition qui sous-tend le PPP (dont nous parlerons encore plus loin) est que les gens devraient payer pour la nuisance qu'*ils* (et non d'autres) ont causée. L'objectif du principe n'est pas de faire payer les gens pour une pollution qui n'est pas de leur fait. Ainsi, même si dans un certain sens cette troisième réponse fait payer les pollueurs (et non pas les non-pollueurs), elle ne garantit pas que les coûts de la pollution en question soient imputés aux bonnes personnes ; or, c'est ce qu'exige le PPP.

La première objection n'a pas remis en cause l'affirmation selon laquelle le pollueur devrait payer (à l'exception de la révision du principe proposée par Shue). Elle a plutôt montré que les partisans du PPP ne sont pas en droit de conclure que les membres actuels des États industrialisés devraient payer les coûts du réchauffement climatique. De plus, elle a montré de manière plus générale que le PPP ne peut pas désigner les agents devant payer les coûts du changement climatique causé par les générations passées. On peut toutefois directement remettre en question le PPP. Je voudrais à présent examiner plusieurs défis posés à ce principe fondamental.

IGNORANCE ET OBLIGATION

Un doute sur le PPP est qu'il est trop rudimentaire et ne permet pas de prendre suffisamment en compte les différents cas de figure dans son traitement des détenteurs de devoirs concernés. Et si quelqu'un ne savait pas que l'exercice d'une certaine activité (comme l'utilisation de combustibles fossiles) était nuisible ? Et supposons, en outre, qu'il n'y ait eu aucun moyen de savoir que cette activité était nuisible ? Dans une telle situation, l'ignorance est excusable et il semble extrêmement sévère de forcer quelqu'un à payer pour quelque chose qu'il n'aurait pas pu anticiper. Cela soulève un problème général pour le PPP, un problème qui concerne également notre sujet ici, car il est largement admis que de nombreux émetteurs de GES n'étaient pas conscients des effets de leurs activités sur l'atmosphère de la planète. En outre, leur ignorance n'était en rien coupable : ils n'étaient pas supposés savoir.

Cette objection s'applique de différentes manières aux approches individualistes et collectivistes examinées plus haut. À la version collectiviste, elle répond que bien que nous puissions prendre en compte les générations passées, dans la mesure où la consommation de combustible fossile est due aux actions passées d'une collectivité (comme la Grande-Bretagne), cette entité collective était, jusqu'aux deux ou trois dernières décennies précédentes, ignorante de manière excusable des effets de la consommation de combustibles fossiles. À la version individualiste, elle répond que même si l'on oublie les générations précédentes et que l'on se concentre simplement sur celles qui sont actuellement en vie, certaines personnes responsables de niveaux élevés d'émissions n'étaient (de manière excusable) pas conscientes de leurs effets. L'objection de l'ignorance excusable a de fait plus d'importance pour la version collectiviste que pour la version individualiste. Alors que la position individualiste doit expliquer comment nous traitons les GES émis par des personnes actuellement vivantes qui étaient ignorantes (de manière excusable) de leurs effets, la position collectiviste doit traiter des GES qui ont été émis à la fois par les membres passés et présents des collectivités qui étaient ignorants (de manière excusable) de leurs effets.

L'approche historique du changement climatique défendue par Neumayer est particulièrement vulnérable à cette objection. En effet, selon Neumayer, les générations actuelles d'un pays doivent payer dans tous les cas où une génération précédente de ce pays a émis plus que ce à quoi elle avait droit par habitant[1]. Mais comment les générations précédentes auraient-elles pu savoir ce à quoi elles avaient droit ? Ce type de justice rétrospective semble très injuste.

Examinons maintenant quelques réponses possibles à cette manière de raisonner. L'une des réponses est que nous savons depuis longtemps que la consommation de combustibles fossiles et la déforestation sont à l'origine du changement climatique global. C'est par exemple la réponse de Peter Singer, pour qui l'objection de l'ignorance excusable n'est pas applicable aux émissions postérieures

---

1. E. Neumayer, « In Defence of Historical Accountability », art. cit., p. 186.

à 1990[1]. Neumayer adopte la même approche, mais pour lui, la date limite pertinente est plutôt le milieu des années 1980[2].

Mais qu'en est-il des émissions élevées de GES qui ont eu lieu avant 1990 (ou avant le milieu des années 1980)? Cette première réponse ne prend pas en compte la pollution précédant 1990. Avant cette période, des personnes ont causé des émissions de dioxyde de carbone qui ont contribué au réchauffement de la planète et cette première réponse ne peut pas établir que les pollueurs d'avant 1990 doivent payer pour le réchauffement climatique. Elle n'attribue pas toutes les charges liées au réchauffement climatique. En tant que telle, elle devrait être complétée par une approche attribuant les charges du réchauffement climatique résultant des émissions de GES d'avant 1990.

Envisageons donc une deuxième réponse. Dans son article « Environnement global et inégalité internationale », Shue affirme qu'il n'est pas injuste de faire payer les coûts de la lutte contre le changement climatique à ceux qui ont émis des niveaux élevés de GES, même si à l'époque ils n'étaient pas conscients des effets de leurs activités. Il soutient que l'objection de l'ignorance confond la sanction pour une action avec le fait d'être tenu responsable d'une action. Il suggère qu'il serait en effet injuste de punir une personne pour des actes dont elle ne pouvait pas savoir qu'ils seraient nuisibles pour autrui. Cependant, il estime

1. P. Singer, *One World : The Ethics of Globalization* New Haven-London, Yale University Press, 2002, p. 34.

2. E. Neumayer, « In Defence of Historical Accountability », art. cit., p. 188. Shue fait également ce genre de réponse mais ne précise pas de date clé à partir de laquelle on ne peut plus prétendre à une ignorance excusable : H. Shue, « Global Environment and International Inequality », art. cit., p. 536.

qu'il n'est pas injuste de leur faire payer les coûts : après tout, ils ont causé le problème[1].

Ma réponse est que je ne vois pas clairement pourquoi nous devrions donner du poids à cette distinction. Si l'on ne doit pas punir les personnes ignorantes qui causent une nuisance, pourquoi est-il normal de leur imposer des charges financières ? De manière encore plus inquiétante, la proposition de Shue semble injuste à l'égard des potentiels détenteurs de devoirs. Comme Shue l'a lui-même relevé dans un autre contexte, nous pouvons faire une distinction entre le point de vue des détenteurs de droits et celui des détenteurs de devoirs[2]. La première approche examine les questions du point de vue des détenteurs de droits et vise à garantir que les personnes bénéficient d'une protection complète de leurs intérêts. La seconde approche examine les questions du point de vue des potentiels détenteurs de devoirs et vise à garantir que nous ne leur en demandions pas trop. En utilisant cette terminologie, je pense que l'on peut soutenir que faire payer des personnes ignorantes (de manière excusable) causant des nuisances revient à donner la priorité aux intérêts des bénéficiaires sur ceux des détenteurs de devoirs. Cette approche ne tient pas compte du fait que les présumés détenteurs de devoirs n'étaient

---

1. H. Shue, « Global Environment and International Inequality », art. cit., p. 535-536. Neumayer fait une réponse similaire mais différente, en faisant valoir que l'objection confond « blâme » et « responsabilité ». Il est injustifié de blâmer ceux qui n'auraient pas pu connaître les effets de leurs actions, mais ils n'en sont pas moins responsables : voir E. Neumayer, « In Defence of Historical Accountability », art. cit., p. 188, 189, n. 4.

2. H. Shue, *Basic Rights : Subsistence, Affluence, and U. S. Foreign Policy*, Princeton, Princeton University Press, 1996, p. 164-166.

pas censés savoir[1]. Elle met l'accent sur les intérêts des détenteurs de droits et, à ce titre, ne tient pas suffisamment compte de la perspective des détenteurs de devoirs[2].

Aucune des deux réponses n'infirme donc totalement l'objection selon laquelle un PPP sans réserve est injuste envers les personnes qui ont été de grands émetteurs de GES mais qui ignoraient de manière excusable les effets de leurs activités[3].

LES PLUS DÉMUNIS

Passons maintenant à une autre préoccupation concernant l'adoption d'une approche purement historique de la distribution des responsabilités environnementales. Le problème est simplement qu'une telle approche peut être injuste pour les personnes démunies. Prenons par exemple un pays qui a récemment causé beaucoup de pollution,

---

1. Une position similaire est défendue par Gosseries. Voir son traitement nuancé et convaincant de ce qu'il appelle « l'argument de l'ignorance » : « Historical Emissions and Free-Riding », art. cit., p. 39-41.

2. Cet accent est évident dans la discussion de Neumayer : voir, par exemple, « In Defence of Historical Accountability », art. cit., p. 188.

3. On peut relever une troisième réponse. On pourrait avancer que même s'il n'y avait pas de preuves irréfutables avant 1990/1985, il y avait des raisons de penser que les GES étaient à l'origine du changement climatique global. Et en s'appuyant sur ce constat, on pourrait faire valoir que les émetteurs d'avant 1990/1985 avaient le devoir d'agir en fonction du principe de précaution et auraient donc dû éviter les activités qui émettaient des niveaux élevés de GES. Comme ils n'ont pas adopté une telle approche de précaution, on pourrait faire valoir qu'ils devraient supporter une part proportionnelle des charges du changement climatique. L'argument n'est donc pas qu'ils savaient (réponse 1) ou qu'il importe peu qu'ils ne savaient pas (réponse 2) : c'est qu'ils auraient dû faire preuve de prudence, et vu qu'ils ne l'ont pas fait, ils sont coupables. La pertinence de cette réponse dépend du moment à partir duquel on pense que le principe de précaution devrait être adopté.

mais qui demeure pauvre. Comme il est frappé par la pauvreté, on pourrait dire qu'il ne devrait pas avoir à payer pour sa pollution. Dans ce genre de situation, le PPP semble injuste, car il exige trop des pauvres.

Ces préoccupations sont importantes, mais nous devons être prudents lorsque nous en tirons des conclusions. Cet argument n'établit pas que le PPP doive être abandonné. Il suggère plutôt (si nous acceptons l'affirmation selon laquelle les pays ne devraient pas être tenus de payer lorsqu'ils sont extrêmement pauvres) que nous devrions compléter le PPP par un principe supplémentaire (et concurrent) : les pauvres ne devraient pas payer. En d'autres termes, on peut adopter une réponse pluraliste. Pour étayer cette conclusion, envisageons le scénario suivant. Supposons qu'un pays pauvre cause une pollution considérable. En nous appuyant sur l'argument précédent, nous pourrions penser que les pollueurs de ce pays ne devraient pas payer. Mais supposons ensuite qu'ils deviennent soudainement très riches (et, pour simplifier, qu'ils le deviennent pour des raisons absolument sans rapport avec leur pollution). Puisqu'ils peuvent désormais se permettre de payer les coûts de leur pollution, nous pensons certainement qu'ils devraient payer et que le PPP devrait maintenant être appliqué car il peut, en toute équité, être exigé des pollueurs. Compte tenu de leur nouvelle richesse, ils devraient compenser les nuisances environnementales qu'ils ont causées. Le point essentiel ici est que l'argument de la pauvreté ne signifie pas qu'il faille abandonner l'approche par le pollueur-payeur. Il implique plutôt que nous devrions rejeter une approche moniste, ou puriste, qui prétend que la responsabilité de la réparation des nuisances environne-mentales ne devrait être attribuée qu'à ceux qui les ont causées, et il soutient que le PPP devrait être complété par d'autres principes.

Un autre point mérite d'être souligné ici, à savoir que l'objection en question suggère qu'une approche adéquate des responsabilités environnementales des personnes ne peut pas être isolée de la compréhension des droits et devoirs « économiques » de ces personnes. Elle illustre en effet la nécessité de ne pas adopter une approche atomiste qui sépare la construction d'une théorie de la justice environnementale de celle d'autres théories de la justice, notamment de la justice économique[1].

LA DÉFENSE ÉGALITARISTE

Passons maintenant à la logique qui est souvent proposée en faveur de l'adoption d'une approche par le PPP pour traiter des aspects intergénérationnels du changement climatique global. Ceux qui préconisent une approche historique pour répartir les responsabilités en matière de lutte contre le changement climatique invoquent souvent des principes égalitaristes de justice pour défendre leur position. Shue, par exemple, soutient que les membres vivants des pays industrialisés devraient supporter les charges du changement climatique pour la raison suivante :

> Lorsqu'une [...] inégalité a été créée de manière unilatérale par quelqu'un qui impose des coûts à d'autres personnes, nous sommes en droit de remédier à cette inégalité en imposant des charges supplémentaires à la personne qui est à l'origine de l'inégalité. Il y a ici deux arguments distincts. Premièrement, nous pouvons attribuer de manière justifiée des charges supplémentaires à la partie qui nous a imposé des coûts. Deuxièmement, le niveau minimal de la charge compensatoire que nous sommes

---

1. Pour une discussion plus approfondie de ce point méthodologique, voir S. Caney, « Global Distributive Justice and the Environment », art. cit.

en droit d'attribuer doit être suffisant pour corriger l'inégalité précédemment imposée de manière unilatérale. Le but de la charge supplémentaire est de rétablir une égalité qui a été perturbée unilatéralement et arbitrairement (ou de réduire une inégalité qui a été aggravée unilatéralement et arbitrairement)[1].

Dans le même ordre d'idée, Neumayer affirme que « la responsabilité historique est soutenue par le principe de l'égalité des chances »[2]. Et Anil Agarwal, Sunita Narain et Anju Sharma font une remarque similaire :

[C]ertaines personnes ont utilisé plus qu'une part équitable de cette ressource globale, et d'autres, moins. En raison de leur propre histoire d'industrialisation et de leurs modes de vie actuels qui impliquent des niveaux très élevés d'émissions de GES, les pays industrialisés ont plus qu'épuisé leur part de la capacité d'absorption de l'atmosphère. À cet égard, le problème du réchauffement climatique est leur création, il est donc normal qu'ils assument la responsabilité initiale de la réduction des émissions tout en permettant aux pays en développement d'atteindre au moins un niveau de développement de base[3].

Que penser de ces raisonnements similaires ? Je voudrais faire deux remarques en guise de réponse. Premièrement, l'argument égalitariste ne peut fonctionner que si nous

1. H. Shue, « Global Environment and International Inequality », art. cit., p. 533-534.
2. E. Neumayer, « In Defence of Historical Accountability », art. cit., p. 188.
3. A. Agarwal, S. Narain et A. Sharma, « The Global Commons and Environmental Justice – Climate Change », *in* J. Byrne, L. Glover, C. Martinez (eds.), *Environmental Justice : International Discourses in Political Economy*, London-New York, Routledge, 2002, p. 173.

adoptons une approche collectiviste, par opposition à une approche individualiste ; deuxièmement, une approche collectiviste est, dans ce cas, peu plausible. Examinons le premier point. L'argument égalitariste soutient que des pays comme les États-Unis et la Grande-Bretagne devraient payer pour les émissions excessives de leurs ancêtres. L'idée est donc que puisque les États-Unis, par exemple, ont utilisé plus que leur part « équitable » à une époque antérieure, ils doivent en utiliser moins maintenant pour égaliser les choses. Mais il s'agit là bien entendu d'une approche collectiviste. Elle prétend que puisqu'une entité collective, les États-Unis, a émis plus que sa part équitable, cette même entité collective devrait émettre moins pour compenser. L'argument égalitariste fonctionne donc si nous traitons les communautés comme les unités d'analyse pertinentes. Il ne fonctionne pas, en revanche, si nous nous concentrons sur les droits des individus. Pour s'en rendre compte, imaginons deux pays dont les niveaux de vie sont aujourd'hui identiques. Imaginons maintenant que l'un d'eux, mais pas l'autre, ait émis des quantités excessives de GES dans le passé. Il est donc proposé que les membres de ce pays contribuent davantage à la lutte contre le changement climatique global que les membres de l'autre pays, en raison de la pollution qui a eu lieu dans le passé. Le premier point à noter est qu'une telle politique ne découle pas d'un engagement en faveur de l'égalité des chances. Il est peut-être vrai que certaines personnes dans le passé auront eu plus d'opportunités que certaines personnes actuellement en vie, mais cela ne peut tout simplement pas être modifié : le fait de donner moins de possibilités à leurs descendants n'y changera rien. Faire payer à leurs descendants les émissions des générations précédentes constituera en fait une violation de l'égalité, car ces individus auront moins d'opportunités que leurs contemporains dans d'autres pays. Ainsi, si nous prenons une position individualiste, il serait erroné d'accorder à certains individus (ceux du pays A) moins de possibilités qu'à d'autres (ceux du pays B) simplement parce que les personnes qui vivaient auparavant dans le pays A émettaient des niveaux plus élevés de GES.

Quelle position devrions-nous adopter ? Une position collectiviste ou individualiste ? Cela m'amène à mon deuxième point. Je pense que nous devrions favoriser la position individualiste. Pour voir pourquoi, prenons l'exemple de deux familles ayant chacune un fils. Supposons qu'il y a plusieurs générations, une des familles (la famille A) ait envoyé son enfant dans une école publique prestigieuse et distinguée (par exemple, Eton College) et que la famille B ait envoyé son fils dans une école tout à fait ordinaire. Dans une approche individualiste, le fait que l'arrière-arrière-arrière-grand-père d'une personne ait bénéficié de plus que sa juste part d'opportunités ne nous donne aucune raison d'attribuer à cette personne moins d'opportunités qu'aux autres. Cependant, la position collectiviste prétend que nous devrions pénaliser le descendant. Elle doit dire que puisqu'une *famille* a bénéficié de plus que sa juste part d'opportunités en termes d'éducation dans le passé, il faut y remédier maintenant en lui donnant (ou plutôt, en donnant à l'un de ses membres actuels) moins d'opportunités qu'aux autres. Mais cela semble tout simplement étrange et injuste.

En bref, l'argument égalitariste pour attribuer des responsabilités aux membres actuels des pays industrialisés est donc infructueux : il ne pourrait fonctionner que si nous adoptions une méthode collectiviste que je considère comme injuste.

INCOMPLÉTUDE

Passons maintenant à deux autres limites générales du PPP (limites qui concernent également son application au changement climatique global). Le premier élément à souligner ici est que ce principe est incomplet, car il doit s'appuyer sur une théorie générale de la justice et, en particulier, sur une conception des droits des personnes. Pour s'en rendre compte, il convient d'observer que le PPP soutient que si une personne a abusé de ses droits, elle doit alors payer. Compte tenu de cela, affirmer qu'une personne doit payer nécessite d'avoir une idée de ce à quoi elle a droit. En outre, pour déterminer le montant qu'elle doit payer, il faut également un compte rendu précis de ses droits, car nous devons savoir dans quelle mesure elle a dépassé son quota. Ce dont nous avons vraiment besoin, c'est donc d'une théorie établissant à quelle condition et dans quelle mesure les personnes ont des droits d'émettre des GES. N'existe-t-il pas de droit d'émettre ? Ou existe-t-il un droit d'émettre une certaine quantité fixe ? En bref, le PPP doit être énoncé dans le cadre d'une théorie générale de la justice ; à lui seul, il est incomplet[1].

---

1. Mon argument ici est analogue à la discussion de Rawls sur les « attentes légitimes ». Rawls affirme que nous ne pouvons pas définir les droits des personnes (leurs attentes légitimes) tant que nous n'avons pas identifié un principe de distribution valable et déterminé quel cadre social et politique répondrait le mieux à cet idéal : ce n'est que lorsque nous aurons ce dernier que nous pourrons déterminer ce à quoi les personnes individuelles ont droit. Dans le même esprit, mon argument est que nous ne pouvons pas définir les responsabilités des personnes tant que nous n'avons pas identifié un principe de répartition valable et expliqué quel cadre social et politique réalise cet idéal. Voir J. Rawls, *A Theory of Justice, op. cit.*, p. 88-89, 273-277.

Il convient de noter ici que la terminologie utilisée par Shue, Neumayer et Agarwal, Narain et Sharma illustre le point en question. Shue soutient par exemple que ceux qui ont « tiré un avantage *injuste* d'autres personnes en leur imposant des coûts sans leur consentement » (je souligne) devraient supporter les charges du changement climatique : son approche présuppose donc une définition de la part « juste » revenant aux gens[1]. L'analyse de Neumayer est quant à elle fondée sur l'hypothèse que chaque personne a le droit à une part égale des émissions de dioxyde de carbone. Il maintient que les agents qui ont dépassé ce quota ont donc la responsabilité de payer davantage plus tard[2].

Ce dernier point ne constitue pas une objection au PPP ; il indique simplement que le PPP doit être complété.

NON-RESPECT DES OBLIGATIONS

On peut se poser une dernière question au sujet du PPP (et de son application au changement climatique global). Ce principe est également incomplet dans un autre sens. Il attribue des responsabilités primaires, dans le sens où le pollueur est le premier à devoir supporter les charges. Cependant, les principaux responsables ne remplissent souvent pas leurs obligations. Dans de telles circonstances, il se peut même que nous ne sachions pas qui sont les agents qui ne respectent pas leurs obligations. En outre, même si nous savons qui ils sont, il se peut que nous ne soyons pas en mesure de les obliger à respecter leurs obligations. D'où la question : que faut-il faire, le cas

---

1. H. Shue, « Global Environment and International Inequality », art. cit., p. 534.

2. E. Neumayer, « In Defence of Historical Accountability », art. cit.

échéant, si les principaux responsables ne remplissent pas leurs obligations ? Une option pourrait être de laisser les obligations non remplies. Mais dans le cas du changement climatique global, ce serait imprudent. Au vu des ravages qu'il cause dans la vie des gens, nous ne pouvons pas accepter une situation qui a des effets si graves et étendus sur les personnes vulnérables à travers le monde. À la lumière de ce qui précède, nous avons des raisons d'accepter une deuxième option, dans laquelle nous désignons des détenteurs de devoirs « secondaires ». Et le problème est que le PPP n'est tout simplement pas en mesure de nous fournir des indications à ce sujet. Puisqu'il dit seulement que les pollueurs doivent payer, il ne peut pas nous dire qui devraient être les responsables secondaires lorsque nous ne sommes pas en mesure de faire payer les pollueurs. Dans ce sens, il est également incomplet[1].

Résumons. J'ai défendu que l'approche par le PPP appliquée au changement climatique est inadéquate pour un certain nombre de raisons. Elle ne peut pas prendre en compte trois types de GES, à savoir les GES qui ont été causés par :

(i) les générations précédentes (*qui ne peuvent pas payer*) ;

(ii) ceux qui sont ignorants de manière excusable (*dont on ne devrait pas exiger qu'ils paient*) ; et

(iii) ceux qui ne respectent pas leur devoir de ne pas émettre des quantités excessives de GES (*qui ne paieront pas*).

En outre, l'argument égalitariste en faveur de l'application historique du PPP ne fonctionne pas. Enfin,

---

1. La terminologie des détenteurs de devoirs « primaires » et « secondaires » provient de H. Shue, *Basic Rights, op. cit.*, p. 59 (voir également p. 57 et p. 171 pour une discussion pertinente).

nous avons vu que l'approche historique est incomplète à deux égards : elle ne dit rien sur ce qu'il faudrait faire lorsque les gens ne remplissent pas leur devoir et elle doit être intégrée dans une théorie générale de la justice.

Deux derniers points méritent d'être soulignés. Premièrement, il est intéressant de revenir sur les aspects méthodologiques préliminaires introduits dans la section 1, en particulier sur le point selon lequel une théorie de la justice environnementale globale doit être en mesure d'aborder les dimensions intergénérationnelles des problèmes environnementaux globaux. Le résultat de la première objection au PPP (l'objection des générations passées) est que le PPP ne peut pas être facilement appliqué dans un contexte intergénérationnel. Pour approfondir : il est beaucoup plus facile d'insister sur le fait que le pollueur doit payer lorsqu'une seule génération est concernée, au sein de laquelle le pollueur et les personnes touchées par la pollution sont contemporains. Mais comme le souligne l'objection des générations passées, le PPP devient inapplicable lorsque la pollution est le fait de personnes qui ne vivent plus.

Deuxièmement, bien que j'aie soutenu plus haut que l'approche par le pollueur-payeur soit incomplète et incapable de prendre en compte différents types d'activités qui contribuent au changement climatique, cela n'implique pas, bien sûr, qu'il faille la rejeter entièrement. En premier lieu, elle s'applique correctement à de nombreux acteurs qui émettent actuellement des quantités excessives de GES, ou qui en ont émis à un moment donné depuis 1990. Ainsi, même si elle ne devrait pas s'appliquer au passé lointain, elle peut s'appliquer au présent et au passé récent. En outre, même si nous rejetons son application au passé, nous pouvons toujours l'utiliser pour l'avenir. En d'autres termes, nous pouvons informer les gens de leur quota et créer des institutions qui garantissent que si les personnes dépassent cette limite, elles doivent alors compenser ce dépassement.

JUSTICE ET DROITS

Après avoir défendu qu'une approche reposant exclusivement sur le PPP est limitée à plusieurs égards, nous devons nous demander comment la compléter. Comment distribuer les charges du changement climatique ?

Dans cette section, je souhaite présenter une autre façon de penser la justice globale et le changement climatique, une approche qui évite les faiblesses d'une approche reposant uniquement sur le PPP. L'argument commence par l'hypothèse suivante :

(P1) Une personne a un droit à X lorsque X est un intérêt fondamental qui a suffisamment de poids pour générer des obligations chez les autres.

Cette affirmation s'appuie sur l'influente théorie des droits de Joseph Raz. Et elle la suit en affirmant que le rôle des droits est de protéger des intérêts auxquels nous tenons beaucoup[1].

L'étape suivante de l'argumentation soutient que :

(P2) Les personnes ont un intérêt fondamental à ne pas souffrir :
    (a) de la sécheresse et de mauvaises récoltes ;
    (b) des vagues de chaleur ;
    (c) de maladies infectieuses (telles que la malaria, le choléra et la dengue) ;

---

1. J. Raz, *The Morality of Freedom*, Oxford, Oxford University Press, 1986, chap. 7.

(d) des inondations et de la destruction des habitations et des infrastructures ;

(e) de la relocalisation forcée ; et

(f) des changements rapides, imprévisibles et dramatiques de leur monde naturel, social et économique.

Pourtant, comme le souligne le Troisième rapport d'évaluation du GIEC, tous les effets néfastes énumérés dans (P2) seront engendrés par le changement climatique. Les augmentations de température prévues vont probablement entraîner des sécheresses et des mauvaises récoltes. Elles entraîneront aussi directement une augmentation du nombre de décès par coup de chaleur. En outre, avec l'augmentation des températures, on prévoit une augmentation de la propagation de la malaria, du choléra et de la dengue. On prévoit également que l'augmentation des températures fera fondre les formations de glace et contribuera ainsi à une élévation du niveau de la mer qui menacera les établissements côtiers et les pays plats et proches du niveau de la mer comme le Bangladesh. En plus de la simple destruction de bâtiments, de maisons et d'infrastructures, un effet connu du changement climatique sera de forcer certains habitants de petits États insulaires et d'établissements côtiers à se relocaliser. Enfin, il convient de noter que le GIEC soutient que le changement climatique global n'est pas simplement une question de *réchauffement* climatique : il entraînera de nombreux phénomènes météorologiques imprévisibles. Cela met en péril un intérêt vital à la stabilité et à la capacité de réaliser des plans à moyen et long terme[1].

1. Pour un compte-rendu complet des effets du changement climatique et un appui empirique à l'affirmation selon laquelle le changement climatique est à l'origine des phénomènes (a) à (f), voir McCarthy *et al.*,

Il s'ensuit qu'il existe de solides arguments en faveur de l'affirmation selon laquelle :

(C) Les personnes ont le droit de ne pas souffrir des désavantages causés par le changement climatique global.

Cet argument ne repose pas nécessairement sur l'hypothèse selon laquelle le changement climatique est induit par l'homme (contrairement à l'approche par le pollueur-payeur). Il insiste sur la protection des intérêts primordiaux des personnes et ne s'intéresse pas, en soi, aux causes du changement climatique. Supposons que le changement climatique ne soit pas d'origine humaine : cet argument soutiendrait toujours qu'il existe un droit humain à ne pas souffrir du changement climatique global tant que les humains peuvent faire quelque chose pour protéger les personnes de ses effets néfastes et tant que les devoirs que cela engendre ne sont pas excessivement contraignants. Les devoirs qui découlent de ce droit ne pourraient bien sûr pas être des devoirs liés à la réduction, mais ils pourraient être liés à l'adaptation[1].

Climate Change 2001, *op. cit.* Par exemple, le chapitre 9 sur la santé humaine fournit des données sur les liens entre le changement climatique et la sécheresse (a), les coups de chaleur (b) et la malaria, la dengue et le choléra (c). Les chapitres 6 et 17 expliquent en détail la manière dont le changement climatique menace les zones côtières et les petits États insulaires ((d), (e) et (f)).

1. L'argument esquissé ci-dessus pourrait être généralisé pour traiter d'autres coûts environnementaux. Pour une excellente analyse du droit humain à ne pas souffrir de diverses nuisances environnementales, des motifs qui soutiennent ce droit et des devoirs qui en découlent, voir J. Nickel, « The Human Right to a Safe Environment : Philosophical Perspectives on its Scope and Justification », *Yale Journal of International Law* 18, 1, 1993, p. 281-295. Nickel ne traite pas du changement climatique.

Avec cette approche à l'esprit, nous sommes confrontés à deux questions : qui a le devoir de supporter les charges liées à la lutte contre le changement climatique global ? ; et quels sont les droits des personnes en termes d'émission de GES ? Examinons la première question. Sur la base de ce qui a été dit jusqu'à présent, je voudrais proposer quatre différents types de devoirs :

(D1) Chacun est soumis au devoir de ne pas émettre de gaz à effet de serre au-delà de son quota.

(D2) Ceux qui dépassent leur quota (et/ou l'ont dépassé depuis 1990) ont un devoir de compensation envers autrui – par des mesures de réduction ou d'adaptation (version révisée du principe du pollueur-payeur).

Mais qu'en est-il des émissions de GES provenant (i) des générations précédentes ; (ii) de l'ignorance excusable ; et (iii) des pollueurs qui ne peuvent pas être forcés à payer ? Il s'agit, rappelons-le, des types d'émissions de GES qui ne pourraient pas être traités de manière adéquate par une approche reposant exclusivement sur le PPP. Je suggère ici que nous acceptions le devoir suivant :

(D3) Compte tenu des points (i), (ii) et (iii), les plus favorisés ont le devoir soit de réduire leurs émissions de gaz à effet de serre en proportion de la nuisance résultant des points (i), (ii), et (iii) (réduction), soit de remédier aux effets néfastes du changement climatique résultant de (i), (ii), et (iii) (adaptation) (principe de la capacité à payer).

Ces trois premiers principes sont toutefois inadéquats. Car il faut aussi accepter que :

(D4) Compte tenu du point (iii), les plus favorisés ont le devoir de développer des institutions qui découragent tout non-respect des obligations dans le futur (principe de la capacité à payer)[1].

Nous ne devons pas considérer la pollution comme un fait acquis et agir ensuite de manière réactive : nous devons plutôt être proactifs et prendre des mesures pour minimiser la probabilité d'une pollution excessive. C'est pourquoi nous devrions accepter (D4). Appelons cela l'« approche hybride »[2].

L'élément essentiel de cette approche est qu'elle reconnaît que l'approche par le pollueur-payeur doit être complétée et elle le fait en attribuant des devoirs aux plus favorisés (une approche par la capacité à payer). Les plus favorisés peuvent remplir les rôles qui leur sont attribués et, en outre, il est raisonnable de leur demander à eux (plutôt qu'aux nécessiteux) d'assumer cette charge, puisqu'ils peuvent le faire plus facilement. Il est vrai qu'ils n'ont peut-être pas causé le problème, mais cela ne signifie

---

1. Pour un éclairage sur le développement d'*institutions* équitables, voir H. Shue, *Basic Rights*, *op. cit.*, p. 17, 59-60, 159-161, 164-166, 168-169, 173-180, et C. Jones, *Global Justice : Defending Cosmopolitanism*, Oxford, Oxford University Press, 1999, p. 66-72, en particulier p. 68-69.

2. Pour une discussion générale sur les différents types de devoirs générés par les droits humains, voir S. Caney, « Global Poverty and Human Rights : The Case for Positive Duties », *in* T. Pogge (ed.), *Freedom from Poverty as a Human Right : Who Owes What to the Very Poor ?*, Oxford, Oxford Universtiy Press, 2006, p. 275-302. Pour une position similaire à l'approche hybride, voir la discussion brève mais perspicace de Darrel Moellendorf dans *Cosmopolitan Justice*, New York, Routledge, 2002, p. 97-100. Comme l'approche hybride, la position de Moellendorf associe une approche par le « pollueur-payeur » à une approche par la « capacité à payer ». Il y a cependant plusieurs différences importantes : (i) le point de vue de Moellendorf ne tient pas compte de l'ignorance excusable ; (ii) il n'aborde pas la question de savoir quoi faire si les gens ne respectent pas leur devoir de ne pas émettre des GES en excès ; et (iii) il ne propose pas de principe similaire à (D4).

pas qu'ils n'ont pas le devoir d'aider à le résoudre.
L'exemple bien connu de Peter Singer d'un enfant qui se
noie dans un étang peu profond met bien ce point en
évidence[1]. Supposons que l'on rencontre un enfant dans
une telle situation. Le fait que l'on n'ait pas poussé l'enfant
dans l'étang ne signifie évidemment pas que l'on n'ait pas
le devoir de l'aider.

Il convient de noter que cette approche des devoirs
individuels est incomplète, car il convient encore de
déterminer ce qui constitue un quota équitable. Comme
nous l'avons vu plus haut, ce n'est qu'en référence à un
tel quota que nous pouvons définir ce qui constitue des
niveaux *inéquitables* de GES. Il n'est pas possible, faute
de place, de répondre à la question « qu'est-ce qu'un quota
équitable? », mais je voudrais suggérer que toute réponse
crédible à cette question doit s'inspirer de l'approche
fondée sur les intérêts présentée ci-dessus. En d'autres
termes, pour déterminer les niveaux d'émissions appropriés,
il faut trouver un équilibre entre, d'une part, les intérêts
des personnes à effectuer des activités émettrices de GES,
et, d'autre part, les intérêts individuels à ne pas subir les
nuisances énumérées dans (P2). Nous devons également
utiliser un principe de distribution. J'ai soutenu ailleurs
que nous avons de bonnes raisons de donner la priorité
aux intérêts des pauvres du monde[2]. C'est pourquoi je
suggère ici que les personnes globalement les plus démunies
ont un droit d'émettre des quantités de GES plus élevées
que les personnes globalement les plus favorisées. Comme

1. P. Singer, « Famine, Affluence, and Morality », *Philosophy &
Public Affairs* 1, 3, 1972, p. 229-243. Je suis reconnaissant à Kok-Chor
Tan pour ses conseils sur la manière de faire ressortir l'attrait normatif
de (D3) et (D4).

2. Caney, *Justice Beyond Border, op. cit.*, chap. 4.

Shue le soutient lui-même, il est injuste d'exiger des démunis qu'ils supportent les charges[1]. Ainsi, mon approche impliquerait que les charges liées à la lutte contre le changement climatique devraient incomber principalement aux riches du monde, c'est-à-dire aux personnes aisées (et non aux pays) dans le monde[2].

Ainsi, les points (D1) à (D4) peuvent, dans la pratique, désigner comme détenteurs appropriés de devoirs de lutter contre le changement climatique global un grand nombre

1. Dans « Environnement global et inégalité internationale », Shue défend non seulement le principe du « pollueur-payeur », mais également un principe de « capacité à payer » (art. cit., p. 537-540). En outre, il défend qu'il devrait y avoir un seuil « minimum garanti » en dessous duquel les gens ne devraient pas tomber, et donc que les très pauvres ne devraient pas payer (*ibid.*, p. 540-544). Selon Shue, les trois principes aboutissent à la même conclusion, à savoir que les pays riches ont la responsabilité de supporter les charges de la lutte contre le changement climatique (*ibid.*, p. 545). Pour des discussions plus approfondies où Shue a défendu que les riches devraient supporter les coûts de réduction et d'adaptation au changement climatique et que les pauvres devraient se voir confier des devoirs moins exigeants, voir « After You », art. cit., « Avoidable Necessity », art. cit., p. 250-257, et « Subsistence Emissions and Luxury Emissions », art. cit., en particulier p. 42-43.

2. Un principe communément suggéré est que toutes les personnes ont un droit égal par tête d'émettre du dioxyde de carbone : voir R. Attfield, *Environmental Ethics*, Cambridge, Polity, 2003, p. 179-80 ; P. Baer *et al.*, « Equity and Greenhouse Gas Responsibility », *Science* 289, 2000, p. 2287 ; T. Athanasiou et P. Baer, *Dead Heat : Global Justice and Global Warming*, New York, Seven Stories Press, 2002, notamment p. 76-97 ; Neumayer, « In Defence of Historical Accountability », art. cit., p. 185-92 ; et S. Bode, « Equal Emissions Per Capita over Time – A Proposal to Combine *Responsibility* and *Equity of Rights* for Post-2012 GHG Emission Entitlement Allocation », *European Environment* 14, 2004, p. 300-316. Pour la raison indiquée dans le texte, il semble toutefois selon moi que ce principe serait injuste envers les pauvres (voir également H. Shue « Avoidable Necessity », art. cit., p. 250-252, et S. M. Gardiner, « Ethics and Global Climate Change », *Ethics* 114, 3, 2004, p. 555-600, p. 584-585).

de personnes déjà identifiées à cette fin par l'approche par le pollueur-payeur. On pourrait dire, de manière générale, que le contraste entre mon approche hybride et l'approche historique est que cette dernière est diachronique (elle s'intéresse aux actions dans le temps et à ceux qui ont causé le problème), alors que la mienne a un élément diachronique mais est également synchronique (elle s'intéresse à ce que les gens ont maintenant et à ceux qui peuvent supporter le sacrifice). Il est également important de noter que les points (D1) à (D4) cibleront des personnes différentes selon une approche reposant exclusivement sur le PPP dans un certain nombre de situations. Les deux approches identifient les mêmes responsables uniquement dans les cas où (i) tous ceux qui se sont engagés dans des activités qui causent le changement climatique global sont riches et (ii) tous ceux qui sont riches se sont engagés dans des activités qui causent le changement climatique global. Mais ces deux conditions peuvent très bien ne pas s'appliquer. Considérons deux scénarios. Dans le premier, une unité émet des niveaux élevés de GES, mais elle est pauvre et n'est pas en mesure de contribuer de manière significative à la prise en charge des coûts du changement climatique. Dans un tel cas, le PPP lui imposerait des devoirs que mon approche hybride refuserait de lui imposer. Considérons maintenant le deuxième scénario : une unité se développe de manière propre et devient riche. Si nous adoptons une approche reposant uniquement sur le PPP, cette unité n'aurait pas de devoir de supporter les coûts du changement climatique global ; selon l'approche hybride, elle aurait un tel devoir[1]. L'approche hybride et l'approche

1. Notez que même si (i) et (ii) étaient maintenus et que le PPP et l'approche hybride identifiaient les mêmes personnes comme détenteurs de devoirs, ces principes pourraient bien formuler des exigences différentes

par le pollueur-payeur diffèrent donc tant sur le plan théorique que pratique.

Jusqu'à présent, j'ai introduit l'approche hybride et montré comment elle remédie aux défauts de l'approche par le pollueur-payeur. Certains pourraient toutefois s'opposer à (D1)-(D4), et pour renforcer encore l'approche hybride, je souhaite répondre à une objection qui concerne particulièrement (D3). Selon cette objection, le devoir (D3) est injuste car il exige que ceux qui sont favorisés doivent compenser les échecs de ceux qui n'ont pas respecté leurs devoirs, même s'ils se sont conformés aux exigences de (D1) et de (D2). N'est-ce pas injuste ? Pourquoi devrait-on demander à ceux qui ont été vertueux de faire encore plus (comme (D3) l'exigerait) en raison du fait que certains n'ont pas rempli leurs obligations ?

Plusieurs commentaires peuvent être faits en réponse. Tout d'abord, il convient de souligner que l'approche hybride cherche explicitement à répondre à cette préoccupation en insistant, en (D4), sur le fait que les institutions doivent être conçues de manière à décourager le non-respect des obligations. Elle vise donc à réduire au minimum l'imposition d'exigences supplémentaires à certaines personnes, en raison du non-respect par d'autres de leurs propres obligations. Deuxièmement, nous pourrions demander à l'objecteur quelles sont les alternatives à la

---

à l'égard de différentes personnes. Ils ne convergeraient exactement que si (i) et (ii) étaient maintenus et si, en outre, il y avait (iii) une corrélation positive parfaite entre la quantité de GES émise par les personnes d'une part, et la quantité de richesses qu'elles possédaient, d'autre part. Étant donné que le PPP répartit les devoirs en fonction de la quantité de GES émise par les personnes et que l'approche hybride répartit les devoirs en partie en fonction de la quantité de richesse des personnes, (iii) est nécessaire pour produire une convergence totale dans leur attribution des devoirs.

demande faite aux personnes favorisées de prendre en charge la lutte contre le changement climatique causé par ceux qui n'ont pas obéi (ainsi que le changement climatique résultant des générations passées et de l'ignorance excusable). Une option serait de rejeter (D3) (et (D4)) et de demander aux pauvres et aux démunis de payer mais, comme nous l'avons vu, c'est injuste. Une deuxième option consisterait à ne pas lutter contre la dégradation du climat résultant des émissions excessives de GES de certains. Mais le problème est que les effets néfastes que cela aura sur d'autres personnes (sécheresses, coups de chaleur, mauvaises récoltes, inondations) sont si graves que cela est inacceptable. Une telle position combinerait la négligence (de la part de ceux qui ont dépassé leur quota de GES) et l'indifférence (de la part de ceux qui pourraient s'attaquer aux problèmes résultant des émissions élevées de GES des autres mais qui choisissent de ne pas le faire). Et si nous gardons à l'esprit que ceux qui sont touchés par le changement climatique sont souvent pauvres et défavorisés[1], nous avons encore plus de raisons de penser que les personnes favorisées ont le devoir de prendre en charge les coûts du changement climatique qui découlent du non-respect des obligations par autrui. Si le choix est *soit* d'attribuer des devoirs aux pauvres et aux démunis, *soit* de permettre que des personnes subissent des nuisances graves (dont beaucoup sont également pauvres et démunies)

1. Pour aller plus loin, voir : J. B. Smith, H.-J. Schellnhuber, et M. M. Q. Mirza, « Vulnerability to Climate Change and Reasons for Concern : A Synthesis », *in* McCarthy *et al.*, *Climate Change 2001*, *op. cit.*, en particulier p. 916, 940-941, 957-958 ; R. S. J. Tol, T. E. Downing, O. J. Kuik et J. B. Smith, « Distributional Aspects of Climate Change Impacts », *Global Environmental Change* 14, 3, 2004, p. 259-272 ; et D. S. G. Thomas et C. Twyman, « Equity and Justice in Climate Change Adaptation Amongst Natural-Resource-Dependent Societies », *Global Environmental Change* 15, 2, 2005, p. 115-124.

soit d'attribuer des devoirs aux plus favorisés, il semblerait plausible d'opter pour cette troisième option[1].

Une dernière réflexion : nous pouvons reconnaître qu'il y a quelque chose d'injuste dans le fait de demander à certains de compenser les manquements d'autrui. La question est de savoir comment y répondre au mieux. Ma proposition est que nous répondons le mieux à ces situations, comme suggéré ci-dessus, en cherchant à les éviter au maximum et en demandant aux privilégiés de supporter cette charge supplémentaire. À cela, nous pouvons ajouter que les vertueux *sont* traités de manière inadéquate mais que la bonne réaction pour eux est de prendre en compte les contrevenants (contre lesquels ils ont un juste motif de plainte) et de ne pas réagir en négligeant les intérêts légitimes de ceux qui, autrement, souffriraient des effets désastreux du changement climatique. Pour ces trois raisons, le devoir (D3) peut donc être défendu contre cette objection[2].

---

1. Pour un raisonnement similaire, voir la discussion convaincante de Moellendorf sur qui devrait prendre en charge les effets néfastes des émissions de GES des générations précédentes. Moellendorf soutient de manière pertinente qu'il serait immoral de demander à quiconque d'autre que les plus favorisés de supporter les charges des émissions de GES des générations précédentes. Voir D. Moellendorf, *Cosmopolitan Justice*, *op. cit.*, p. 100. Selon moi, le même raisonnement montre que les plus favorisés devraient également supporter les coûts découlant du non-respect des obligations.

2. Comme l'a remarqué Wouter Werner, l'approche hybride peut également être confrontée à un problème de non-respect. Que devrait-il se passer, pourrait-on demander, si certaines des personnes désignées par (D3) pour traiter les problèmes résultant du non-respect de leurs obligations par certaines personnes ne se conforment pas elles-mêmes à (D3) ? Trois réponses sont possibles. Premièrement, nous devons reconnaître que même si ce problème se pose pour l'approche hybride, il ne nous donne pas de raison de la rejeter, mais plutôt de la développer. Le PPP, par exemple, ne s'en tire pas mieux : en fait, il s'en tire moins bien, car l'approche hybride, contrairement au PPP, prend au moins en compte le

UNE COMPARAISON ENTRE L'APPROCHE HYBRIDE
ET LE CONCEPT DE « RESPONSABILITÉ COMMUNE
MAIS DIFFÉRENCIÉE »

Après avoir présenté et défendu l'approche hybride, je voudrais maintenant la comparer avec une doctrine connexe qui est communément affirmée dans les documents juridiques internationaux sur l'environnement – le concept de la « responsabilité commune mais différenciée ». Ce faisant, nous pouvons obtenir une compréhension plus approfondie de l'approche hybride, de sa relation avec le traitement juridique international du changement climatique et de ses implications pratiques.

Le concept de la responsabilité commune mais différenciée a été affirmé dans la Déclaration de Rio de 1992. Il est utile de citer le principe 7 de cette déclaration :

> Les États doivent coopérer dans un esprit de partenariat mondial en vue de conserver, de protéger et de rétablir la santé et l'intégrité de l'écosystème terrestre. Étant donné la diversité des rôles joués dans la dégradation de l'environnement mondial, les États ont des responsabilités *communes mais différenciées*. Les pays développés admettent la responsabilité qui leur incombe dans l'effort

---

problème du non-respect. Deuxièmement, si *certaines* des personnes désignées pour remplir le devoir (D3) ne le font pas, on peut répondre qu'au moins une partie de leur manquement devrait être comblée par d'autres personnes désignées par (D3). Troisièmement, ce dernier point aura des limites. En d'autres termes, on ne peut en demander plus que de raison à ceux qui sont en mesure d'apporter leur aide, bien que l'établissement de cette limite soit une question de jugement et dépende, entre autres facteurs, de la mesure dans laquelle ces personnes peuvent apporter leur aide et du coût qu'elles doivent supporter. Pour d'autres recherches pertinentes sur les obligations morales des personnes lorsque d'autres manquent à leur devoir, voir la discussion pionnière de Parfit sur le « conséquentialisme collectif » (*Reasons and Persons, op. cit.*, p. 30-31), et l'analyse approfondie de cette question dans L. Murphy, *Moral Demands in Non-ideal Theory*, Oxford, Oxford University Press, 2000.

international en faveur du développement durable, compte tenu des pressions que leurs sociétés exercent sur l'environnement mondial et des techniques et des ressources financières dont ils disposent[1].

La même idée est également affirmée dans l'article 3(1) de la Convention-cadre des Nations unies sur les changements climatiques (CCNUCC)[2]. En outre, le concept de la « responsabilité commune mais différenciée » est explicitement mentionné dans le Protocole de Kyoto de 1997. Par exemple, le préambule stipule que le protocole est « guidé par l'article 3 » de la CCNUCC (qui, comme nous venons de le voir, comprend un engagement à la responsabilité commune mais différenciée) et le principe de la « responsabilité commune mais différenciée » est explicitement affirmé à l'article 10[3].

Cette approche des responsabilités générées par le changement climatique présente quelques similitudes avec l'approche hybride, car elles insistent toutes deux sur le fait que tous ont des devoirs (comparer, par exemple, avec (D1) et (D2)) et que pourtant des exigences différentes peuvent être formulées auprès des différentes parties

1. <https://www.un.org/french/events/rio92/aconf15126vol1f.htm> (je souligne).

2. Voir <https://unfccc.int/resource/docs/convkp/convfr.pdf>.

3. Pour le préambule et l'art. 10 du protocole de Kyoto, voir <https://unfccc.int/resource/docs/convkp/kpfrench.pdf>. Je dois ma compréhension du principe de responsabilité commune mais différenciée à la discussion instructive de Lavanya Rajamani sur ce principe tel qu'il apparaît dans la Déclaration de Rio, la CCNUCC et le Protocole de Kyoto : voir L. Rajamani, « The Principle of Common but Differentiated Responsibility and the Balance of Commitments under the Climate Regime », *Review of European Community and International Environmental Law* 9, 2, 2000, p. 120-31. Voir également les discussions utiles de P. G. Harris, « Common but Differentiated Responsibility : The Kyoto Protocol and United States Policy », *New York University Environmental Law Journal* 7, 1, 1999 p. 27-48, et P. Sands, *Principles of International Environmental Law, op. cit.*, p. 55-56, p. 285-289, p. 362.

(comme dans (D3) et (D4)). En outre, les deux approches impliquent que les devoirs auxquels une partie est soumise dépendent (i) de ce qu'elle a fait et (ii) de ce qu'elle est capable de faire. Par exemple, l'approche hybride maintient, en (D2), que ceux qui ont dépassé leur quota devraient y remédier par une compensation. Par ailleurs, elle maintient, en (D3) et (D4), que ceux qui ont la capacité d'en faire plus devraient se voir attribuer des devoirs plus exigeants. Les deux mêmes raisons d'affirmer des obligations « différenciées » sont contenues dans la notion de responsabilités communes mais différenciées[1]. On peut le voir dans la dernière phrase du principe 7 de la Déclaration de Rio citée ci-dessus, qui affirme que « les pays développés admettent la responsabilité qui leur incombe dans l'effort international en faveur du développement durable, compte tenu [1] *des pressions que leurs sociétés exercent sur l'environnement mondial* et [2] *des techniques et des ressources financières dont ils disposent* »[2].

Après avoir noté ces points communs, il convient de souligner certaines différences essentielles. Premièrement, le principe de la responsabilité commune mais différenciée fait référence aux responsabilités des États. Cela apparaît, par exemple, dans l'article 7 de la Déclaration de Rio citée plus haut. Il en va de même pour l'article 10 du Protocole de Kyoto[3]. Par contraste, l'approche hybride ne se limite pas aux devoirs des États. En outre, compte tenu des considérations exposées ci-dessus, notamment dans la

---

1. Voir à ce sujet L. Rajamani, « The Principle of Common but Differentiated Responsibility », art. cit., en particulier p. 121-122, p. 130, et P. Sands, *Principles of International Environmental Law, op. cit.*, p. 286.

2. <https://www.un.org/french/events/rio92/aconf15126vol1f.htm> (je souligne).

3. <https://unfccc.int/resource/docs/convkp/convfr.pdf>

section 2, nous n'avons aucune raison d'attribuer des obligations aux seuls États. Une deuxième différence essentielle est que le principe de la responsabilité commune mais différenciée tend à être interprété de telle sorte que les États sont tenus responsables des décisions des générations précédentes[1]. Mais une telle position est, selon moi, injuste pour les générations actuelles, et les devoirs (D1) – (D4) n'acceptent pas ce genre de responsabilités historiques. Une autre différence est que le principe de la responsabilité commune mais différenciée, contrairement à l'approche hybride, ne prend pas en compte ce que j'ai appelé l'ignorance excusable. À la lumière de ces trois différences (ainsi que d'autres), les devoirs (D1) – (D4) ont des implications très différentes du principe de la responsabilité commune mais différenciée tel qu'il est interprété de manière conventionnelle. En bref, on peut donc dire que l'approche hybride est une façon d'interpréter les valeurs générales affirmées par le principe de la responsabilité commune mais différenciée, mais qu'elle s'écarte considérablement des versions conventionnelles de ce principe affirmées dans les documents juridiques internationaux.

REMARQUES CONCLUSIVES

Il est temps de conclure. Deux points en particulier méritent d'être soulignés – l'un sur la méthode et l'autre sur le fond. L'observation méthodologique nous amène à une question qui a traversé l'article, celle de savoir si nous

---

1. Voir L. Rajamani, « The Principle of Common but Differentiated Responsibility », art. cit., notamment p. 121-122. Rajamani va plus loin et écrit que le principe de la responsabilité commune mais différenciée exige que les États qui ont émis des niveaux élevés de GES dans le passé ont le devoir spécifique de mener une politique de *réduction* (*ibid.*, p. 125, 126, 130). L'approche hybride, en revanche, n'est pas nécessairement attachée à cette affirmation.

devons adopter une méthodologie individualiste ou collectiviste. Cette question est apparue dans trois contextes différents.

Premièrement, qui sont les pollueurs ? Si nous adoptons une position individualiste, nous dirons alors que pour certaines pollutions (celles des générations précédentes), nous ne pouvons pas faire payer le pollueur, car les pollueurs individuels sont morts. En revanche, si nous adoptons une position collectiviste, nous dirons que le collectif A a pollué au cours d'une décennie antérieure (ou d'un siècle antérieur) et qu'il doit donc payer maintenant pour cette pollution.

Deuxièmement, qui a bénéficié de l'utilisation des combustibles fossiles ? En raison du problème de la non-identité, nous ne pouvons pas dire aux individus particuliers qui vivent aujourd'hui : « vous bénéficiez d'un niveau de vie plus élevé que celui dont vous jouiriez si l'industrialisation n'avait pas eu lieu ». Nous pouvons cependant faire cette affirmation au sujet des collectivités.

Troisièmement, qui est le détenteur du droit d'émettre des GES (les individus ou les collectivités) ? La justification donnée par Shue, Neumayer, et Agarwal, Narain et Sharma pour une approche historique ne fonctionne que si l'on considère que la réponse à cette question est « les collectivités ». Dans une position individualiste, cependant, les détenteurs de droits sont des individus et il est injuste d'imposer des sacrifices à certains individus vivant aujourd'hui uniquement en raison des émissions excessives des anciens habitants de leur pays. Cet article a défendu une position individualiste, mais cette question nécessite une analyse beaucoup plus complète que celle qui a été faite ici.

Le deuxième point qu'il convient de souligner est que si les arguments de cet article sont pertinents, une manière commune d'attribuer les responsabilités (par le PPP) est plus problématique qu'on ne le pense. Dans cette optique, j'ai proposé une approche alternative qui surmonte certaines difficultés propres au PPP. Il reste cependant encore beaucoup à faire. Une analyse théorique et empirique plus poussée est nécessaire pour répondre à la question posée plus haut de savoir qui est (causalement) responsable du changement climatique global. En outre, il faudrait en savoir beaucoup plus sur le critère de distribution approprié et sur la manière de déterminer un quota équitable. Toutefois, j'espère avoir montré que l'approche que j'ai présentée constitue un début de réponse[1].

1. Des versions antérieures de cet article ont été présentées au *Department of Politics* de l'Université de Leicester (le 16 février 2005, jour de l'entrée en vigueur du protocole de Kyoto); à une conférence sur « la démocratie mondiale, l'État-nation et l'éthique globale », qui s'est tenue au *Centre for the Study of Globalization* de l'Université d'Aberdeen, et qui a été financée par le *Leverhulme Trust* (18-20 mars 2005); à la conférence annuelle de la *Political Studies Association* (5-7 avril 2005); au symposium sur « le cosmopolitisme, la justice globale et le droit international » organisé par le *Leiden Journal of International Law* et le *Grotius Centre for International Legal Studies* (28 avril 2005); et, enfin, à une conférence plénière lors de la Septième Conférence de Troisième Cycle en théorie politique à l'Université de Warwick (7 mai 2005). Je remercie les personnes présentes pour leurs questions et commentaires. Je suis particulièrement reconnaissant à Roland Axtmann, Marcel Brus, Matthew Clayton, John Cunliffe, Lorraine Elliott, Carol Gould, James Pattison, Fabienne Peters, Roland Pierik, Thomas Pogge et Kok-Chor Tan. Des remerciements particuliers sont dus à Wouter Werner pour ses suggestions et à mon commentateur lors du symposium au *Grotius Centre for International Legal Studies* à La Haye, Peter Rijpkema, pour ses réponses à mon article. Cette recherche a été menée dans le cadre d'un projet de recherche du *Arts and Humanities Research Council* (AHRC) sur « La justice globale et l'environnement » : je remercie l'AHRC pour son soutien.

UN NOUVEAU RAPPORT À LA NATURE ?

INTRODUCTION

Ce chapitre voit l'éthique et la justice climatiques sous un autre angle. Il inscrit le problème climatique dans le cadre plus large du monde non humain et de l'Anthropocène. Il montre qu'une approche non anthropocentriste, qui élargit la sphère de considération morale au-delà des seuls êtres humains, occupe une place importante, bien que souvent négligée dans la philosophie normative du changement climatique. Les trois auteurs introduits ici ont tous une expertise préalable en éthique environnementale, ce qui les a amenés à s'intéresser aux effets du changement climatique et de l'ingénierie climatique sur les autres espèces, les écosystèmes et le monde naturel en général.

Dans la philosophie morale et politique anglophone, la position anthropocentriste, selon laquelle seuls les intérêts humains ont une importance morale directe, n'est désormais plus majoritaire[1]. Comme Katie McShane le souligne dans

---

1. Cela tient notamment à la longue et riche tradition d'auteurs défendant le non anthropocentrisme dans la philosophie anglophone, de Hutcheson à Singer en passant notamment par Bentham, ainsi qu'au développement depuis les débuts des années 1970 des champs de recherche non anthropocentristes de l'éthique environnementale et de l'éthique animale. En France, l'anthropocentrisme est beaucoup plus influent, notamment de par l'emprise du cartésianisme, du kantisme et de l'hégélianisme. Cela explique en partie les raisons pour lesquelles les champs de recherche non anthropocentristes s'y sont développés plus récemment et plus lentement.

le premier article de ce chapitre, « l'idée qu'au moins certains animaux ont des intérêts moralement importants fait donc l'objet d'un large consensus parmi les éthiciens, un peu comme le consensus parmi les climatologues selon lequel les activités humaines modifient le climat de notre planète ». Malgré ce large consensus, elle déplore que l'éthique et la politique climatiques s'intéressent de manière quasi exclusive aux intérêts des humains. Par exemple, le GIEC n'aborde presque jamais les postures non anthropo-centristes, et les rares fois où il le fait, il ne mentionne en principe que les approches les plus radicales comme l'éco-centrisme, sans prendre en compte les positions inter-médiaires comme le biocentrisme ou le pathocentrisme[1]. De même, lorsque les éthiciens et les théoriciens de la justice abordent le problème climatique, ils s'intéressent principalement à la protection des intérêts humains, à la répartition des coûts soulevés par les impacts climatiques sur les sociétés humaines et à la responsabilité envers les générations futures sans prendre en compte les individus non humains présents et futurs.

McShane ne vise pas à construire une approche non anthropocentriste de la justice climatique ; elle cherche plutôt à expliquer la nécessité d'une telle approche en montrant que les cinq principaux arguments en faveur du maintien d'une approche anthropocentriste ne tiennent pas. Comme elle le souligne en conclusion, « ni les décideurs politiques ni les spécialistes d'éthique climatique ne peuvent légitimement ignorer purement et simplement les intérêts des non humains ».

---

1. Sur ces différentes postures, voir G. Hess, *Éthiques de la nature*, Paris, P.U.F., 2013.

C'est également la thématique des intérêts des êtres non humains qui intéresse Clare Palmer dans son article. Elle élabore la première tentative sérieuse de formulation d'une approche non anthropocentriste de l'éthique climatique. En définissant la notion de nuisance comme « entrave » à des intérêts, elle se demande en quel sens il est possible d'affirmer que le changement climatique « nuit » à certaines espèces, à certains écosystèmes ou à certains animaux non humains. Dans le cas des espèces et des écosystèmes, Palmer estime qu'il est difficile d'identifier les intérêts spécifiques qui pourraient être entravés par le changement climatique. Elle estime certes que le blanchiment des récifs coralliens représente un exemple de nuisance climatique, puisqu'il cause une perturbation grave du fonctionnement de l'écosystème, mais elle reconnaît qu'« il est difficile de voir en quoi le changement climatique serait "quelque chose d'injuste" dans un contexte écosystémique ».

Contrairement aux collectivités comme les espèces et les écosystèmes, les animaux non humains sentients ont des intérêts qui leurs importent. Leurs intérêts à ne pas souffrir et à ne pas être tués sont directement menacés par certains impacts climatiques comme les inondations et les sécheresses. Pour cette raison, Palmer explique que dans ce cas spécifique, il est possible d'affirmer que le changement climatique nuit bel et bien au monde non humain.

Palmer nuance cependant le jugement moral selon lequel le changement climatique nuit à certains animaux non humains en précisant que l'argument de la non-identité réduit sa portée dans le cas des impacts climatiques à moyen et long terme. Cet argument a déjà été mobilisé par Page et Caney dans la partie précédente de ce volume pour montrer les limitations de l'application du principe de non-nuisance à la justice climatique intergénérationnelle[1]. Ici, Palmer l'applique au cas des individus non humains pour limiter la portée de son éthique climatique non anthropocentriste. La structure de l'argument est toujours la même : puisque les individus (humains ou non humains) futurs qui seront affectés par les impacts climatiques devront leur existence aux politiques même qui sont à l'origine de ces impacts, il est impossible de qualifier ces politiques ou ces impacts de nuisibles : sans ces politiques ou ces impacts, ces individus n'existeraient pas et ne seraient donc pas mieux lotis. Palmer estime que « [c]et argument est significatif dans la mesure où il suggère que nous devrions nous méfier des affirmations selon lesquelles le changement climatique va nuire aux animaux – et peut-être aux organismes non conscients – qui n'ont pas encore vu le jour ».

Bien que Palmer parvienne à établir que le changement climatique nuise à certains écosystèmes comme les coraux et certains animaux non humains sentients comme les ours polaires, son approche illustre également les difficultés de développer une vision non anthropocentriste de l'éthique climatique. Elle conclut son article sur une note peu enthousiaste : « les implications éthiques du changement climatique dans le contexte du monde non humain sont extrêmement floues ». Mais ce qui est flou n'est pas pour autant non pertinent. Il s'agit plutôt d'une invitation à la recherche dans ce domaine. D'autres types d'approches non anthropocentristes reposant sur une autre définition de la nuisance, ou sur un autre principe moral que celui de non-nuisance[2] pourraient ouvrir la voie. C'est aussi le

1. Pour plus de détails sur le problème de la non-identité, voir l'introduction de la deuxième partie.

2. Par exemple, dans le cadre d'une approche holistique, nos obligations morales sont conçues en termes collectifs, indépendamment de l'identité de tel ou tel individu (humain ou non-humain), par respect

cas des réflexions menées ces dernières années sur les causes plutôt que sur les conséquences du changement climatique, notamment les causes de l'élevage intensif et de la déforestation, qui soulèvent des problèmes éthiques et permettent des convergences intéressantes avec l'éthique animale[1].

Dans le dernier article de ce volume, Christopher Preston propose d'aborder le changement climatique à partir d'une approche plus large, tant du point de vue éthique qu'ontologique, en l'intégrant dans la thématique de l'artificialisation du monde. L'idée d'artificialisation du monde repose sur une distinction entre deux entités qui ont une essence, un statut ontologique différent : les artefacts, qui portent en eux la trace de l'intentionnalité humaine, et les objets naturels, qui ne dépendent pas d'un but, d'une activité ou d'un intérêt humain. Puisque l'indépendance des processus naturels a une certaine valeur, l'artificialisation de ces processus est synonyme de diminution ou de perte de cette valeur, ce qui rend les artefacts moralement suspicieux[2]. En défendant la thèse philosophique selon laquelle le changement climatique mènerait à la « fin de la nature », effaçant toute trace de spontanéité et d'altérité, Bill McKibben développe sans

---

pour les générations futures comme telles. Voir J. B. Callicott, *Thinking Like a Planet : The Land Ethic and the Earth Ethic*, Oxford, Oxford University Press, 2013, p. 283-286.

1. Pour le cas de l'élevage intensif, voir M. Bourban et L. Broussois, « Nouvelles convergences entre éthique environnementale et éthique animale : vers une éthique climatique non anthropocentriste », *VertigO*, Hors-série 32, 2020, p. 1-29.

2. Preston s'appuie ici sur ce qu'il appelle « l'argument présomptif », selon lequel les écologistes accordent davantage de valeur au naturel qu'à l'artificiel : voir C. J. Preston, « Re-Thinking the Unthinkable : Environmental Ethics and the Presumptive Argument Against Geoengineering », *Environmental Values* 20, 4, 2011, p. 457-479.

doute l'interprétation la plus radicale de cette idée : il propose une lecture fortement dualiste de la distinction entre naturel et artificiel, déplorant la mort de la nature sauvage.

Pouvons-nous trouver à travers cette idée d'artificialisation de la nature un fondement plus solide pour développer une éthique climatique non anthropocentriste ? Preston commence par souligner les limites de la thèse de la « fin » de la nature. Le problème avec cette interprétation est qu'elle repose sur un dualisme trop strict entre les artefacts et les choses naturelles. Comme Preston le souligne en prenant comme exemple les projets de restauration écologique, « les artefacts conservent inévitablement quelque chose qui dépasse les efforts de conception les plus assidus de la part des humains ». Il subsiste toujours un « décalage » dans un artefact entre les intentions de ses créateurs et son comportement effectif. Il est donc plus pertinent de considérer qu'il existe des degrés variables de naturalité et d'artificialité dans les objets. Le naturel et l'artificiel sont les deux pôles d'un continuum, plutôt que deux statuts métaphysiques mutuellement exclusifs. Dans l'Anthropocène, cette époque dans laquelle l'activité humaine marque plus profondément que jamais la planète, à un tel point que cette activité entre en rivalité avec les grandes forces de la nature pour devenir un facteur géologique planétaire, il ne fait plus grand sens de poser un dualisme strict entre l'humain et le naturel.

Mais Preston ne rejette pas pour autant l'idée que l'artificialisation du monde soulève des problèmes normatifs redoutables. Il prend le cas de la géoingénierie, ou ingénierie du climat, pour montrer les dangers nouveaux soulevés par notre entrée dans l'Anthropocène. La géoingénierie est une intervention délibérée et à grande échelle sur le système climatique visant à en atténuer le réchauffement. Il existe deux types de géoingénierie : les technologies à émissions négatives, qui visent à retirer activement le CO_2 déjà présent dans l'atmosphère et à le stocker de manière permanente ; et les technologies de gestion du rayonnement solaire, qui visent à réfléchir vers l'espace une partie du rayonnement solaire afin de limiter la hausse des températures. Preston s'intéresse au deuxième type de technologie. Avec la géoingénierie solaire, le système climatique dans son ensemble devient un artefact. Or, puisque tout artefact conserve une part de naturel, de spontanéité, d'imprévisibilité, certains effets de l'artificialisation du climat resteront hors du contrôle des humains. Cette spontanéité résiduelle est à ses yeux une arme à double tranchant. D'un côté cela implique que la géoingénierie ne signifie pas la fin complète de la nature, puisqu'elle s'apparente plutôt à un projet de restauration écologique. De l'autre, cette imprévisibilité comporte des risques très importants liés à la complexité du système climatique. S'il est possible de réduire les conséquences imprévisibles dans des artefacts plus simples et plus petits, un artefact global comme le système climatique présente une forme d'« hyper-complexité », puisque les effets imprévisibles de la manipulation intentionnelle du rayonnement solaire viennent s'ajouter aux effets imprévisibles du changement climatique.

Une question éthique centrale soulevée par les projets de géoingénierie solaire est celle de la responsabilité : qui peut bien être en mesure d'assumer la responsabilité de gérer le climat tout en composant avec ces incertitudes profondes ? Les innovateurs projetant d'artificialiser le climat doivent être en mesure d'assumer ce que Preston désigne comme une « responsabilité totale sans précédent dans l'histoire de l'humanité », une responsabilité de veiller à chaque instant à ce que le climat soit hospitalier. Ce type inédit de responsabilité s'accompagne d'une « anxiété existentielle » de faire du climat une menace constante et auto-infligée. Qui pourrait bien être prêt à supporter un fardeau moral aussi lourd[1] ?

Preston laisse cette question ouverte à la fin de son article. Il ne cherche pas à défendre un moratoire sur toute forme de projet d'ingénierie climatique, mais plutôt à souligner certains défis éthiques profonds que la géoingénierie solaire soulève[2]. En accord avec les scientifiques impliqués dans la recherche en ingénierie climatique comme David Keith, il estime que plus de fonds devraient être investis dans les projets en cours, « autant pour identifier ce qui ne marcherait pas que pour découvrir ce qui pourrait fonctionner ». Il estime même que quelques essais de terrain pourraient être faits « sans trop de risques ». Sa conclusion est donc nuancée.

Il n'en reste pas moins que son approche par l'artificialisation du monde met en avant des problèmes éthiques profonds soulevés par le changement climatique et certaines des mesures technologiques actuellement mises

1. Sur cette thématique, voir M. Bourban et J. Rochel, « Synergies in Innovation : Lessons Learnt from Innovation Ethics for Responsible Innovation », *Philosophy & Technology* 34, 2, 2020, p. 373-394 ; M. Bourban et L. Broussois, « The Most Good We Can Do or the Best Person We Can Be ? », *Ethics, Policy & Environment* 23, 2, 2020, p. 159–179.

2. La géoingénierie soulève également d'importants problèmes politiques, notamment en termes de gouvernance et de légitimité : voir S. M. Gardiner et A. Fragnière, « The Tollgate Principles for the Governance of Geoengineering : Moving Beyond the Oxford Principles to an Ethically More Robust Approach », *Ethics, Policy & Environment* 21, 2, 2018, p. 143-174.

en avant pour répondre aux défis lancés. Une première implication de son analyse est qu'une approche non anthropocentriste de l'éthique climatique, qui montre les dangers de la géoingénierie à la fois pour le monde humain et non humain, peut arriver à des résultats robustes. Une deuxième implication est qu'en plus des mesures d'innovations technologiques pour lutter contre le changement climatique, il convient également, point sur lequel Dale Jamieson insistait déjà dans l'article publié vingt ans plus tôt et qui ouvre ce volume, de changer nos modes de vie et notre rapport au monde non humain.

KATIE MCSHANE

L'ANTHROPOCENTRISME DANS L'ÉTHIQUE ET LA POLITIQUE CLIMATIQUES[*]

INTRODUCTION

De nos jours, la plupart des éthiciens s'accordent pour dire qu'au moins certains non humains possèdent des intérêts qui ont une importance morale directe[1]. Cela signifie au moins que quelques intérêts non humains ont une légitimité morale pour nous [*make a moral claim on us*]. Pourtant, à quelques exceptions près, l'éthique et la politique climatiques ont toutes deux œuvré comme si seuls les intérêts humains devaient être pris en compte lorsqu'il s'agit de formuler et d'évaluer une politique climatique. Dans le présent article, je défends au contraire que l'anthropocentrisme de l'éthique et de la politique climatiques actuelles ne peut pas être justifié à la lumière

* K. McShane, « Anthropocentrism in Climate Ethics and Policy », *Midwest Studies In Philosophy* 40, 2016, p. 189-204.

1. Parmi les conséquentialistes, voir par exemple J. Broome, *Weighing Lives*, Oxford, Oxford University Press, 2006, p. 43 ; B. Hooker, « Rule-Consequentialism, Incoherence, Fairness », *Proceedings of the Aristotelian Society* 95, 1995, p. 19-35, p. 23 ; S. Kagan, « What's Wrong with Speciesism ? », *Journal of Applied Philosophy* 33, 1, 2016, p. 1-21 ; A. Norcross, « Puppies, Pigs, and People : Eating Meat and Marginal Cases », *Philosophical Perspectives* 18, 1, 2004, p. 229-245 ; et M. Tooley,

des conclusions bien connues et largement acceptées issues
de l'examen des concepts et des principes pertinents de
l'éthique contemporaine.

Dans ce qui suit, je commence par décrire les affirmations
éthiques sur lesquelles repose mon analyse, en faisant
valoir qu'elles ne sont plus controversées au sein de l'éthique
contemporaine. Je passe ensuite en revue les travaux sur
l'éthique et la politique du climat, en montrant l'absence
de prise en compte des intérêts non humains dans ces deux
domaines. Enfin, j'examine cinq justifications possibles

« Abortion and Infanticide », *Philosophy and Public Affairs* 2, 1, 197,
p. 237-265 ; voir également en éthique animale P. Singer, *Animal
Liberation*, New York, Avon Books, 1990[2] [trad. fr. L. Rousselle,
Libération animale, Paris, Payot & Rivages, 2012] ; et G E. Varner,
*Personhood, Ethics, and Animal Cognition : Situating Animals in Hare's
Two-Level Utilitarianism*, New York, Oxford University Press, 2012.
Parmi les déontologistes, voir, par exemple, J. Garthoff, « Meriting
Concern and Meriting Respect », *Journal of Ethics and Social Philosophy* 5,
2, 2011, p. 1-28 ; C. M. Korsgaard, « Fellow Creatures : Kantian Ethics
and Our Duties to Animals », *in* G. B. Peterson (ed.), *The Tanner Lectures
on Human Values 24*, Salt Lake City UT, University of Utah Press, 2004,
p. 77-110 ; U. Kriegel, « Animal Rights : A Non-Consequentialist
Approach », *in* K. Petrus et M. Wild (eds.), *Animal Minds and Animal
Ethics : Connecting Two Separate Fields*, Bielefeld, Germany, Transcript-
Verlag, 2013, [en ligne] <http://CSU.eblib.com/patron/FullRecord.
aspx?p=1914277> ; et A. W. Wood et O. O'Neill, « Kant on Duties
Regarding Nonrational Nature », *Proceedings of the Aristotelian Society*,
Supplementary Volumes 72, 1998, p. 189-228 ; voir également les éthiciens
des animaux T. Regan, « The Case for Animal Rights », *in* P. Singer (ed.),
In Defence of Animals, Oxford, Basil Blackwell, 1985, p. 13-26 [trad. fr.
É. Moreau, « Pour les droits des animaux », dans H.-S. Afeissa,
J.-B. Jeangène Vilmer (éd.), *Philosophie animale. Différence, responsabilité
et communauté*, Paris, Vrin, 2010, p. 161-183] ; P. Taylor, « The Ethics
of Respect for Nature », *Environmental Ethics* 3, 1981, p. 197-218 [trad.
fr. H.-S. Afeissa, « L'éthique du respect de la nature », dans H.-S. Afeissa
(éd.), *Éthique de l'environnement*, Paris, Vrin, 2007, p. 111-152]. Parmi
les éthiciens des vertus, voir par exemple : A. Baier, *Moral Prejudices :*

de l'omission des intérêts non humains dans l'évaluation des différentes politiques climatiques possibles, en faisant valoir qu'aucun de ces arguments n'est convaincant.

L'ANTHROPOCENTRISME DANS L'ÉTHIQUE

L'anthropocentrisme est le point de vue selon lequel seuls les intérêts humains sont directement légitimes pour les agents moraux ; c'est-à-dire que seuls les intérêts humains ont une importance morale directe. Les intérêts

Essays on Ethics, Cambridge MA, Harvard University Press, 1995, p. 269 ; J. Driver, « A Humean Account of the Status and Character of Animals », *in* T. L. Beauchamp, R. G. Frey (eds.), *The Oxford Handbook of Animal Ethics*, Oxford, Oxford University Press, 2011, p. 144-171 ; R. Hursthouse, « Applying Virtue Ethics to Our Treatment of the Other Animals », *in* J. Welchman (ed.), *The Practice of Virtue : Classic and Contemporary Readings in Virtue Ethics*, Indianapolis IN, Hackett, 2006, p. 136-154 ; C. Swanton, *Virtue Ethics : A Pluralistic View*, Oxford, Oxford University Press, 2005, p. 38 ; voir également en éthique animale : C. Abbate « Virtues and Animals : A Minimally Decent Ethic for Practical Living in a Non-Ideal World », *Journal of Agricultural and Environmental Ethics* 27, 2014, p. 909-929 ; et R. L. Sandler, *Character and Environment*, New York, Columbia University Press, 2007. Parmi les féministes et les éthiciens du care, voir, par exemple, N. Noddings, *Caring : A Relational Approach to Ethics and Moral Education*, Berkeley, University of California Press, 2013, p. 148-158 ; M. Slote, *The Ethics of Care and Empathy*, London, Routledge, 2007, p. 31 ; M. U. Walker, *Moral Understandings : A Feminist Study in Ethics*, Oxford, Oxford University Press, 2007[2], p. 267-268 ; voir également en éthique animale : M. Deckha, « Toward a Postcolonial, Posthumanist Feminist Theory : Centralizing Race and Culture in Feminist Work on Nonhuman Animals », *Hypatia* 27, 2012, p. 527-545 ; J. Donovan, « Animal Rights and Feminist Theory », *Signs* 15, 1990, p. 350-375 ; J. Donovan, « Feminism and the Treatment of Animals : From Care to Dialogue », *Signs* 31, 2006, p. 305-329. Même le contractualisme, le point de vue que l'on pourrait croire le moins susceptible d'accommoder les animaux non humains, fait en réalité place à une importance morale directe les concernant. Sur ce point, voir T. M. Scanlon, *What We Owe to Each Other*, Cambridge MA, Harvard University Press, 1998, p. 177-188.

de toutes les autres choses, selon l'anthropocentriste, sont au mieux d'une importance morale indirecte : ils n'ont d'importance morale que dans la mesure où ils affectent les intérêts humains. Selon ce point de vue, si une personne pense faire quelque chose qui est susceptible de nuire à un autre être humain, ce fait devrait avoir de l'importance dans sa décision d'agir ou non. Toutes choses étant égales par ailleurs, il faut éviter de faire des choses qui pourraient nuire aux humains. Cependant, selon l'anthropocentriste, si une personne pense faire quelque chose qui est susceptible de nuire à un chimpanzé, ce fait ne devrait compter que dans la mesure où l'effet sur le chimpanzé affecte les intérêts de quelques humains. Si cela a un tel effet, alors, du fait que les intérêts des humains comptent, les intérêts du chimpanzé prennent également une sorte d'importance indirecte. Toutefois, si l'effet sur le chimpanzé n'affecte aucun intérêt humain, alors il est acceptable de traiter le chimpanzé comme on le souhaite.

Selon cette description, très peu d'éthiciens sont en vérité de nos jours des anthropocentristes. La plupart des éthiciens acceptent, par exemple, que l'on puisse, de fait, nuire à des chimpanzés ; que toutes choses étant égales par ailleurs, nous devons éviter de faire des choses qui nuisent aux chimpanzés ; et que cela est vrai même dans le cas où nuire à un chimpanzé ne représenterait aucune menace pour les intérêts humains. Bien sûr, toutes les théories éthiques ne font pas explicitement la distinction entre la considération morale directe et la considération morale indirecte des intérêts d'une chose. Les éthiciens des vertus, par exemple, parlent rarement des intérêts d'une chose comme ayant une « légitimité morale directe » pour nous ; ce langage est plus adapté aux approches déontologiques. Cependant, de nombreuses vertus reposent sur des

différences d'orientation morale à l'égard de choses qui
suivent le modèle opéré par cette distinction : la bienfaisance
et la justice sont des vertus qui sont appropriées pour
s'exprimer au sujet de certaines choses (les gens) et non
au sujet de certaines autres (les voitures). De même, les
théories utilitaristes font la distinction entre les choses qui
ont un bien-être [things that have a welfare] qui doit être
pris en compte dans nos calculs utilitaristes et les choses
qui n'ont pas de bien-être [things that do not have a welfare]
qui doive être pris en compte (c'est-à-dire une distinction
entre les choses qui sont des patients moraux et celles qui
ne le sont pas). Ainsi, bien que le langage utilisé et les
concepts invoqués diffèrent souvent, les questions sur le
« si » et le « comment » les intérêts d'une chose doivent
nous importer sont des questions importantes dans toutes
les théories éthiques.

Le rejet de l'anthropocentrisme tel que défini ci-dessus
n'a pas toujours fait l'objet d'un consensus en éthique. En
vérité, il y a cinquante ans, le consensus aurait pu être le
contraire. La raison de ce changement repose sur trois
faits. Premièrement, les théories contemporaines du bien-
être ont eu tendance à s'appuyer sur l'aspect central des
préférences, de la souffrance ou du fonctionnement pour
le bien-être, et ce sont des états qui, d'après ce que nous
savons actuellement, concernent au moins quelques non
humains[1]. Deuxièmement, les arguments avancés par les
philosophes de l'éthique animale tels que Peter Singer et

---

1. Pour des exemples concernant de telles théories du bien-être, voir
R. Crisp, « Hedonism Reconsidered », *Philosophy and Phenomenological
Research* 73, 2006, p. 619-645 ; J. Griffin, *Well-Being : Its Meaning,
Measurement, and Moral Importance*, Oxford, Clarendon Press, 1986 ;
et A. Sen, « Capability and Well-Being », *in* M. C. Nussbaum, A. Sen
(eds.), *The Quality of Life*, Oxford, Clarendon Press, 1993, p. 30-53.

Tom Regan dans les années 1970 et 1980 ont largement réussi à convaincre les éthiciens que le simple fait d'appartenir à une espèce n'était pas suffisant pour justifier à lui seul d'ignorer les intérêts des animaux[1]. Troisièmement, de nombreux éthiciens ont travaillé sur les raisons qui permettaient d'éviter la conclusion selon laquelle les nourrissons et les autres personnes manquant de capacités de raisonnement abstraites (les cas dits marginaux) n'avaient pas d'intérêts moralement importants. Or, un tel travail les a souvent conduits à développer des raisons d'inclure ces personnes qui ont entraîné avec elles l'inclusion d'au moins quelques non humains.

Il ne s'agit pas d'affirmer ici qu'il n'existe pas de désaccord entre les différents éthiciens sur le statut moral des non humains; il y en a effectivement un certain nombre. Les éthiciens ne s'accordent pas précisément sur les capacités ou les relations qu'une chose doit posséder pour être reconnue comme porteuse d'intérêts et sur la question de savoir quels non humains les possèdent. Alors qu'il existe un large consensus sur le fait que les chimpanzés, les éléphants, les baleines, les chiens et beaucoup d'autres mammifères sophistiqués, au moins à l'âge adulte, ont ce qui est nécessaire pour être reconnus comme des porteurs d'intérêts moralement importants, des animaux moins sophistiqués comme les poissons, les moules et les insectes ont un statut plus controversé. Et les non animaux comme les plantes, les écosystèmes et les espèces sont encore plus sujets à controverse. De même, s'il est largement admis que les intérêts des chimpanzés, etc. sont moralement importants, il existe un désaccord considérable tant sur la

---

1. Voir T. Regan, « The Case for Animal Rights », art. cit.; P. Singer, *Animal Liberation, op. cit.*

manière dont ces intérêts doivent compter que sur l'*importance* qu'ils doivent avoir sur nos délibérations morales. Un utilitariste pourrait nous dire d'inclure la souffrance des chimpanzés dans nos calculs utilitaristes, tandis qu'un déontologiste pourrait nous dire que les intérêts des chimpanzés ont une priorité lexicale sur certaines autres considérations dans nos délibérations. Un égalitariste pourrait considérer les intérêts des chimpanzés comme tout aussi importants que ceux des humains, tandis qu'un non égalitariste pourrait les considérer comme moins importants (ou, en théorie, plus importants) que nos intérêts. Ce qu'il convient de noter, cependant, c'est l'absence de déni absolu, c'est-à-dire l'absence d'opinion selon laquelle les intérêts des chimpanzés n'ont aucune légitimité morale pour nous, qu'ils n'ont aucune sorte d'importance morale directe[1]. Pour les besoins de cet article, je m'appuierai sur ce que je considère être la forme la moins controversée de non anthropocentrisme, à savoir qu'il existe au moins quelques animaux non humains qui ont ce qu'il faut pour

1. Il y a certains indices selon lesquels l'opinion publique partage également ce point de vue. Dans un sondage Gallup de 2015, seuls 3% des personnes interrogées aux États-Unis ont déclaré que les animaux ne méritaient aucune protection « puisqu'ils n'étaient que des animaux », tandis que 32 % des personnes interrogées ont déclaré que les animaux devraient avoir les mêmes droits que les personnes (R. Riffkin, « In U.S., More Say Animals Should Have Same Rights as People », 2015, [en ligne], <http://www.gallup.com/poll/183275/say-animals-rights-people.aspx>). Un sondage réalisé en 2011 en Chine a montré que 65% des personnes interrogées étaient favorables à des lois visant à améliorer le bien-être des animaux (X. You, Y. Li, M. Zhang, H. Yan, et R. Zhao, « A Survey of Chinese Citizens' Perceptions on Farm Animal Welfare », *PLoS ONE* 9, 10, 2014), tandis qu'un sondage réalisé en 2007 dans l'UE a montré que 77% des personnes interrogées étaient favorables à de telles améliorations (Eurobarometer, *Attitudes of EU Citizens Towards Animal Welfare*, Brussels, Belgium, European Commission, 2007).

être porteurs d'intérêts directement importants sur le plan moral. Je ne prendrai pas position ici sur les critères auxquels ils doivent correspondre pour avoir ce statut ; autrement dit, je ne donnerai pas d'argument en faveur d'une théorie non anthropocentriste particulière. Je présupposerai cette version très minimale du non anthropocentrisme non pas parce que je rejette l'idée d'étendre plus encore la considération morale, mais plutôt parce que la présente version me semble faire l'objet d'un large consensus parmi les éthiciens. Il est peut-être vrai que les plantes et les écosystèmes ont aussi des intérêts moralement importants, mais ce n'est pas un débat que je vais engager ici.

De nos jours, l'idée qu'au moins certains animaux ont des intérêts moralement importants fait donc l'objet d'un large consensus parmi les éthiciens, un peu comme le consensus parmi les climatologues selon lequel les activités humaines modifient le climat de notre planète. Dans les deux cas, bien sûr, un consensus solide n'est pas la même chose qu'une parfaite unanimité. Tout comme 3 % des scientifiques du climat doutent apparemment de la réalité du changement climatique anthropique, certains éthiciens nient encore l'importance morale des intérêts des animaux[1]. En outre, nous devons nous rappeler que dans les deux cas, ce qui importe en fin de compte, ce n'est pas tant le consensus que les raisons de celui-ci. Tant en éthique qu'en science, il est possible pour les experts de s'accorder sur la vérité d'affirmations qui s'avèrent finalement fausses. Mais au moins, un tel consensus sur la véracité d'une allégation dans le domaine de l'éthique suggère que les décideurs politiques ne devraient pas présumer qu'elle est

1. Voir, par exemple, P. Carruthers, *The Animals Issue : Moral Theory in Practice*, Cambridge UK, Cambridge University Press, 1992.

fausse sans au moins approfondir la question. Or, c'est précisément ce qui semble se produire lorsqu'il s'agit des intérêts non humains dans la politique climatique.

L'ANTHROPOCENTRISME
DANS LA POLITIQUE CLIMATIQUE

Ce consensus, parmi les éthiciens, selon lequel les intérêts d'au moins certains êtres non humains ont une importance morale directe n'a pas du tout été reflété dans les discussions sur la politique climatique. Il a d'ailleurs été largement ignoré, même dans la littérature spécialisée en éthique climatique[1]. Pour prouver la véracité de cette affirmation, il faut d'abord considérer les exemples suivants tirés des accords, des organismes, des documents et des forums qui sont les plus importants pour la politique climatique actuelle.

Dans le cadre de la politique climatique internationale, la Convention-cadre des Nations unies sur les changements climatiques (CCNUCC), aujourd'hui signée par 197 pays, est le traité international sous l'autorité duquel se déroule la plupart des négociations internationales sur le climat. Elle a établi la Conférence des Parties (COP), une assemblée composée de représentants de chaque pays signataire,

1. Les exceptions viennent toutes du champ de l'éthique climatique. Voir F. Mathews, « Moral Ambiguities in the Politics of Climate Change », *in* V. P. Nanda (ed.), *Climate Change and Environmental Ethics*, New Brunswick NJ, Transaction Publishers, 2011, p. 43-64 ; J. Nolt, « Nonanthropocentric Climate Ethics », *WIREs Climate Change* 2, 2011, p. 701-711 ; et C. Palmer, « Does Nature Matter ? The Place of the Nonhuman in the Ethics of Climate Change », *in* D. G. Arnold (ed.), *The Ethics of Global Climate Change*, Cambridge UK, Cambridge University Press, 2011, p. 272-291 [trad. fr. dans le present volume]. Voir également R. Attfield, « Mediated Responsibilities, Global Warming, and the Scope of Ethics », *Journal of Social Philosophy* 40, 2009, p. 225-236.

comme la plus haute autorité décisionnelle en son sein. La plupart des accords internationaux sur le climat sont issus des réunions annuelles de la COP. Étant donné son caractère central pour la politique climatique, il convient de noter que le texte de la CCNUCC décrit son objectif en termes explicitement anthropocentristes, en déclarant que son but est de « préserver le système climatique dans l'intérêt des générations présentes et futures de l'humanité »[1].

Le Groupe d'experts intergouvernemental sur l'évolution du climat (GIEC) est un organe distinct de la CCNUCC. Créé par les Nations unies en 1988, il est chargé de rassembler et de synthétiser les dernières informations sur le changement climatique. Il s'agit non seulement d'informations sur ce qui se passe actuellement et sur ce qui est susceptible de se passer à l'avenir, mais aussi d'informations sur les impacts sociaux des diverses stratégies de réduction et d'adaptation, y compris les considérations économiques et éthiques. Ses rapports sont destinés à fournir des informations précises et actualisées aux dirigeants et aux décideurs politiques du monde entier, y compris aux COP,

---

1. CCNUCC, *Convention-cadre des Nations unies sur les changements climatiques*, FCCC/INFORMAL/84, New York, 1992, art. 3.1, [en ligne] <https://unfccc.int/resource/docs/convkp/convfr.pdf> (traduction modifiée). Une partie du texte semble certes laisser une ouverture possible sur l'importance du bien-être écosystémique de façon indépendante : par exemple les « effets néfastes des changements climatiques » sont définis comme ceux qui « ont des effets nocifs significatifs sur la composition, la résistance ou la productivité des écosystèmes naturels et aménagés, sur le fonctionnement des systèmes socio-économiques ou sur la santé et le bien-être de l'homme » (art. 1.1), et dans le préambule, les parties sont décrites comme « *[p]réoccupées* par le fait que » l'augmentation des concentrations de gaz à effet de serre mène à un réchauffement « dont risquent de souffrir les écosystèmes naturels et l'humanité ». Il est toutefois clairement indiqué que l'on vise à remédier à ces problèmes pour le bénéfice des êtres humains.

afin que la politique climatique puisse être élaborée sur la base des meilleures connaissances disponibles sur le problème.

Le GIEC a très peu parlé d'anthropocentrisme. Parmi les quelques discussions existantes, sa position affichée sur le sujet a quelque peu varié. Le GIEC se décrit parfois comme adoptant un cadre anthropocentriste[1]. D'autres fois, il se décrit comme adoptant une position neutre, bien qu'il décrive ensuite la menace posée par le changement climatique et évalue les différentes actions uniquement en fonction de leur impact sur l'être humain[2]. Des critiques de cet anthropocentrisme *de facto* ont parfois été formulées dans des rapports de commissions ou dans des commentaires d'experts sur les premières versions des rapports d'évaluation du GIEC. Néanmoins, l'impact de ces commentaires a été réduit à la reconnaissance de la possibilité d'adopter des perspectives non anthropocentristes dans les rapports, sans que ces derniers ne fassent autre chose que de poursuivre une évaluation des impacts du changement climatique dans une perspective entièrement anthropocentriste[3].

1. Voir, par exemple, IPCC, *Climate Change 1995 : Economic and Social Dimensions of Climate Change. Contribution of Working Group III to the Second Assessment Report of the Intergovernmental Panel on Climate Change*, Cambridge UK, Cambridge University Press, 1995, sect. 2.2. 3.1.

2. Voir, par exemple, la réponse au commentaire 12769 dans IPCC, *Expert Review Comments on the IPCC WGIII AR5 First-Order Draft*, 2014, [en ligne], <https://www.ipcc.ch/pdf/assessmentreport/ar5/wg3/drafts/ipcc_wg3_ar5_fod_comments_chapter4.pdf>, p. 71.

3. Pour les préoccupations soulevées, voir IPCC, *IPCC Fourth Assessment Report, Expert Review of the First-Order Draft*, 2014, [en ligne], <https://www.ipcc.ch/pdf/assessmentreport/ar4/wg3/drafts/fod/AR4-WG3-FOD-Review-Ch01.pdf>, p. 77 ; IPCC, *Expert Review Comments on the IPCC WGII AR5 First-Order Draft*, 2012, [en ligne], <https://www.ipcc.ch/pdf/assessmentreport/ar5/wg2/drafts/WGIIAR5_

Un point intéressant est que lorsque des perspectives non anthropocentristes ont été reconnues, ce sont les plus controversées qui ont été présentées en tant qu'alternatives à l'anthropocentrisme, à savoir l'idée que la « nature », la biodiversité ou les écosystèmes ont une valeur intrinsèque, ou que nous avons des « devoirs envers les espèces »[1]. Par exemple, dans le deuxième rapport d'évaluation, la seule alternative présentée à l'anthropocentrisme est l'écocentrisme[2]. De même, lors de la réunion d'experts sur l'analyse économique et l'éthique, l'inquiétude exprimée concerne la capacité de l'évaluation économique à prendre en compte

FODCh4_annotation.pdf>, p. 62 ; IPCC, *Meeting Report : IPCC Expert Meeting on Economic Analysis, Costing Methods, and Ethics*, 2011, [en ligne], <https://www.ipcc.ch/pdf/supportingmaterial/CostingEM_Report_FINAL_web.pdf>, p. 6. Pour la prise en compte des perspectives non anthropropocentristes, voir IPCC, *Climate Change 1995, op. cit.*, sect. 2.2. 3.1 ; IPCC, *Climate Change 2014 : Mitigation of Climate Change. Contribution of Working Group III to the Fifth Assessment Report of the Intergovernmental Panel on Climate Change*, Cambridge UK, Cambridge University Press., chap. 3.1 ; IPCC, *Climate Change 2014 : Impacts, Adaptation, and Vulnerability. Part A : Global and Sectoral Aspects. Contribution of Working Group II to the Fifth Assessment of the Intergovernmental Panel on Climate Change*, Cambridge UK, Cambridge University Press, 2014, sect. 2.2. 1.4.

1. IPCC, *Climate Change 2007. Mitigation of Climate Change. Contribution of Working Group III to the Fourth Assessment of the Intergovernmental Panel on Climate Change*, Cambridge UK, Cambridge University Press, 2007, sect. 2.6. 3.

2. Le rapport définit de manière peu utile l'écocentrisme comme l'opinion selon laquelle « l'*homo sapiens* [n'est] qu'une des espèces sur Terre, dont il est attendu qu'elle partage la biosphère en équilibre avec les autres espèces », une description qui ne le distingue pas de la plupart des opinions anthropocentristes (IPCC, *Climate Change 1995, op. cit.*, p. 61). Pour une description plus détaillée de l'écocentrisme, voir K. McShane, « Ecocentrism », *in* C. Death (ed.), *Critical Environmental Politics*, London, Routledge, 2014, p. 83-90.

les revendications sur la valeur intrinsèque de la nature[1]. Les formes de non anthropocentrisme moins controversées, par exemple le fait que certains animaux ont un bien-être qui devrait nous importer moralement, ne sont pas du tout mentionnées. Peut-être que l'idée ici est de mentionner des alternatives à l'anthropocentrisme à ces endroits seulement pour mettre davantage en évidence les limites de l'analyse anthropocentriste proposée dans le reste du rapport. Après tout, les revendications les plus éloignées de l'anthropocentrisme sont celles que les analyses anthropocentristes du rapport sont le moins susceptibles de pouvoir refléter.

Mais il reste néanmoins intéressant de relever l'effet du choix de la présentation des alternatives de cette manière. Si nous pensons que la seule alternative à l'anthropocentrisme est l'écocentrisme ou une position défendant la valeur intrinsèque de la nature, alors il peut sembler évident que les analyses destinées à saisir les revendications au sujet du bien-être humain, de la justice au sein des communautés humaines et de la prise en compte des intérêts des humains ne pourront pas dire grand-chose sur les valeurs exprimées par ces points de vue alternatifs. Cependant, si nous considérons que les alternatives incluent des points de vue qui ne contrastent pas aussi fortement avec les affirmations que nous voulons faire au sujet des humains – par exemple, que les intérêts de bien-être des chimpanzés devraient également compter dans nos décisions sur ce qu'il faut faire – alors nous serons moins enclins à penser qu'il est déraisonnable d'attendre des analyses politiques conçues pour les humains qu'elles incluent également ce genre de considérations. Ce problème mis à part, il convient quand

---

1. IPCC, *Meeting Report, op. cit.*, p. 6.

même de noter à quel point les alternatives à l'anthropo-centrisme sont rarement mentionnées dans les discussions sur la politique climatique. Le GIEC, par exemple, compte plus de 4 millions de documents publics. Dans ces documents, seuls une vingtaine de paragraphes au total reconnaissent ne serait-ce que l'existence de revendications non anthropocentristes.

À ce jour, la discussion la plus détaillée des alternatives à l'anthropocentrisme se trouve dans le cinquième rapport d'évaluation, où elles occupent un peu plus d'une demi-page[1]. La présence de cette discussion est une évolution positive et elle résulte de la pression exercée sur le GIEC pour qu'il inclue une évaluation plus approfondie des questions éthiques dans ses discussions sur l'atténuation et l'adaptation. Cependant, bien que la discussion recon-naisse l'existence du débat en éthique sur les entités non humaines qui doivent avoir une importance morale, elle décrit cette importance en termes de valeur (plutôt qu'en termes de bien-être, de droits, etc.), en indiquant que ces choses peuvent avoir une valeur au-delà de la façon dont elles servent les intérêts humains. Le rapport relève ensuite combien il est difficile de mesurer cette valeur et suggère que la valeur d'existence économique [*economic existence value*] pourrait en recouvrir une partie, mais suggère aussi que cela pourrait ne pas être suffisant, car « la nature peut avoir une valeur supplémentaire, au-delà des valeurs définies par les individus humains »[2]. La section suivante,

---

1. IPCC, *Climate Change 2014 : Mitigation of Climate Change*, *op. cit.*, p. 220-221.

2. *Ibid.*, p. 221. Cette approche pour saisir l'importance morale des non humains se retrouve également dans le récent document technique sur les pertes et préjudices, commandé dans le cadre du Mécanisme international de Varsovie relatif aux pertes et préjudices. Puisque ce

sur le bien-être, ne dit absolument rien sur les non humains, et la valeur d'existence n'est en fait utilisée dans aucune des évaluations des impacts climatiques dans le reste du rapport. Même s'il s'agit clairement d'une tentative plus sérieuse pour mettre en évidence le fait qu'il existe des questions éthiques sur le statut moral des non humains, les considérations soulevées dans cette discussion n'affectent en rien le contenu des analyses qui suivent. C'est une stratégie bien trop répandue dans ce type de documents : traiter les critiques en reconnaissant l'existence de « perspectives alternatives », en décrire les revendications, puis continuer comme si de rien n'était, en ignorant totalement le contenu des critiques précédemment formulées.

Du côté de l'éthique climatique, les éthiciens ont également, pour la plupart, laissé de côté le défi soulevé par l'orientation anthropocentriste de la politique climatique, dirigeant plutôt leurs efforts vers la résolution des problèmes éthiques considérables qui existent déjà dans un cadre anthropocentriste. Les sujets qui ont retenu le plus l'attention en éthique climatique sont les questions relatives à la juste répartition des coûts de l'atténuation et de l'adaptation, le type de participation que la justice exige dans les décisions politiques, la manière d'inclure la prise en compte des intérêts des générations futures dans la prise de décision, les droits humains fondamentaux qui sont impliqués dans l'éthique climatique et la manière de comprendre la responsabilité des individus, des États et des entreprises

document a été explicitement commandé pour évaluer les valeurs non économiques, il est peut-être plus compréhensible qu'il utilise le cadre conceptuel de la valeur pour évaluer l'importance morale des non humains et de leurs intérêts : United Nations, *Non-Economic Losses in the Context of the Work Programme on Loss and Damage : Technical Paper*, 2013, [en ligne], <http://unfccc.int/resource/docs/2013/tp/02.pdf>.

dans la lutte contre le changement climatique. Aucune des grandes anthologies ou aucun des numéros spéciaux sur l'éthique climatique ne contient d'articles – ou même de sections d'articles – sur les intérêts des animaux non humains[1].

LES JUSTIFICATIONS POSSIBLES D'UNE POLITIQUE CLIMATIQUE ANTHROPOCENTRISTE

Cette section examine cinq arguments que l'on pourrait donner pour justifier l'approche anthropocentriste de l'analyse et de l'évaluation des alternatives de politique climatique. Or dans chaque cas, je soutiens que la tentative de justification échoue.

1. *Les décideurs politiques en matière de climat ne soutiennent pas une position anthropocentriste; ils adoptent une position neutre entre l'anthropocentrisme et le non anthropocentrisme.*

On pourrait défendre que l'approche politique décrite ci-dessus n'est en fait pas anthropocentriste mais reste plutôt neutre entre les positions anthropocentristes et non anthropocentristes. Nulle part dans les documents ci-dessus il n'est mentionné que les non humains n'ont pas d'intérêts moralement importants; à certains endroits il est même mentionné que certaines personnes pensent qu'ils en ont. De plus, les éthiciens qui acceptent que les non humains

1. Voir, par exemple, S. M. Gardiner, *A Perfect Moral Storm : The Ethical Tragedy of Climate Change*, Oxford, Oxford University Press, 2011 ; et S. M. Gardiner, S. Caney, D. Jamieson et H. Shue, *Climate Ethics : Essential Readings*, Oxford, Oxford University Press, 2010. Gardiner mentionne au passage les intérêts des animaux, mais ne traite pas de la question plus longuement.

aient des intérêts moralement importants ne nient pas que les humains aient aussi des intérêts moralement importants. En limitant l'analyse aux humains et à leurs intérêts, on pourrait donc considérer que ces évaluations se concentrent sur le domaine où il y a le plus large consensus : que les intérêts humains sont importants. Dans un domaine politique où il est très important d'obtenir un accord politique entre des parties ayant des positions très différentes sur les valeurs, il peut être plus sage de se centrer sur les domaines où il y a le plus d'entente entre les parties.

Je pense cependant que cet argument est voué à l'échec. Ignorer un ensemble de considérations, ce n'est pas rester neutre à leur égard, c'est les traiter comme des éléments sans importance. Imaginez que quelqu'un plaide pour que les intérêts des femmes soient exclus des évaluations de la politique climatique sur la même base. Dans le monde dans lequel nous vivons, pourrait dire cette personne, il existe encore une certaine controverse sur la question de savoir si les intérêts des femmes importent indépendamment de ceux des hommes. Le monde compte encore de nombreux sexistes, dont certains sont même à la tête de puissants pays, et leur accord en matière de politique climatique est très important. Bien sûr, il existe pourtant un large consensus parmi les éthiciens sur le fait que de telles attitudes sexistes restent immorales. Mais peut-être, finalement, que pour parvenir à un accord politique plus large, nous devrions officiellement rester « neutres » quant aux intérêts des femmes et évaluer les alternatives de politique climatique en se basant entièrement sur les impacts sur les hommes. « Nous ne disons pas que les femmes n'ont pas d'intérêts moralement importants », pourrait soutenir un défenseur de cette approche, « nous nous focalisons simplement sur le point de vue qui met tout le monde d'accord : que les intérêts des hommes sont moralement importants ».

Une telle défense serait considérée comme totalement inacceptable, et même risible. La raison de son caractère inacceptable n'est pas simplement que la pertinence des intérêts des femmes, de façon indépendante, est inscrite dans d'autres documents et traités des Nations unies ; elle serait inacceptable même si les intérêts des femmes n'avaient pas ce genre de statut officiel. La raison en est que l'adoption, comme objectif des négociations internationales sur le climat, de politiques visant à profiter aux hommes et l'évaluation de stratégies d'atténuation et d'adaptation fondées uniquement sur leur impact sur les intérêts des hommes ne sont pas du tout neutres quant à l'importance morale des intérêts des femmes. En fait, ces dernières sont traitées comme n'ayant aucune importance – comme n'ayant aucun poids sur les décisions concernant ce que nous devrions faire. Si ce type de raisonnement ne serait pas considéré comme une justification valable, même de loin, pour ignorer les intérêts des femmes, il est logique de se demander pourquoi nous devrions accepter le même raisonnement comme justification pour ignorer les intérêts des animaux non humains. Dans les deux cas, une logique pragmatique consistant à éviter la prise en compte de certains intérêts n'est pas la même chose que de rester neutre quant à leur pertinence. Ce type de raisonnement fait comme si les intérêts en jeu étaient sans importance et, dans les deux cas mentionnés, il n'est clairement pas justifié de le faire sur le plan moral.

2. *Les préoccupations relatives à la biodiversité intègrent les intérêts non humains.*

Une autre tentative pour justifier l'approche actuelle en matière de politique climatique pourrait consister à faire valoir que les intérêts non humains sont déjà pris en compte dans les discussions politiques. Ils le sont par l'attention donnée à la perte de la biodiversité qui résultera du changement climatique. Les extinctions sont en effet un sujet de grand intérêt dans les évaluations des politiques : le taux et le type d'extinction des espèces non humaines dans le cadre de divers scénarios sont étudiés de manière assez détaillée, tant au niveau mondial que régional. Le changement climatique est un problème mondial, pourrait-on dire, et donc se préoccuper de la biodiversité est la façon dont nous évaluons les impacts sur les intérêts des non humains : c'est une évaluation faite à large échelle.

Toutefois, se préoccuper de la biodiversité n'est pas du tout la même chose que de se préoccuper du bien-être des animaux individuels, et promouvoir la biodiversité ne favorise pas nécessairement les intérêts des animaux individuels concernés. L'augmentation de la biodiversité peut causer de grandes souffrances : par exemple, dans les programmes impliquant la captivité et l'élevage forcé. La protection des espèces menacées par la colonisation assistée ou par l'élimination des espèces envahissantes peut également entraîner des nuisances délibérées pour les animaux concernés. Viser à protéger la biodiversité, c'est s'assurer qu'il reste une certaine diversité au sein d'une population donnée. Cela pourrait attirer notre attention sur la diversité des caractéristiques des individus, mais ce n'est pas la même chose que de se concentrer sur le bien-être de ces individus. La biodiversité et les intérêts des animaux peuvent très bien être liés, dans la mesure où l'extinction de certaines espèces peut menacer les deux. Mais l'attention portée à la prévention de la perte de la biodiversité ne protégera pas nécessairement les intérêts des animaux. Nous pouvons facilement le constater par une analogie avec l'être humain : un souci de diversité culturelle n'est pas la même chose qu'un souci du bien-être des personnes. Une famine ou un génocide pourrait bien menacer les deux, mais travailler à assurer la diversité culturelle ne réussira pas nécessairement à promouvoir automatiquement le bien-être des individus.

3. *La convergence : aider les humains aidera les animaux.*

Une troisième manière de défendre l'orientation anthropocentriste de la politique climatique pourrait être de soutenir qu'en promouvant les intérêts des humains, nous ferons également progresser les intérêts des non humains. Bien qu'il ne soit pas toujours vrai que les intérêts des humains et des non humains convergent (par exemple, dans les décisions concernant l'utilisation des terres, les intérêts des humains et des non-humains sont probablement davantage susceptibles de s'opposer), on pourrait néanmoins soutenir que lorsqu'il s'agit de politique climatique, ce qui est bon pour nous est simplement bon pour eux. Après tout, nous avons tous intérêt à empêcher – ou du moins à limiter – le changement climatique. Et comme les intérêts humains sont plus faciles à identifier pour nous, l'argument pourrait fonctionner : nous pouvons fonder nos politiques sur ces intérêts en sachant que ce qui satisfait les intérêts humains satisfera également les intérêts des non humains.

Ce raisonnement pose toutefois deux problèmes. Premièrement, savoir si nos intérêts et ceux des non humains

vont de fait converger est une question de type empirique :
par exemple, est-ce que ce qui est mieux pour nous l'est
aussi pour les chimpanzés ? Il est pourtant clair que les
intérêts des humains *peuvent* entrer en conflit avec ceux
des non humains, et il faut donc un certain fondement
empirique pour affirmer avec certitude que ce ne sera pas
le cas pour les questions relatives au changement climatique.
Le GIEC n'a pas souhaité valider d'autres affirmations
empiriques importantes uniquement sur la foi, mais a plutôt
été scrupuleux pour expliquer le fondement scientifique
de ces affirmations ainsi que pour donner des évaluations
de leur certitude en termes de confiance et de probabilité.
Une affirmation empirique ayant des implications aussi
radicales que celle-ci devrait être soumise à un examen
empirique similaire.

Deuxièmement, il y a de bonnes raisons de penser qu'il
n'y aura pas en réalité de convergence d'intérêts. Il aurait
peut-être été possible de présenter des arguments plus
solides à une époque antérieure, lorsque les choix politiques
auxquels le monde était confronté concernaient principalement la réduction des émissions et que celle-ci n'avait
pas besoin d'être aussi drastique ou aussi rapide pour éviter
les pires effets du changement climatique. Mais aujourd'hui,
nos choix concernent aussi bien l'adaptation que
l'atténuation (et les compromis entre les deux), et le
changement climatique a déjà produit des changements
écologiques importants. Il semble que nous soyons
condamnés à un certain degré de changement climatique,
et ce, même si nous poursuivions maintenant des stratégies
maximales d'atténuation. Cela signifie que l'avenir se
décrira en termes d'augmentation des inondations et
d'augmentation du processus de désertification, conduisant
à plus de migrations de populations humaines, entraînant

plus de pression et de conflits autour de l'utilisation des terres. Puisque nous n'avons pas fait les choix qui auraient profité à tous il y a une génération, nous sommes maintenant confrontés à des choix plus difficiles, avec des compromis plus importants. Que nous devions choisir entre la préservation de l'habitat des chimpanzés et le logement des réfugiés climatiques ne semble plus désormais être un scénario impossible.

4. *Notre travail est trop considérable pour inclure en plus la prise en compte des intérêts non humains.*

La situation plutôt désespérée dans laquelle nous nous trouvons aujourd'hui offre toutefois l'occasion d'élaborer un quatrième point de défense pour l'approche anthropocentriste. Étant donné l'ampleur de la souffrance humaine qui est en jeu dans nos choix politiques et étant donné l'urgence avec laquelle nous devons faire ces choix, l'idée pourrait être défendue que nous n'avons tout simplement pas le temps d'ajouter une nouvelle couche de complexité à notre évaluation des alternatives. Traiter les impacts de nos choix sur les êtres humains est déjà une tâche assez énorme en soi ; or nous ne l'avons pas effectuée de manière adéquate. Il est impossible d'ajouter encore à cette tâche une évaluation des impacts de nos choix politiques sur les non humains, et nous ne devrions pas non plus introduire dans nos négociations une nouvelle question sur laquelle se disputer. Ajouter la prise en compte des intérêts des non humains à notre travail ne ferait que rendre nos efforts internationaux encore moins susceptibles de réussir.

Cette justification pose deux problèmes. Premièrement, nous n'accepterions pas un argument parallèle pour défendre l'exclusion de tout autre groupe dont nous considérons le bien-être comme moralement important. « Les femmes rendent les choses trop compliquées ; nous pouvons à peine évaluer les besoins des hommes tels qu'ils sont » ne serait pas une raison acceptable pour exclure les intérêts des femmes de l'évaluation des politiques. Deuxièmement, les informations concernant les effets du changement climatique sur les animaux non humains sont assez facilement accessibles de nos jours. Les organisations de protection des animaux, les scientifiques qui étudient des populations animales particulières et diverses ONG recueillent des données, publient des études et font connaître les résultats de leurs études sur cette question depuis un certain temps maintenant[1]. Ainsi, la prise en compte des

1. Voir, par exemple, C. A. Chapman, T. R. Gillespie et T. L. Goldberg, « Primates and the Ecology of Their Infectious Diseases : How Will Anthropogenic Change Affect Host-Parasite Interactions? », *Evolutionary Anthropology : Issues, News, and Reviews* 14, 4, 2005, p. 134-144 ; Humane Society International, *The Impact of Animal Agriculture on the Environment and Climate Change in Brazil*, 2016, [en ligne], <http://www.hsi.org/assets/pdfs/hsi-fa-whitepapers/brazil_climate_change_factsheet.pdf> ; G. Koneswaran et D. Nierenberg, « Global Farm Animal Production and Global Warming : Impacting and Mitigating Climate Change », *Environmental Health Perspectives* 116, 2008, p. 578-582 ; C. R. McMahon, H. R. Burton, « Climate Change and Seal Survival : Evidence for Environmentally Mediated Changes in Elephant Seal, Mirounga leonina, Pup Survival », *Proceedings of the Royal Society of London B : Biological Sciences* 272, 1566, 2005, p. 923-928 ; C. Sesink Clee, R. Paul *et al.*, « Chimpanzee Population Structure in Cameroon and Nigeria is Associated with Habitat Variation that May Be Lost under Climate Change », *BMC Evolutionary Biology* 15, 1, 2015, p. 1-13 ; S. Shields, Sara, G. Orme-Evans, « The Impacts of Climate Change Mitigation Strategies on Animal Welfare », *Animals* 5, 2, 2015, p. 361-394 ; I. Stirling, Ian, A. E. Derocher, « Possible Impacts of Climatic Warming on Polar Bears », *Arctic* 46, 3, 1993, p. 240-245. Pour plus de détails sur cette question, voir D. Fraser, A. M. MacRae, « Four Types of Activities that Affect Animals : Implications for Animal Welfare Science and Animal

effets sur les intérêts des animaux ne serait pas un projet entièrement nouveau ; il s'agirait simplement d'examiner les données scientifiques disponibles à peu près de la même manière que le GIEC, par exemple, examine les données scientifiques dans d'autres domaines.

5. *Les animaux non humains ne sont pas représentés par l'ONU ; ils ne sont pas des Parties à la Convention-cadre.*

Un dernier argument pour ne pas évaluer la politique climatique en fonction de son impact sur le bien-être des non humains est issu de la philosophie politique plutôt que de l'éthique. Les chimpanzés et les autres animaux non humains, aussi importants que soient leurs intérêts moraux, ne sont pas des Parties membres à la CCNUCC. En vérité, ils ne sont pas du tout représentés par les Nations Unies. L'ONU est un organe politique qui donne une représentation politique aux États-nations afin de régler les conflits entre eux. De la même manière que le gouvernement allemand n'est pas chargé de promouvoir les intérêts des citoyens américains, l'ONU n'est pas chargée de promouvoir les intérêts des chimpanzés.

À bien des égards, nous arrivons à l'argument le plus fort présenté ici. Non seulement nous accepterions ce genre de raisonnement dans le cas des humains, mais nous l'acceptons de fait tout le temps. La plupart des gens s'accordent pour reconnaître que les organes politiques

Ethics Philosophy », *Animal Welfare* 20, 2011, p. 581-590 ; S. Harrop, « Climate Change, Conservation and the Place for Wild Animal Welfare in International Law », *Journal of Environmental Law* 23, 2011, p. 441-462 ; et J. N. Marchant-Forde, « The Science of Animal Behavior and Welfare : Challenges, Opportunities, and Global Perspective », *Frontiers in Veterinary Science* 2, 16, 2015, p. 1-6.

ont une obligation particulière de veiller aux intérêts de ceux qu'ils représentent et qu'ils n'ont pas la même obligation envers les intérêts des autres. Le gouvernement allemand n'a pas l'obligation de prendre en compte la manière dont mon salaire pourrait être affecté lorsqu'il décide de sa politique nationale ; c'est le gouvernement américain qui a cette obligation. De même, on pourrait penser que les Nations unies n'ont pas l'obligation de prendre en compte les intérêts des chimpanzés lorsqu'elles prennent des décisions sur les politiques climatiques ; cette obligation devrait plutôt revenir à un gouvernement de chimpanzés.

Ce type de raisonnement a eu une influence sur l'élaboration des politiques internationales, où il a contribué à légitimer le système d'État-nation qui constitue la structure organisationnelle d'organes tels que l'ONU. Toutefois, ses limites ne sont pas toujours prises au sérieux comme elles devraient l'être. La référence au « gouvernement des chimpanzés » dans le paragraphe précédent peut nous aider à acquérir une meilleure compréhension de ces limites. Il n'existe bien sûr pas de gouvernement des chimpanzés, ni de gouvernements des éléphants ou des baleines. La COP n'est pas un organe représentatif parmi d'autres, chacun défendant les intérêts des membres de sa propre espèce et négociant avec les autres pour arriver à des politiques qui serviront au mieux tous les intérêts. La COP est au contraire la seule organisation à formuler des politiques climatiques au plus haut niveau. Les accords de la COP dans le cadre de la CCNUCC ne sont pas le point de départ de négociations avec les membres d'autres espèces ; ils déterminent au contraire *ce que sera la politique climatique mondiale, et ce pour l'ensemble de la planète*. De même, le GIEC n'étudie pas les effets du changement climatique sur les êtres humains, tout en confiant au Groupe d'experts sur les chimpanzés le soin d'étudier les effets sur les chimpanzés, etc. Le GIEC vise plutôt à « fournir au monde une vision scientifique claire de l'état actuel des connaissances en matière de changements climatiques et de leur incidence potentielle sur l'environnement et la sphère socio-économique »[1]. Cette description n'implique pas de restriction quant aux espèces considérées.

Cela peut sembler évident, mais voici pourquoi c'est important. L'idée qu'il est moralement acceptable pour les États d'ignorer les intérêts des non citoyens est soumise à des contraintes importantes. Premièrement, les États ne peuvent pas violer les droits humains fondamentaux d'une personne, quelle que soit sa citoyenneté. Ainsi, tout intérêt lié aux droits fondamentaux doit être pris en compte, même s'il s'agit des intérêts de non citoyens. La question de savoir si les animaux ont des droits moraux est une question délicate ; cela dépend en grande partie de la théorie des droits que l'on adopte. Je n'adresserai pas cette question ici. Il suffit de dire que si les animaux avaient des droits moraux fondamentaux, cette contrainte s'appliquerait également à leurs intérêts : les États seraient obligés de prendre en considération les intérêts des animaux dans la mesure où cela concerne la satisfaction ou la violation des droits fondamentaux des animaux.

Deuxièmement, la justification morale pour un système de « communautés politiques délimitées », dans lequel les États ont l'obligation de veiller aux intérêts de leurs propres citoyens et non pas aux intérêts de leurs non citoyens, repose sur l'idée que chacun a la possibilité de voir ses

---

1. IPCC, « Qui sommes-nous ? À propos du GIEC », [en ligne], <https://www.ipcc.ch/languages-2/francais/>.

intérêts représentés d'une manière ou d'une autre[1]. Pour le dire autrement, la justification éthique offerte afin de pouvoir ignorer systématiquement les intérêts moralement importants de certains groupes présuppose une « division du travail éthique » selon laquelle ce n'est pas *mon* travail de veiller aux intérêts de ces groupes, mais c'est celui de quelqu'un d'autre. Considérons une analogie : Dans un système juridique accusatoire, il n'appartient pas au procureur de présenter au jury toutes les preuves de l'innocence d'un accusé ou de promouvoir les intérêts de ce dernier ; c'est le travail de l'avocat de la défense. Le système permet au procureur de se concentrer plutôt sur les preuves de la culpabilité, non pas parce que les preuves de l'innocence ne sont pas importantes, mais plutôt parce que c'est le travail de quelqu'un d'autre de les mettre en évidence. De la même façon, tant que mes droits fonda- mentaux ne sont pas violés, le gouvernement allemand n'a pas besoin de prendre en compte mes intérêts, même en faisant quelque chose qui pourrait les affecter. Ce n'est pas parce que mes intérêts ne sont pas importants, mais plutôt parce que c'est le travail du gouvernement américain de représenter et de défendre mes intérêts.

Du point de vue de l'éthique, il est donc acceptable que quelqu'un ignore les intérêts moralement importants affectés par son action mais uniquement à partir du moment

---

1. En 2010, on comptait environ 12 millions d'apatrides : S. Hanes, « Locked Out : The 12 Million People Without a Country, and the Need to Become a Citizen », Christian Science Monitor, 2010, [en ligne], http:// www.csmonitor.com/World/Global-Issues/2010/0704/Locked-out-The- 12-million-peoplewithout-a-country-and-the-need-to-become-a-citizen. Pour une discussion sur les communautés politiques délimitées et leurs inconvénients, voir S. Donaldson et W. Kymlicka, *Zoopolis : A Political Theory of Animal Rights*, Oxford, Oxford University Press, 2011 [trad. fr. P. Madelin, *Zoopolis. Une théorie politique des droits des animaux*, Paris, Alma, 2016].

où l'on peut s'assurer que ces intérêts seront représentés d'une autre manière. Autrement dit, s'il existe une division du travail selon laquelle une autre partie ou un autre organisme représente vos intérêts, alors je pourrais avoir le droit de légitimement les ignorer. Soit dit en passant, il convient de noter combien de critiques contemporaines de telles divisions du travail ont été fondées sur l'échec du respect de cette exigence. Les critiques du système de l'État-nation défendent qu'un tel modèle laisse de côté les intérêts des apatrides, des indigènes et des groupes opprimés non représentés ou insuffisamment représentés au sein de l'État-nation. Les critiques des systèmes juridiques accusatoires affirment que les preuves à décharge ne sont souvent pas portées à l'attention des jurys, laissant les intérêts des accusés non représentés. Dans la mesure où ces affirmations sont correctes, l'excuse « ce n'est pas mon travail », qui devrait permettre d'ignorer certains intérêts serait en fait un leurre, non justifié d'un point de vue éthique.

Dans le cas des non humains, il est clair qu'il n'existe aucun organe politique qui représentera leurs intérêts moralement importants dans les décisions relatives à la politique climatique. Il n'y a pas de Conférence des chimpanzés ou de groupe d'experts chimpanzés sur le changement climatique. Cela signifie soit que la COP et le GIEC doivent trouver un moyen de prendre en compte ces intérêts, soit que ces organes n'ont pas de véritable légitimité sur le plan éthique dans le processus de prise de décision concernant ce que devrait être la politique climatique mondiale[1].

1. La question reste ouverte de savoir si de telles politiques pourraient être politiquement justifiées, indépendamment du fait qu'elles ne soient pas justifiées d'un point de vue éthique. Cela dépend en grande partie

Ce cinquième argument ne décharge donc pas les décideurs politiques de la responsabilité d'inclure les intérêts moralement importants des animaux dans l'élaboration de leur politique climatique. Bien que le raisonnement qui sous-tend ce cinquième argument reste généralement incontesté dans le discours politique contemporain, les contraintes éthiques qui pèsent sur l'acceptabilité de ce raisonnement montrent qu'il n'est pas éthiquement justifiable d'ignorer les intérêts moralement importants des non humains.

CONCLUSION

L'éthique exige que nous prenions en compte les intérêts moralement importants des animaux non humains dans les prises de décision qui affecteront ces intérêts. Pourtant, nos décision en matière de politique climatique ont systématiquement ignoré les intérêts des non humains dans l'évaluation des différentes alternatives politiques. En raison de cette omission, nos méthodes de détermination de la politique climatique se trouvent injustifiées sur le plan éthique. Si nos institutions politiques persistent à ignorer les intérêts moralement importants des non humains, elles contribuent d'elles-mêmes à invalider leurs revendications de légitimité en tant que responsables de la politique climatique. Pour le dire autrement, dans la mesure où les institutions politiques par lesquelles nous évaluons la politique climatique ignorent les intérêts moralement importants des non humains, il n'est pas acceptable de leur

de la théorie de la justification politique que l'on adopte et de sa relation avec l'éthique. Bien qu'il n'y ait pas de place pour développer des théories de la justification politique ici, je considère, pour ma part, que c'est un problème pour une institution ou une politique si elle s'avère être éthiquement inacceptable.

donner le dernier mot sur ce que nous devons faire en matière de changement climatique. À l'inverse, si nous donnons à ces institutions politiques la tâche d'élaborer des politiques climatiques, leur légitimité éthique dépendra de leur capacité à inclure les intérêts non humains moralement importants dans l'évaluation des alternatives politiques.

De manière plus concrète, on peut se demander à quoi ressemblerait une prise en compte sérieuse des intérêts moralement importants des non humains dans l'analyse de la politique climatique. Voici trois suggestions. Première-ment, de la même manière que les politiques internationales sont actuellement évaluées en partie en examinant leur impact sur les enfants, nous pouvons évaluer ces politiques en examinant leur impact sur les animaux non humains. Tout comme les enfants, les animaux ont un bien-être, et non pas seulement une « valeur d'existence », et les impacts des différentes alternatives politiques sur leur bien-être devraient être inclus dans l'évaluation de ces alternatives. Comme indiqué ci-dessus, considérer les intérêts des animaux et considérer les conséquences pour la biodiversité ne sont pas la même chose.

Deuxièmement, la méthodologie économique standard n'est actuellement pas bien adaptée à la tâche de mesurer le bien-être des non humains. Bien que de nombreux animaux aient des préférences qui peuvent être satisfaites ou non, aucune de nos méthodes actuelles pour évaluer la force des préférences des personnes ne peut être facilement appliquée aux préférences des animaux. Les animaux ne sont pas des acteurs du marché, et le comportement du marché ne peut donc pas être utilisé pour révéler leurs préférences. Ils ne peuvent pas non plus répondre à des enquêtes d'évaluation contingente destinées à saisir des valeurs non marchandes, de sorte que la méthode la plus courante pour obtenir les préférences exprimées ne fonctionnerait pas non plus dans leur cas. Les méthodes alternatives, déjà prises plus au sérieux dans la politique climatique, devraient donc présenter un intérêt considérable pour les personnes qui se soucient de la mesure des impacts sur le bien-être des animaux[1].

Troisièmement, étant donné que l'évaluation des politiques porte sur des questions fondamentales de justice entre les humains, il est important d'examiner également comment elles s'appliquent aux animaux. Il s'agit d'une question complexe. Si les animaux doivent être considérés comme des détenteurs de droits ou des objets de devoirs directs, alors les revendications de justice s'appliquent directement à eux. La question de savoir si les animaux sont porteurs de droits est particulièrement controversée ; cela dépend en grande partie de la théorie des droits que l'on adopte. Je n'aborderai pas cette question ici. Il suffit de dire que si nous pouvons traiter les animaux de manière injuste, alors toute analyse éthique de nos politiques devrait inclure des considérations sur la justice ou l'injustice de ces politiques envers les non humains aussi bien qu'envers les humains.

Il y a beaucoup plus à dire sur la façon d'évaluer les intérêts moralement importants des non humains : ce qu'ils sont, qui les possède et que faire lorsqu'ils entrent en conflit avec les intérêts moralement importants des humains. Mais si les arguments avancés ici sont solides, alors ni les décideurs politiques ni les spécialistes d'éthique climatique ne peuvent légitimement ignorer purement et simplement

---

1. Pour une discussion de ces méthodes dans le contexte des pertes et préjudices, voir United Nations, *Non-Economic Losses*, *op. cit.*

les intérêts des non humains. Une prise en compte honnête et responsable de ces questions, aussi bien dans la politique climatique que dans l'éthique climatique, est désormais plus que nécessaire[1].

1. L'auteure remercie Jeff Kasser, Gwendy Reyes-Illg, Phil Cafaro et Jen Teeple pour les conversations utiles qui ont influencé les idées de cet article.

CLARE PALMER

LA NATURE COMPTE-T-ELLE ?
LA PLACE DU NON HUMAIN DANS L'ÉTHIQUE DU CHANGEMENT CLIMATIQUE *

INTRODUCTION

Le débat éthique sur le changement climatique s'est développé autour de deux grands ensembles significatifs de questions. D'une part, il y a les questions relatives à la justice entre nations et entre personnes des générations présentes. D'autre part, il y a les questions relatives aux responsabilités morales des personnes des générations présentes envers les générations futures. Si l'on considère, pourtant, les effets planétaires probables du changement climatique, on pourrait s'attendre à trouver évoqué un troisième aspect du débat éthique, à savoir les questions concernant directement l'impact du changement climatique sur le monde non humain. À ce sujet, très peu de choses ont été dites jusqu'à maintenant. Bien entendu, les écosystèmes et les espèces ont eu un rôle important dans le débat politique et éthique en cours sur le climat, parce

---

* C. Palmer, « Does Nature Matter ? The Place of the Nonhuman in the Ethics of Climate Change », *in* D. G. Arnold (ed.), *The Ethics of Global Climate Change*, Cambridge, Cambridge University Press, 2011, p. 272-291.

que le changement climatique peut les affecter de manière à avoir de graves conséquences sur les êtres humains. Les inondations et les sécheresses peuvent provoquer une famine généralisée chez les humains ; les espèces envahissantes peuvent propager des maladies humaines ; et la perte de la biodiversité peut menacer les services écosystémiques. Mais dans toutes ces situations, le monde non humain n'est qu'*indirectement* une préoccupation du point de vue moral. Pour reprendre une distinction de Jan Narveson, même si les écosystèmes ou les espèces font l'*objet* d'une préoccupation, le *fondement* de cette préoccupation reste l'être humain[1]. Ici, en revanche, je m'intéresse *directement* aux conséquences éthiques du changement climatique sur les espèces, les écosystèmes, les organismes et les animaux sentients*, indépendamment de la question des nuisances que ces impacts pourraient potentiellement avoir sur les humains.

On a déjà, certes, directement exprimé des inquiétudes, autant chez les écologistes que chez les éthiciens, concernant l'impact du changement climatique sur le monde non humain. Par exemple, The Nature Conservancy vise à « protéger la nature de dommages irréversibles causés par le changement climatique »[2]. La Humane Society of the United States (HSUS), dans une récente déclaration sur le changement climatique, se soucie du fait que « le changement climatique nuise déjà aux animaux partout

1. J. Narveson, « On a Case for Animal Rights », *The Monist* 70, 1, 1987, p. 35.

* Ce terme, qui est utilisé en éthique animale, désigne l'expérience subjective de la sensibilité, la capacité à éprouver le plaisir et la souffrance de manière consciente.

2. Jonathan Hoekstra for the Nature Conservancy, [en ligne], <www.nature.org/initiatives/climatechange/features/art26193.html>.

dans le monde » et qu'« un nombre croissant de phénomènes météorologiques extrêmes déplace ou tue un nombre inédit d'animaux de ferme, d'animaux de compagnie et d'animaux sauvages[1]. » Certains éthiciens travaillant sur le changement climatique ont aussi des préoccupations semblables. Stephen Gardiner écrit que « le choix de la trajectoire à suivre [en termes d'émissions mondiales de carbone sur le long terme] soulève des questions quant à nos responsabilités à l'égard des animaux et de la nature »[2]. John Broome souligne que, indépendamment des effets sur les humains, « les dommages sur la nature pourraient bien être l'une des conséquences les plus néfastes du changement climatique »[3]. Le *White Paper on the Ethical Dimensions of Climate Change*, un document collectif influent, destiné à peser sur la politique climatique, soutient à maintes reprises que le changement climatique soulève des questions éthiques concernant directement les « nuisances » causées aux plantes, aux animaux et aux écosystèmes, et les « devoirs de les protéger ». Ce même document affirme que leurs intérêts devraient être pris en compte aux côtés de ceux des humains dans la prise de décision politique en matière de changement climatique[4].

1. Humane Society of the United States, [en ligne], <www.humanesociety.org/about/policy_statements/statement_on_climate_change.html>.

2. S. M. Gardiner, « Ethics and Climate Change : An Introduction », *WIREs Climate Change* 1, 2010, p. 54-66, p. 58.

3. J. Broome, « Valuing Policies in Response to Climate Change : Some Ethical Issues », 2009, [en ligne], <www.hmtreasury.gov.uk/d/stern_review_supporting_technical_material_john_broome_261006.pdf>, p. 12.

4. D. Brown *et al.*, *White Paper on the Ethical Dimensions of Climate Change*, [en ligne], <http://rockethics.psu.edu/climate/whitepaper/whitepaper-intro.shtml>, p. 10, 16, 18.

Mais bien que de nombreuses affirmations de ce genre aient été faites, il y a eu peu de tentatives pour examiner ce que de telles affirmations pourraient réellement signifier – et dans quelle mesure elles sont justes[1]. Le changement climatique va-t-il vraiment « nuire à la nature » ? Si oui, à quelles parties de la nature et de quelles façons ? Les animaux sauvages et les systèmes naturels du monde sont-ils réellement confrontés à une « crise d'une ampleur considérable », comme le prétend la HSUS ? Dans cet article, je vais faire un premier pas dans cette direction et entreprendre l'examen de ces questions. Je soutiendrai, en particulier, que le lien direct entre émissions anthropiques de gaz à effet de serre et nuisances moralement significatives causées au monde non humain n'est pas toujours simple à établir. Bien que le changement climatique soulève des problèmes éthiques dans un contexte non humain, ces problèmes sont d'une portée plus restreinte et ont une forme plus complexe qu'on ne le pense intuitivement.

TROIS POSTULATS

Étant donné l'espace limité dont je dispose, je commencerai par mettre entre parenthèses trois questions au sujet desquelles je ferai des postulats au lieu de présenter des arguments. Ces questions sont controversées (bien

1. Les deux articles les plus complets que je peux trouver sont R. Attfield, « Mediated Responsibilities, Global Warming and the Scope of Ethics », *Journal of Social Philosophy* 40, 2, 2009, p. 233-235, et D. Jamieson, « Climate Change, Responsibility and Justice », *Science and Engineering Ethics* 16, 3, 2010, p. 431-445. Jamieson mentionne un certain nombre de fois la perte de la nature sauvage comme étant un problème en rapport avec le changement climatique, notamment de manière évidente dans D. Jamieson, « Ethics, Public Policy and Global Warming », *Science, Technology and Human Values* 17, 2, 1992, p. 139-153 [trad. fr. dans le présent volume].

qu'à des degrés divers) mais elles ont été largement discutées ailleurs. Les mettre de côté me permettra de me concentrer sur les questions éthiques moins explorées qui sont celles qui m'intéressent principalement ici.

1) Je partirai du principe que le changement climatique est vraiment en train de se produire et que les êtres humains en sont en grande partie responsables. Je rejetterai donc le scepticisme général à l'égard de la science du climat. Je supposerai également que, malgré les controverses récentes, les rapports 2007 du Groupe d'experts intergouvernemental sur l'évolution du climat (GIEC) constituent notre meilleure source d'information fiable sur les impacts probables du changement climatique. Vous pouvez vous reporter à l'introduction de ce livre pour une discussion détaillée à ce sujet *.

2) Quand on pense à l'éthique climatique, on pense non seulement les problèmes en termes d'*effets* du changement climatique, mais également en termes de complexité dans la manière dont les êtres humains sont les *acteurs* du changement. Contrairement à de nombreux problèmes éthiques, le cas du changement climatique se caractérise par le fait que la responsabilité causale se répartit entre de nombreux acteurs, à travers de longues périodes et à travers l'espace. Cependant, je n'ai pas la place pour discuter ici de cet aspect causal du problème. Je supposerai donc simplement que les êtres humains *ont* une responsabilité morale à l'égard du changement climatique.

3) Troisièmement, et c'est le point le plus controversé, je partirai du principe que le monde non humain, ou du

* Palmer renvoie ici à la contribution suivante : D. G. Arnold, « Introduction : Climate Change and Ethics », *in* D. G. Arnold (ed.), *The Ethics of Global Climate Change*, Cambridge, Cambridge University Press, 2011, p. 1-15.

moins une partie de celui-ci, peut avoir une pertinence morale directe, indépendamment de son utilité pour les humains. Plus précisément, je supposerai qu'il y a quatre objets possibles de préoccupation morale directe : les espèces, les écosystèmes, les organismes vivants non conscients et les animaux à la fois conscients et sentients. Je limiterai la façon dont je comprends la préoccupation morale en me concentrant uniquement sur les revendications liées à la *considérabilité morale**. J'adopte le sens que donne Harley Cahen à la considérabilité morale comme signifiant « *x* a un statut moral si et seulement si (a) *x* a des intérêts, (b) il serait *prima facie* immoral de léser les intérêts de *x* (de nuire à *x*) et (c) l'immoralité du fait de léser les intérêts de *x* est directe[1]. » Par conséquent, je ne m'intéresse ni directement aux récits sur la « valeur d'existence » [*existence value*] de la nature, ni à certaines interprétations de la « valeur intrinsèque » de la nature, lorsqu'elles sont distinctes des revendications concernant les intérêts moralement importants (bien que ce que je dis puisse également être pertinent pour ces types d'approches).

Bien sûr, je reconnais volontiers que l'affirmation suivante est très controversée : les espèces, les écosystèmes et les organismes vivants non conscients ont des intérêts moralement pertinents (elle l'est moins dans le cas des animaux sentients). Je ne suis pas convaincue moi-même

* Nous suivons ici Hicham-Stéphane Afeissa en traduisant « *moral considerability* » par « considérabilité morale » (dans sa traduction du texte suivant : K. E. Goodpaster, « De la considérabilité morale », dans H.-S. Afeissa (éd.), *Éthique de l'environnement. Nature, valeur, respect*, Paris, Vrin, 2007, p. 61-91). Cette expression est très utilisée dans la littérature anglophone en éthique environnementale.

1. Voir H. Cahen, « Against the Moral Considerability of Ecosystems », *in* H. Rolston, A. Light (eds.), *Environmental Ethics : An Anthology*, Oxford, Blackwell Publishers, 2003, p. 114.

de la pertinence de cette affirmation, sauf dans ce dernier cas. Mais ce qui est intéressant ici, c'est que *même si on admet* que ces parties du monde non humain méritent d'être moralement considérées, cela ne nous amène pas toujours directement à la position selon laquelle le changement climatique leur cause des nuisances. Et c'est cela que je veux approfondir. Comme mon étude, même très superficielle, le montrera, la manière dont le changement climatique d'origine humaine est susceptible d'affecter le monde non humain génère des problèmes éthiques difficiles et déroutants. Il faudra encore beaucoup de travail pour tirer des conclusions satisfaisantes à l'égard de ces problèmes.

LE CHANGEMENT CLIMATIQUE
ET LE MONDE NON HUMAIN : CINQ FACTEURS CLÉS

Je vais commencer par mettre en évidence un certain nombre de facteurs importants et connexes dont nous devons tenir compte lorsque nous pensons à l'impact du changement climatique sur le monde non humain.

a) *La nuisance et le changement* : à ce titre, pour que le changement climatique soit directement moralement problématique, il doit entraver des intérêts, ou *nuire*. Mais en ce qui concerne au moins certaines des entités en cause ici, il n'est pas évident de savoir ce qui peut être « dans » leurs intérêts, et encore moins de savoir si le changement climatique est un type de phénomène qui peut réellement leur nuire – par opposition, par exemple, à l'action qui produit simplement une forme particulière de *changement*.

b) *Le changement climatique en tant que force productrice* : Le changement climatique est généralement considéré comme une force *destructrice*. Il est cependant également une force *productrice*, car il amène la création de choses et d'êtres nouveaux qui n'auraient pas existé sans cela. Dans la mesure où ces choses et ces êtres ont les mêmes capacités ou propriétés qui, selon nous, rendent les choses et les êtres existants moralement importants – dans ce cas, être porteurs d'intérêts – cela signifie qu'une partie de ce que le changement climatique *produit* sera moralement pertinente ; cette partie sera aussi pertinente que ce que le changement climatique élimine.

c) *Les questions quantitatives* : Le changement climatique peut avoir un impact sur un grand *nombre* de choses et d'êtres particuliers dans le monde. Le changement climatique pourrait modifier le nombre total d'organismes, le nombre total de types particuliers d'organismes et un certain nombre de choses et d'êtres de degrés différents de complexité et de sophistication psychologique.

d) *Les questions de non-identité* : Le changement climatique aura d'importantes répercussions à l'échelle mondiale. Il en résulte, entre autres, que les choses et les êtres qui existeront à l'avenir seront *différents* de celles et ceux qui auraient existé sans changement climatique. Mais cela soulève alors des questions concernant la possibilité même pour des choses et des êtres d'être lésés par des phénomènes qui sont, de fait, responsables de leur existence ou qui en sont les conditions nécessaires.

e) *Les questions d'incertitude* : Les futurs effets du changement climatique sur le monde non humain sont très incertains. Par exemple, nous en savons très peu sur la tolérance de nombreuses espèces à la variation de température. Certaines des préoccupations qui pourraient intéresser les éthiciens ne sont pas les préoccupations auxquelles les scientifiques actuels répondent ou sont susceptibles de répondre. La plupart ne saurait d'ailleurs sans doute pas par où commencer pour y répondre. C'est le cas d'une question telle que : le changement climatique entraînera-t-il dans le monde l'existence d'une moindre quantité ou d'une quantité plus grande d'êtres complexes sur le plan psychologique ? Autrement dit, il y a peu d'espoir de progrès concernant la réduction de l'incertitude dans certains domaines qui sont particulièrement pertinents sur le plan éthique.

Maintenant que ces facteurs ont été introduits, je passe à l'examen des questions éthiques que soulève le changement climatique au sujet de chacun des quatre « objets de préoccupation morale » possibles – à savoir, les espèces, les écosystèmes, les organismes vivants non conscients et les animaux capables d'expériences. Je le fais à tour de rôle. Je me permets de répéter : je n'essaie pas ici de défendre l'idée que ces êtres et ces entités *sont réellement* importants d'un point de vue moral, au sens où ils ont des intérêts qui peuvent être entravés, et qu'il est donc possible de leur nuire. Je me demande ce que le changement climatique pourrait signifier sur le plan éthique *si nous acceptions effectivement l'idée selon laquelle ces quatre objets ont* des intérêts moralement importants.

L'ÉTHIQUE CLIMATIQUE ET LE MONDE NON HUMAIN : LES ESPÈCES

Je commence par les espèces, parce qu'il s'agit d'un des cas (un peu) plus simples. Si nous acceptons l'idée selon laquelle les espèces sont en quelque sorte porteuses d'intérêts, et que la possession d'intérêts suffit pour obtenir un statut moral, alors il semble que le changement climatique *pourrait* en ce sens nuire aux espèces d'une manière moralement significative[1].

Tout d'abord, esquissons les effets actuels et ceux projetés du changement climatique sur les espèces. Le changement climatique a déjà probablement affecté les espèces ; certaines sont devenues plus abondantes et se sont plus largement réparties ; d'autres sont devenues moins abondantes ; quelques-unes d'entre elles ont peut-être déjà disparu. Le changement climatique futur, qui entraînera des changements dans le calendrier des saisons et dans les tendances pluviométriques, ainsi qu'une augmentation de la température, une acidification des océans et des phénomènes météorologiques extrêmes, aura probablement des effets importants sur l'aire de répartition, l'habitat, et la survie de bien des espèces[2]. Il affectera également la forme corporelle des membres de l'espèce. Par exemple, la recherche récente indique que de nombreuses espèces d'oiseaux aux États-Unis sont plus petites en taille et en poids, et ont également des ailes plus courtes qu'il y a 50 ans (bien que leurs populations restent constantes) : une

1. David Hull, parmi d'autres, défend que l'espèce est un type d'individu. Voir D. Hull, « A Matter of Individuality », *Philosophy of Science* 45, 3, 1978, p. 335-360. Certains éthiciens de l'environnement se sont appuyés sur cet argument pour soutenir qu'une espèce est moralement importante. Voir L. E. Johnson, « Future Generations and Contemporary Ethics », *Environmental Values* 12, 2003, p. 471-487. Cependant, cet argument est problématique. Ron Sandler and Judith Crane en présentent une critique convaincante dans leur article « On the Moral Considerability of Homo sapiens and Other Species », *Environmental Values* 15, 2006, p. 69-84.

2. Voir la discussion dans J. C. Vie, C. Hilton-Taylor, S. N. Stuart, « Species Susceptibility to Climate Change Impacts », in *Wildlife in a Changing World : An Analysis of the 2008 IUCN Red List of Endangered Species*, Gland, IUCN, 2009, p. 77-89.

transformation attribuée aux changements du climat[1]. Le quatrième rapport d'évaluation du GIEC note que « [s]i le réchauffement moyen de la planète excédait 1,5 à 2,5 °C par rapport à 1980-1999, le risque d'extinction de 20 à 30 % des espèces recensées à ce jour serait *probablement* accru *(degré de confiance moyen)* »[2].

Cependant, la proportion réelle des espèces existantes dans le monde qui pourraient disparaître en raison du changement climatique est largement contestée. Les principales incertitudes sont liées à l'estimation du caractère plus ou moins lent et plus ou moins modéré du changement climatique et à la façon dont le changement climatique interagira avec d'autres facteurs d'origine humaine qui menacent déjà les espèces, comme la fragmentation et la perte des habitats[3]. Pour mes objectifs, cependant, des chiffres fermes et définitifs ne sont pas essentiels. Il semble peu risqué, en effet, de supposer que le changement climatique entraînera l'extinction de certaines espèces. De plus, la recherche récente suggère que le taux d'extinction des espèces excède déjà le taux d'évolution des espèces

---

1. Voir J. Van Buskirk, R. S. Mulvihill, R. C. Leberman, « Declining Body Sizes in North American Birds Associated with Climate Change », *Oikos* 119, 6, 2010, p. 1047-1055.

2. GIEC 2007, « Résumé à l'intention des décideurs », dans R. K. Pachauri *et al.* (éd.), *Bilan 2007 des changements climatiques. Contribution des Groupes de travail I, II et III au quatrième Rapport d'évaluation du Groupe d'experts intergouvernemental sur l'évolution du climat*, Genève, Organisation météorologique mondiale, 2007, p. 122, p. 14.

3. C. D. Thomas *et al.* ont prédit que le changement climatique condamnerait 15 à 34 % des espèces à l'extinction dans l'article « Extinction Risk from Climate Change », *Nature* 427, 2004, p. 145-148. Cependant, ces chiffres sont contestés. Voir O. T. Lewis, « Climate Changes, Species-Area Curves and the Extinction Crisis », *Philosophical Transactions of the Royal Society B* 361, 2006, p. 163-171.

(bien que l'on ne sache pas exactement dans quelle mesure cela est actuellement la conséquence du changement climatique[1]). Il est donc probable qu'il y aura moins d'espèces dans l'ensemble, du moins à moyen terme. Dans la mesure où le changement climatique provoquera au moins l'extinction de certaines espèces et en menacera d'autres, il semble qu'il s'agisse là d'un moyen relativement simple pour le changement climatique d'avoir une pertinence morale directe dans le contexte non humain.

Mais il ne faut pas aller trop vite, car si, dans ce sens « large » du terme, le changement climatique semble nuire à certaines espèces de manière moralement significative, d'autres questions se posent. Premièrement, qu'est-ce qui est réellement « dans l'intérêt » d'une espèce ? L'intérêt premier le plus plausible d'une espèce doit certainement être de ne pas s'éteindre. Mais même cela n'est pas toujours évident. Supposons que pour que certaines espèces continuent d'exister, il faille que tous les organismes individuels qui la composent, présents et futurs, subissent une vie si douloureuse et si pénible, qu'ils seraient mieux morts en tant qu'individus. Autrement dit, imaginez que leur vie soit telle qu'elle ne vaille pas la peine d'être vécue. Serait-il encore dans l'intérêt de l'*espèce* de perdurer, alors même qu'il ne serait dans l'intérêt d'*aucun* de ses membres qui pourraient un jour exister ? Ou prenez un autre cas, suggéré par Bryan Norton, qui relève d'une préoccupation encore plus plausible en ce qui concerne le changement climatique. Est-ce qu'il serait dans l'intérêt d'une espèce de subir une pression constante d'adaptation, dans la mesure

1. Simon Stuart, Chair of the International Union for the Conservation of Nature's Species Survival Commission. Cité par : <www.telegraph. co.uk/earth/earthnews/7397420/Worlds-nature-becomingextinct-at-fastest-rate-on-record-conservationists-warn.html>

où cette pression alimenterait à la fois son déclin démo-graphique et augmenterait simultanément la probabilité qu'elle subisse une spéciation avant de finalement disparaître[1]? Une espèce a-t-elle un intérêt à la spéciation ? En raison de ce qu'est une espèce, et même si l'on considère que l'espèce a des intérêts moralement importants, il y a des cas pertinents pour la politique climatique où il est difficile de déterminer quels sont véritablement les intérêts qui sont en jeu.

Deuxièmement, il y a une autre préoccupation concernant les implications de la reconnaissance des intérêts d'une espèce. L'argument principal est-il simplement que les espèces ne devraient pas subir de nuisances ? Ou bien les intérêts des espèces peuvent-ils être comparés et hiérarchisés les uns par rapport aux autres pour obtenir les meilleurs résultats ? Et toutes choses étant égales par ailleurs, est-il préférable qu'il y ait plus d'espèces dans le monde plutôt que moins ? Ces questions sont difficiles et ne sont pas abordées actuellement dans la littérature éthique sur les espèces, mais elles semblent être des questions importantes en termes de politiques à suivre.

Donc, par exemple : il se peut que notre objectif premier en ce qui concerne les espèces – en gros, un objectif déontologique – soit de ne pas leur nuire. De ce point de vue, les nuisances causées à une espèce ne peuvent être compensées par les avantages produits pour une autre espèce. D'un autre point de vue – conséquentialiste au sens large – l'objectif pourrait être de maximiser la réalisation des intérêts des espèces, en promouvant ou en protégeant l'épanouissement des espèces existantes, et/ou

---

1. B. Norton, *Why Preserve Natural Variety?*, Princeton, Princeton University Press, 1992, p. 171.

en créant de nouvelles espèces, et/ou en permettant ou en encourageant la spéciation, le cas échéant. Le changement climatique, bien sûr, peut être problématique tant du point de vue déontologique que du point de vue conséquentialiste. Mais c'est évidemment plus une difficulté d'un point de vue déontologique que d'un point de vue conséquentialiste. Certes, selon le point de vue conséquentialiste, le changement climatique semble encore problématique, car il paraît peu plausible que, dans l'ensemble, le changement climatique favorise l'épanouissement des espèces. Même si certaines en bénéficieront, davantage seront perdantes, car la spéciation ne suivra pas le rythme de l'extinction, du moins pas sur une échelle de temps humainement compréhensible. Mais sur des millénaires, les spéciations pourraient bien surpasser les extinctions, de sorte que sur une longue période, on pourrait considérer que les pertes actuelles seront compensées à l'avenir[1].

De plus, même à court terme, des options politiques plus larges se présentent si l'on considère que les intérêts des espèces peuvent être comparés et compensés plutôt que de mettre uniquement l'accent sur la prévention des nuisances aux espèces. Le changement climatique sera « bon » pour certaines espèces et « mauvais » pour d'autres. « La susceptibilité individuelle d'une espèce au changement climatique dépend d'une variété de traits biologiques, dont le cycle de vie, l'écologie, le comportement, la physiologie et la constitution génétique »[2]. Les espèces généralistes,

1. Au fil du temps géologique, les extinctions provoquées par l'homme peuvent façonner les processus d'évolution. Voir D. Jablonski, « Lessons from the Past : Evolutionary Impacts of Mass Extinctions », *Proceedings of the National Academy of Sciences* 98, 10, 2001, p. 5393-5398.

2. J. C. Vie, C. Hilton-Taylor, S. N. Stuart, « Species Susceptibility to Climate Change Impacts », art. cit.

qui tolèrent de larges gammes de températures, qui ne dépendent pas de déclencheurs ou d'indices environnementaux très spécifiques pour des processus tels que la reproduction, qui résistent aux phénomènes météorologiques extrêmes, et qui peuvent se disperser ou coloniser de nouveaux habitats relativement facilement, sont susceptibles de prospérer dans un nouveau climat, alors même que d'autres espèces seront menacées[1]. Le changement climatique n'est donc pas sans équivoque « mauvais » pour les espèces – même si certaines des espèces pour lesquelles on pourrait penser qu'il est « bon » ne sont pas celles que les humains affectionnent le plus en général, telle la tique américaine du chien, un vecteur principal de la fièvre pourprée des montagnes Rocheuses. Certaines espèces sont susceptibles de bénéficier des phénomènes mêmes qui nuisent à d'autres espèces. Et si les nuisances et les bénéfices peuvent se compenser pour produire les meilleurs résultats globaux, il pourrait être préférable (en termes de ressources, par exemple) de réintroduire une espèce sauvage aujourd'hui éteinte, par exemple à partir de graines d'une banque de graines – comme la récente réintroduction de la laitue sauvage dans la forêt nationale de Malheur dans l'Oregon – plutôt que de dépenser des ressources importantes pour empêcher qu'une autre espèce, actuellement en danger, ne soit victime d'extinction.

Malgré tout, d'un point de vue général, si l'on admet que les espèces peuvent avoir des intérêts moralement pertinents, alors le changement climatique menace au moins certains de ces intérêts, même s'il en favorise d'autres. Les difficultés ici concernent le cadre théorique dans lequel on comprend ces intérêts, et donc ce que cela

1. *Ibid.*, p. 79.

pourrait signifier en termes de réponses politiques. Mais notons au moins qu'en termes de nuisances, les espèces soulèvent des questions éthiques moins difficiles que celles soulevées par certains autres objets possibles de considération morale que je vais maintenant aborder.

L'ÉTHIQUE CLIMATIQUE ET LE MONDE NON HUMAIN : LES ÉCOSYSTÈMES

Il est très probable que le changement climatique affecte déjà de nombreux écosystèmes dans le monde. Le quatrième rapport de synthèse du GIEC note avec « un *degré de confiance élevé* » que « les variations récentes de la température à l'échelle régionale ont eu des répercussions discernables sur beaucoup de systèmes physiques et biologiques »[1]. En particulier, il y a eu des changements dans les écosystèmes de l'Arctique et de l'Antarctique, surtout dans ceux situés autour de la banquise ; le pic de débit printanier dans les rivières alimentées par la neige et les glaciers est plus précoce et plus important ; des événements tels que la feuillaison, la migration et la ponte des oiseaux se produisent également plus tôt. Ces changements, et ceux plus nombreux à venir, y compris les effets de phénomènes météorologiques plus extrêmes, d'inondations et d'incendies, auront un impact important sur les écosystèmes. Or, certains écosystèmes existants peuvent complètement changer leur nature (ainsi, par exemple, certains écosystèmes côtiers sont susceptibles de devenir partie intégrante d'écosystèmes marins). De nombreux écosystèmes seront donc à l'avenir assez différents de ce qu'ils sont aujourd'hui, et de ce qu'ils auraient été autrement, en raison du changement climatique d'origine humaine.

---

1. GIEC 2007, « Résumé à l'intention des décideurs », *op. cit.*, p. 31.

Ces changements ont-ils, toutefois, une pertinence morale directe? Pour répondre positivement à cette question, en suivant les termes avec lesquels j'ai travaillé, il faudrait que deux conditions soient remplies. Premièrement, les écosystèmes doivent, en un certain sens, être l'objet d'une considération morale directe. Autrement dit, ils doivent avoir des intérêts, pouvoir bénéficier de certaines actions et pouvoir subir des nuisances de manière moralement significative. Deuxièmement, si on accepte l'idée que les écosystèmes sont bien un objet de considération morale, alors les effets du changement climatique *doivent* encore, de fait, être éthiquement significatifs, c'est-à-dire principalement que le changement climatique *doit nuire* au moins à certains écosystèmes. Puisque nous *présupposons* la considérabilité morale des écosystèmes, concentrons-nous ici sur la deuxième condition. Ce qui est en jeu, c'est le type de transformation que le changement climatique anthropique est susceptible de provoquer.

Si nous acceptons que les écosystèmes sont l'objet d'une considération morale, alors il doit y avoir une manière d'entraver les intérêts écosystémiques ou de nuire aux écosystèmes. Un cas flagrant de nuisance, selon ce point de vue, serait l'achèvement d'un projet de barrage qui inonderait rapidement et de façon permanente tout un écosystème de prairie, le détruisant complètement. La question est, cependant, de savoir si le changement climatique est susceptible d'avoir ce genre d'effet néfaste. À première vue, on pourrait penser que non. Après tout, le changement climatique est loin d'être un processus aussi rapide et spectaculaire que l'inondation résultant d'un projet de barrage. Il semble plus probable que les changements engendrés par le climat poussent juste les écosystèmes à se développer d'une certaine manière plutôt que d'une certaine autre. Quelques espèces se porteront bien, d'autres mal, créant ainsi de nouvelles compositions d'écosystèmes. Pourquoi alors considérer qu'une « poussée » dans une certaine direction plutôt que dans une autre est une « entrave aux intérêts » des écosystèmes ? Que cette « poussée » doit être considérée « pire » pour eux en comparaison avec d'autres perturbations et régimes climatiques qui, de toute façon, se seraient produits sous un climat différent, non anthropique ?

Une suggestion possible est de soutenir cette affirmation : au moins certains écosystèmes sont affectés de façon différente par le changement climatique anthropique. En d'autres termes, les impacts dont il est question ici sont différents des changements rencontrés dans les régimes « normaux » de perturbation. Beaucoup de ceux qui soutiennent que les écosystèmes ont une sorte de statut moral s'inspirent du travail d'Aldo Leopold sur l'éthique de la terre [*land ethic*], publié en 1949. Un élément clé de l'éthique de la terre de Leopold est l'affirmation suivante : « Une chose est juste lorsqu'elle tend à préserver l'intégrité, la stabilité et la beauté de la communauté biotique. Elle est injuste lorsqu'elle tend à l'inverse »[1]. La préoccupation soulevée par le changement climatique anthropique pourrait ainsi être la suivante : il perturbera l'intégrité et la stabilité des écosystèmes, de façon « anormale ».

Mais nous devons tout de même émettre quelques réserves concernant de telles idées. L'évolution des priorités dans la théorie de l'écologie depuis l'époque de Léopold a conduit à s'interroger sur la pertinence d'un point de vue écologique de la « stabilité » ou de l'« intégrité » en tant

---

1. A. Leopold, *A Sand County Almanac*, Oxford, Oxford University Press, 1989 [trad. fr. A. Gibson, *Almanach d'un compté des sables*, Paris, GF-Flammarion, 2017].

que mesure de ce qui est « bon » (ou, pour nos besoins ici, de ce qui constitue une nuisance écologique). On ignore quels sont les degrés de cohésion, de régularité et d'organisation des écosystèmes ; ces derniers semblent présenter « divers degrés de particularité historique, de stochasticité, de régularité, de cohésion et d'organisation hiérarchique »[1]. Pickett et Ostfeld soutiennent, de manière influente, que nous devrions comprendre les écosystèmes comme étant ouverts, changeants et variables de manière imprévisible, hétérogènes et inégaux en interne, et contenant une redondance d'espèces. À la lumière de l'évolution de ces idées, J. Baird Callicott suggère que nous devrions adapter l'éthique de la terre de Léopold comme suit : « Une chose est juste lorsqu'elle ne tend à perturber la communauté biotique qu'à des échelles spatiales et temporelles normales. Elle est injuste lorsqu'elle tend à l'inverse »[2]. On peut donc penser que le changement climatique anthropique est en mesure de perturber les communautés biotiques à des échelles spatiales et temporelles *anormales*, plus rapidement, de façon plus spectaculaire, plus complète et plus permanente, que les fluctuations des régimes classiques de perturbation. On pourrait défendre que ces changements majeurs d'*échelle* des écosystèmes sont ce qui pose directement problème sur le plan moral, et que nous devrions les considérer comme « quelque chose d'injuste » qui résulte du changement climatique dans le monde non humain.

1. K. De Laplante, J. Odenbaugh, « What Isn't Wrong with Ecosystem Ecology », [en ligne], <www.public.iastate.edu/~kdelapla/research/research/pubs_assets/wiwwee.pdf>.

2. J. B. Callicott, « From the Land Ethic to the Earth Ethic », *in* E. Crist, H. B. Rinker (eds.), *Gaia in Turmoil : Climate Change, Biodepletion, and Earth Ethics in an Age of Crisis*, Cambridge, MIT Press, 2009, p. 184.

Pourtant, dans le contexte du changement climatique, cette éthique de la terre revisitée est également problématique (comme le soutient désormais Callicott lui-même[1]). Une grande partie de l'argument repose sur le mot « normal ». Certes, au cours des derniers siècles, le climat mondial a été relativement stable. Mais l'analyse des dépôts de pollen et des carottes de glace du Groenland indique clairement que des changements climatiques abrupts – à une échelle humaine d'une décennie ou deux – se sont déjà produits dans le passé. Ainsi, par exemple, au cours de la période du Dryas récent, il y a 12 000 ans, un refroidissement très important et soudain a eu lieu, suivi d'un réchauffement assez brutal, en l'espace d'environ 50 ans en Europe du Nord et en Amérique du Nord, avec quelques changements climatiques également enregistrés au niveau mondial[2]. La National Academy of Sciences indique que

> [d]es preuves scientifiques récentes montrent que des changements climatiques majeurs et étendus se sont produits à une vitesse étonnante. Par exemple, environ la moitié du réchauffement de l'Atlantique Nord depuis la dernière période glaciaire a été atteinte en seulement

---

1. J. B. Callicott, « From the Land Ethic to the Earth Ethic », *op. cit.*, p. 178. L'argument de Callicott diffère cependant du mien ; il suggère qu'étant donné l'échelle planétaire et la longue période durant laquelle le changement climatique est susceptible de se produire, nous avons besoin d'une « éthique gaïenne » [*Gaian ethics*] plutôt que d'une éthique de la terre, et que l'éthique de la terre n'est pas pertinente dans ce contexte.

2. Il y a beaucoup de littérature sur ce point. Voir, par exemple, J. P. Severinghaus *et al.*, « Timing of Abrupt Climate Change at the End of the Younger Dryas Interval from Thermally Fractionated Gases in Polar Ice », *Nature* 391, 1998 p. 141-146.

une décennie, et elle s'est accompagnée de changements climatiques importants sur la plus grande partie du globe[1].

De tels changements climatiques, survenus de manière aussi brusque par le passé, ne sont évidemment pas à proprement parler considérés comme anthropiques. Et sur la longue échelle de temps sur laquelle il semble approprié de penser au changement climatique, ces changements ne sont pas non plus considérés comme *anormaux*. De ce point de vue, le changement climatique anthropique, même s'il a une origine différente, n'est pas vraiment dissemblable d'au moins un certain nombre d'autres épisodes dits « naturels » de changement climatique. Ainsi, si c'est la *normalité* des échelles spatiales et temporelles qui importe, il est difficile de voir en quoi le changement climatique serait « quelque chose d'injuste » dans un contexte écosystémique.

Mais ce n'est peut-être pas sur le terme « normalité » que nous devrions diriger notre attention ici. L'essentiel est sans aucun doute de déterminer si nous considérons que les changements climatiques brusques, qu'ils soient « normaux » ou non, et qu'ils soient d'origine naturelle ou humaine, peuvent entraver les intérêts moralement importants des écosystèmes. Si nous pensons qu'ils ne le peuvent pas, parce que, aussi extrêmes que soient ces types de changements, ils constituent tous des processus de changement écosystémique qui ne peuvent pas « nuire » au système, alors ils ne sont pas l'objet d'une préoccupation éthique directe et ce, quelle que soit leur origine (bien qu'ils puissent être pour *nous* une préoccupation majeure

---

1. Voir *Abrupt Climate Change : Inevitable Surprises*, Committee on Abrupt Climate Change, National Academy of Sciences, 2002, [en ligne], <www.nap.edu/openbook.php? record_id=10136&page=1>.

indirecte). Si, au contraire, nous pensons qu'un changement climatique brutal *peut* entraver les intérêts des écosystèmes, alors provoquer un tel changement serait de l'ordre d'une préoccupation morale directe pour les êtres humains. Que de tels changements climatiques puissent aussi se produire naturellement serait, dans ce cas, sans importance. Si un pyromane allumait un feu de forêt mortel qui, comme on peut s'y attendre, nuisait aux intérêts humains en détruisant des vies et des biens, on ne considérerait pas que le pyromane en question n'a aucune responsabilité morale parce que la foudre déclenche naturellement des feux tout aussi destructeurs. Il en va de même dans le cas du changement climatique : les humains sont des agents moraux, de sorte que leurs actions peuvent être moralement condamnables d'une manière qui ne peut être envisageable pour les changements climatiques naturels.

Cela nous ramène donc à la question suivante : quel genre d'effet nuisible le changement climatique peut-il avoir sur les systèmes écologiques ? Il est difficile de répondre à cette question, en partie à cause de notre incertitude quant aux effets mêmes du changement climatique mais également, et ce plus fondamentalement, à cause du problème, dans le contexte des écosystèmes, de pouvoir faire une distinction durable entre changement et nuisance, surtout sur de grandes échelles de temps. Bien entendu, les cas où les changements sont relativement rapides et clairement destructeurs sont moins difficiles à évaluer. Par exemple, le blanchissement soudain d'un récif corallien, qui entraîne la perte d'organismes qui en sont dépendants et compromet la fonctionnalité de l'écosystème, semble bien correspondre à une nuisance. Mais la lente expansion d'un écosystème forestier dans ce qui était auparavant un écosystème de toundra est beaucoup moins facile à identifier comme une nuisance. Les processus écosystémiques peuvent être maintenus dans des systèmes qui semblent très différents de ceux que nous avons actuellement, comme le soutiennent Nott et Pimm : « On peut imaginer un futur système forestier pantropical composé de quelques espèces d'arbres, avec les mêmes espèces d'insectes, d'oiseaux et de mammifères qui ont été introduites. Un tel monde pourrait présenter des processus écosystémiques acceptables, tout en ne contenant qu'une infime partie de la biodiversité tropicale actuelle »[1].

Il y a donc des cas où, *si* nous pensons que les écosystèmes ont des intérêts moralement pertinents, il semble que le changement climatique pourrait leur causer des nuisances. Mais il serait problématique de penser que *tous* ces changements sont nuisibles, étant donné notre manque général de connaissances sur les changements écosystémiques au fil du temps, et les difficultés à identifier à la fois les limites et l'identité d'un écosystème particulier. Il sera difficile, et controversé, d'établir un ensemble de conditions permettant de distinguer les *changements* d'un côté et les *nuisances* causées à un écosystème de l'autre.

Une autre façon de penser aux effets du changement climatique sur le monde non humain est de se pencher non pas sur les écosystèmes, mais plutôt sur les organismes qui les composent. Nous pourrions en effet penser, de façon plus plausible, que ce sont des organismes individuels qui seront lésés, plutôt que des écosystèmes entiers. L'idée que les organismes individuels vivants – en particulier les animaux sentients – sont des êtres qui *peuvent* être lésés

---

1. M. P. Nott, S. L. Pimm, « The Evaluation of Biodiversity as a Target for Conservation », *in* S. T. Pickett, R. S. Ostfeld, M. Shachak, G. Likens (eds.), *The Ecological Basis of Conservation*, New York, Chapman and Hall, 1997, p. 127.

est beaucoup plus largement acceptée, et il est beaucoup plus facile d'identifier ce qu'*est* réellement une nuisance dans le cas des organismes individuels (plutôt que dans celui des espèces ou des écosystèmes). Je vais donc maintenant examiner les effets du changement climatique sur les organismes individuels. Ici les questions concernant les chiffres, la créativité, l'identité et l'incertitude dans le contexte du changement climatique prennent une importance toute particulière.

LE CHANGEMENT CLIMATIQUE ET LE MONDE NON HUMAIN : LES ORGANISMES VIVANTS INDIVIDUELS

Avant de passer à l'examen des effets du changement climatique sur les organismes vivants individuels, je dois d'abord m'arrêter sur la façon dont l'importance morale des organismes individuels est généralement comprise. Dans la plupart des cas, ce qui importe, ce sont les *capacités* inhérentes particulières que possèdent les organismes individuels (plutôt que, par exemple, leurs propriétés relationnelles ou certaines propriétés qui ne sont pas une capacité, comme l'appartenance à une espèce). Ceux qui soutiennent, par exemple, que les organismes vivants non conscients ont une considérabilité morale et ont des intérêts qui peuvent être entravés, défendent généralement que les organismes vivants sont orientés vers un but ou qu'ils ont leur propre bien. Quant à ceux qui affirment que seuls certains animaux ont une considérabilité morale, ils soutiennent que des capacités telles que la capacité consciente de ressentir la douleur sont ce qui importe moralement. Presque tout le monde s'accorde à dire que l'accent devrait être mis sur les capacités, même s'il n'existe pas de consensus sur le choix des capacités qui sont pertinentes. Une autre source de désaccord concerne la question de savoir si certaines capacités ont plus de valeur que d'autres. Selon certains, la possession de capacités mentales sophistiquées donne à un organisme une importance morale supplémentaire. Ainsi, par exemple, alors qu'une plante peut avoir un statut moral minimal parce qu'elle est orientée vers un but, les capacités psychologiques sophistiquées d'un chimpanzé lui confèrent un degré d'importance morale beaucoup plus élevé.

Par quels moyens, alors, le changement climatique pourrait-il avoir des impacts moralement pertinents sur les organismes individuels ? Voici certaines possibilités :

a) *Le nombre* : le changement climatique peut affecter le nombre *total* d'organismes qui vivront.

b) *L'identité* : le changement climatique implique que des organismes individuels différents, qui n'auraient autrement pas existé, viennent au monde. Ces organismes peuvent avoir des capacités différentes de celles d'organismes qui auraient autrement vécu (ils peuvent être plus ou moins sophistiqués sur le plan psychologique, par exemple). Dans tous les cas, le changement climatique est une condition nécessaire à l'existence de ces nouveaux organismes.

c) *La nuisance* : le changement climatique peut avoir des effets nuisibles sur les organismes qui existent *véritablement*.

Ces trois impacts sont étroitement liés à la difficulté de l'*incertitude*. C'est-à-dire que nous n'avons aucune idée réelle de l'effet qu'aura le changement climatique concernant les points (a) et (b) – au moins.

Commençons donc par penser en termes de *nombre*. Une préoccupation – sur laquelle je ne pense pas qu'il faille s'attarder – est que le changement climatique pourrait être responsable d'un monde dans lequel moins d'organismes vivront. Pour certaines positions conséquentialistes, cela pourrait être moralement important : un monde dans lequel moins d'organismes vivraient serait pire, toutes choses égales par ailleurs, qu'un monde dans lequel plus d'organismes vivraient. Mais ce résultat est empiriquement très peu plausible. Il est véridique que *certains* écosystèmes peuvent contenir moins d'organismes individuels vivants (par exemple, les écosystèmes marins touchés par l'acidification des océans ou les zones terrestres désertifiées). Mais d'autres contiendront probablement *plus* d'organismes vivants. Des recherches récentes publiées au Royaume-Uni, par exemple, ont indiqué qu'un temps plus chaud et plus humide entre 1997 et 2007 avait pratiquement doublé le nombre existant d'organismes invertébrés dans le sol (bien que leur diversité ait diminué[1]). Nous ne pouvons pas prédire (de la même façon que nous pourrions prédire dans le cas où nous planifierions de provoquer un hiver nucléaire) qu'en raison du changement climatique anthropique, moins d'organismes vivront. Il semble peu probable qu'un argument fondé sur le *nombre total* soit considéré comme une préoccupation éthique pouvant être générée par le changement climatique.

Alors, supposons que le monde futur soit à peu près le même en termes de nombre. Quelles préoccupations éthiques pourrait-il y avoir ici ? Deux possibilités :

(i) Bien qu'il puisse s'agir d'un monde équivalent en termes de nombre, des organismes non conscients plus

1. Voir la recherche du Center for Ecology and Hydrology, UK National Environment Research Council, dans « Weight of Bugs in Britain's Soil Has Nearly Doubled in Just Ten Years », *The Observer*, 28.02.2010, [en ligne], <www.guardian.co.uk/science/2010/feb/28/soil-biodiversity-invertebrates-countryside-survey>.

simples verront le jour en lieu et place d'organismes non conscients ou conscients plus complexes, et c'est loin d'être négligeable sur le plan éthique. Appelons cela le *problème de la simplification*.

(ii) Des organismes seront lésés, et cela est moralement pertinent.

Pour que le problème de la simplification soit d'ordre moral, il faudrait penser que certains organismes ont plus d'importance que d'autres sur le plan moral, *et* que le changement climatique risque d'entraîner une simplification des organismes. L'idée que des organismes vivants différents ont une valeur différente n'est pas universellement acceptée. Paul Taylor, par exemple, soutient que tous les êtres vivants (sauvages) ont une valeur inhérente égale et que « tous méritent une considération morale égale »[1]. Suivant ce point de vue, le fait que des êtres moins complexes viennent remplacer des êtres plus complexes ne serait pas, en soi, problématique. Mais il y a beaucoup d'autres éthiciens qui pourraient s'inquiéter de la simplification des organismes. Robin Attfield défend que l'épanouissement de tous les organismes vivants a une certaine valeur, mais plus l'organisme est complexe, plus l'épanouissement a de la valeur. Et, en tant que conséquentialiste, Attfield soutient également que le bien peut être additionné[2]. Ainsi, une manière de comprendre ce point de vue serait que, toutes choses étant égales par ailleurs, un monde dans lequel des organismes plus complexes s'épanouiraient serait un monde d'une valeur supérieure à celle d'un monde contenant le

1. P. Taylor, *Respect for Nature*, Princeton, Princeton University Press, 1986, p. 79.
2. Voir R. Attfield, *A Theory of Value and Obligation*, London, Croom Helm, 1987.

même nombre d'organismes, mais où au moins certains des organismes qui le composeraient seraient plus simples.

Est-il toutefois empiriquement probable que le changement climatique donne naissance à des organismes plus simples ? En un sens, ce souci est plus réaliste que ne l'est le problème du nombre total. Le changement climatique est de nature à mettre en danger ou à faire disparaître certaines espèces complexes et psychologiquement sophistiquées dont les membres seraient particulièrement importants ici. Mais d'un autre côté, le changement climatique fournira également les conditions nécessaires à l'expansion de l'aire de répartition d'autres espèces complexes, psychologiquement sophistiquées et potentiellement envahissantes. Il est très probable que dans le monde végétal, plus d'espèces de type « mauvaises herbes » domineront. Mais là encore, il se peut que ces espèces ne soient ni plus ni moins complexes, en termes de capacités moralement pertinentes, que les plantes originelles qu'elles remplacent. Ainsi, bien que certaines espèces puissent devenir plus abondantes et d'autres moins abondantes – ou disparaître – cela n'implique pas en soi une perte du point de vue de la complexité des organismes.

Même si le souci de simplification a une base empirique, cela reste un souci que les humains peuvent sans doute relativement facilement régler – bien que cela ne se fasse pas forcément d'une manière qui plaise à ceux qui sont moralement préoccupés par l'environnement. Après tout, il est assez facile pour les humains d'élever des organismes relativement complexes et psychologiquement sophistiqués pour compenser les organismes sauvages qui disparaissent. En fait, nous pourrions même nous reproduire davantage. Quelle que soit la façon dont on lit la simplification, elle n'a pas nécessairement de rapport avec la « nature sauvage ».

Ce qui est en cause ici, ce sont les capacités individuelles perdues, et non des relations ou des contextes perdus. En fait, en développant l'élevage, nous augmentons probablement déjà le nombre d'organismes psychologiquement complexes dans le monde (bien que la plupart des versions de ce point de vue exigeraient également que les organismes s'épanouissent, ce qui est fort douteux dans le cas de l'élevage intensif). Le souci de simplification, donc, comme le souci du nombre total, ne doit pas nous retenir longtemps.

Passons donc plutôt aux questions concernant les nuisances, et séparons ici les organismes en deux groupes : ceux qui sont non conscients, comme les plantes supérieures et les algues, et ceux qui sont sentients, c'est-à-dire ceux qui ont des expériences, en particulier les mammifères et les oiseaux. En premier lieu : le changement climatique va-t-il nuire aux organismes non conscients ? La réponse à cette question, encore une fois, n'est pas tout à fait simple. Il ne fait aucun doute que certains organismes seront lésés ou tués par les effets du changement climatique. Cela est particulièrement évident dans le cas des organismes qui vivent plus longtemps, comme les arbres ; certains arbres existants lutteront pour rester en vie et mourront (probablement) plus tôt à cause des changements de température, de la disponibilité de l'eau, de la progression des nuisibles ou des événements météorologiques extrêmes[1]. Il est beaucoup plus difficile, toutefois, de faire de telles affirmations au sujet d'organismes dont la durée de vie est courte, comme des mois ou des jours, alors que les échelles de temps sur lesquelles les effets graduels du changement climatique opèrent sont tout simplement trop grandes pour

1. Il y a des problèmes avec le contrefactuel (qui sait ce qui se serait passé sans le changement climatique anthropique ?), mais je ne vais pas aborder ce sujet ici.

que ces effets se fassent sentir (bien que même des organismes à courte durée de vie pourraient être affectés négativement par des phénomènes météorologiques extrêmes comme les tempêtes, les inondations ou les incendies).

Le changement climatique va aussi donner naissance à des organismes qui n'auraient pas existé autrement, et va promouvoir les intérêts d'autres organismes qui existent réellement. Et les politiques d'atténuation (par exemple, l'utilisation de certaines nouvelles technologies de production d'énergie), si elles sont mises en œuvre, risquent également de coûter la vie à certains organismes individuels tout en sauvant celle des autres[1]. Une question qui se pose ici est ainsi de savoir s'il est possible ou approprié d'additionner ces décès et ces nouvelles vies, ces nuisances et ces effets bénéfiques, pour créer une sorte de somme globale des effets du changement climatique sur les organismes.

Les formes de conséquentialisme qui valorisent la vie des organismes non conscients accepteraient que de tels calculs puissent être appropriés. Ce qui importe dans ces perspectives conséquentialistes est de savoir si le changement climatique *va réellement* promouvoir ou entraver les intérêts des organismes dans leur ensemble. Le problème critique est ici celui d'une profonde incertitude, puisque nous ne connaissons pas la *probabilité* des conséquences. Mais d'autres approches éthiques non conséquentialistes soutiennent que ce qui est moralement important n'est pas

1. The Natural Resources Defense Council a produit en 2009 une série de cartes montrant les régions de l'ouest des États-Unis où le développement d'énergies alternatives menacerait la faune et la flore déjà en danger, comme le tétras des armoises : www.nrdc.org/media/2009/090401a.asp.

l'augmentation ou le déclin du bien-être global des organismes, mais plutôt le devoir humain de ne pas nuire aux organismes qui ont un bien-être. Pour Paul Taylor, par exemple, c'est le principe central de la non-malveillance[1]. Selon *cette* approche, si le changement climatique nuit aux organismes, et les humains sont responsables du changement climatique, alors le changement climatique est un tort direct fait à certains organismes du monde non humain[2]. Puisqu'il semble très probable que le changement climatique nuise directement à certains organismes vivants, suivant des approches comme celle de Taylor, le changement climatique est éthiquement problématique. Cependant, ce problème éthique pourrait être limité dans le temps. En d'autres termes, il ne peut concerner que les organismes *actuellement en vie* auxquels le changement climatique peut nuire. Il peut ne plus s'appliquer aux organismes si les effets du changement climatique deviennent une condition nécessaire de leur existence. Pour éviter les répétitions, je reviendrai sur ce point lorsque je parlerai des animaux sentients, car au moins une partie de ce que je dis sur ce problème dans le cas des animaux peut également s'appliquer aux organismes non conscients.

Pour en venir maintenant aux animaux conscients et porteurs d'expériences, il est largement admis que les mammifères et les oiseaux ont des intérêts et que ces intérêts leur importent. En ce sens, les arguments concernant les effets du changement climatique sur les animaux peuvent être distingués de ceux relatifs aux espèces, aux écosystèmes et aux organismes vivants non conscients, où le scepticisme

---

1. P. Taylor, *Respect for Nature, op. cit.*, p. 172.
2. Bien que, comme nous l'avons indiqué, l'atténuation peut également nuire à des organismes individuels.

est beaucoup plus profond quant à la considérabilité morale. Mais il reste encore du travail pour arriver à la conclusion que le changement climatique, au moins en un sens général, cause des nuisances moralement significatives pour les animaux : et ce, même en admettant que les animaux sentients ont une considérabilité morale et qu'ils peuvent être lésés de façon moralement significative.

Considérons d'abord les effets que le changement climatique est susceptible d'avoir sur les animaux sentients. Il fera inévitablement souffrir certains animaux (chaleur, manque d'eau, fonte des glaces, manque de nourriture, réduction ou disparition d'habitats praticables, inondations, incendies, maladies liées au climat ou autres phénomènes météorologiques extrêmes). Le changement climatique tuera certains animaux. La majorité de ces animaux ne seront pas domestiqués et vivront dans des endroits relativement sauvages. Le changement climatique va également profiter à certains animaux sentients. Il réduira leurs souffrances et se traduira par davantage de nourriture, de chaleur et d'habitats, soit plus nombreux soit mieux adaptés. Certains de ces animaux bénéficiaires seront sauvages, d'autres féraux ; un climat et des écosystèmes changeants permettront à certains animaux de se déplacer et de coloniser de nouveaux territoires. Sur d'autres animaux encore, le changement climatique aura probablement peu d'impact : les animaux d'expérimentation et certains autres qui vivent principalement à l'intérieur de bâtiments climatisés ne seront pas affectés (indépendamment du fait que leur vie se passe très mal ou très bien, pour des raisons totalement différentes).

Des problèmes similaires à ceux rencontrés pour les organismes non conscients se posent également ici. L'une des façons d'envisager les effets du changement climatique sur les animaux sentients est principalement conséquentialiste, c'est-à-dire qu'elle vise à obtenir les meilleurs résultats possibles[1]. Même si certains animaux souffrent et meurent, le changement climatique pourrait entraîner un gain net global en termes de plaisir ou de satisfaction de préférences (par exemple) dans le contexte des animaux sentients. C'est peut-être peu probable, mais ce n'est pas impossible. Certes, le changement climatique pourrait entraîner une diminution du nombre de pikas américains et une augmentation du nombre de rats bruns ; mais tandis que de nombreux humains n'apprécieraient pas forcément cette conséquence, si l'on se place pourtant du point de vue de la façon dont les animaux sentients ressentent et vivent leur propre vie – du point de vue de la façon dont leur vie se déroule « de l'intérieur » – il n'y a pas de bonne raison, à notre connaissance, de privilégier l'expérience du « pika » par rapport à celle du « rat brun ». Ce qui importe, dans cette perspective, c'est de savoir si le changement climatique crée un monde pire ou meilleur, globalement, au fil du temps, en termes de tout ce qui est considéré comme donnant directement de la valeur à l'expérience de vie des animaux sentients.

Cependant, une autre approche rejetterait sans doute cette approche « agrégative » : ce serait le cas, par exemple, d'une approche par les droits considérant les animaux comme détenteurs de droits. Le souci, dans ce cas, concernerait plutôt ce qui porte atteinte aux droits fondamentaux des animaux, comme le droit à la vie[2]. Si

1. Bien que toutes les formes de conséquentialisme ne calculent pas de cette façon.

2. Tom Regan est le représentant le plus connu de ce point de vue. Voir T. Regan, *The Case for Animal Rights*, Berkeley, University of California Press, 1983 [trad. fr. E. Utria, *Les droits des animaux*, Paris, Hermann, 2013].

le changement climatique tue des animaux ou leur nuit, par exemple en les privant d'un habitat vital, alors le fait que d'*autres* animaux en profitent ne compense en rien la nuisance. Si le changement climatique nuit gravement aux animaux – ce qui est plausiblement le cas – et que les humains en sont responsables, alors les principaux responsables portent préjudice aux animaux (de la même manière, pourrait-on dire, que d'autres humains sont également victimes du changement climatique : peu d'entre eux en profitent, cela représente pour quelques-uns un fardeau disproportionné, certains sont extrêmement vulnérables, etc.).

Mais nous devons être prudents lorsque nous examinons la manière exacte dont cette affirmation sur la nuisance doit être formulée, car elle soulève ce que l'on appelle – dans le cas humain – le « problème de la non-identité »[1]. Non seulement le changement climatique nuira à certains animaux existants et sera profitable à d'autres mais il entraînera également l'apparition d'animaux individuels particuliers différents de ceux qui auraient existé autrement. Un seul exemple : les oiseaux qui migrent plus tôt rencontreront probablement des compagnons différents de ceux qu'ils auraient rencontrés autrement et produiront des œufs fertilisés à partir de spermatozoïdes différents. Ainsi, différents oiseaux individuels finiront par exister. Et plus les effets du changement climatique seront étendus et intenses, plus les effets de ce type seront nombreux, du moins dans le contexte des animaux dont la reproduction n'est pas étroitement contrôlée par l'homme et est fortement influencée par la température, les saisons et les changements

1. Comme Derek Parfit l'examine dans *Reasons and Persons*, Oxford, Clarendon Press, 1984.

provoqués par le climat dans les écosystèmes. Maintenant, si ce qui est considéré comme moralement pertinent est une expérience animale *totale* positive (ou négative) au fil du temps, comprise « de manière impersonnelle » (dans le sens de ne pas appartenir à un individu *particulier*), cet effet productif du changement climatique peut ne pas avoir d'importance du point de vue éthique. Mais si l'on se préoccupe du fait que le changement climatique nuise à des individus particuliers, ou qu'il porte atteinte à leurs droits, alors cet effet productif semble, au contraire, devenir très important.

Comparons les animaux individuels dans deux situations différentes. Tout d'abord, prenons un ours polaire adulte de l'Alaska. L'un des effets du changement climatique est de modifier les caractéristiques de la banquise : la glace fond plus tôt et se forme plus tard. Ces changements dans la banquise rendent la vie plus difficile pour l'ours polaire, de sorte que sa survie devient précaire. Sa vie se déroule moins bien que ce qu'elle aurait été autrement ; en fin de compte, sa vie pourrait être plus courte[1]. Nous pouvons donc affirmer que les effets néfastes du changement climatique nuisent à cet ours polaire d'une manière qui importe moralement. Sans le changement climatique, la vie de cet ours aurait été meilleure ; aujourd'hui, elle va relativement mal, et les activités humaines en sont la cause.

Maintenant, imaginons une situation différente. Dans dix ans, les changements du climat résultant des activités humaines ont entraîné l'expansion des populations de tatous à neuf bandes vers le nord des États-Unis (je suppose

---

1. Une partie de ce que je dis ici est influencée par J. Broome, *Counting the Cost of Global Warming*, Cambridge, White Horse Press, 1992, bien que Broome ne discute que des cas humains.

que les tatous sont sensibles et que le changement climatique aura cet effet). Deux tatous s'installent sur un nouveau territoire, se rencontrent, s'accouplent et engendrent une progéniture. Mais tandis que le réchauffement climatique a ouvert de nouvelles possibilités d'habitat pour les jeunes tatous, il a également tendance à provoquer davantage d'événements météorologiques extrêmes, tels que les sécheresses et les inondations. Les tatous sont particulièrement vulnérables à la sécheresse ; et une sécheresse commence à se développer. Les jeunes tatous luttent pour survivre ; ils doivent parcourir de longues distances pour trouver suffisamment d'eau ; ils ont plus de difficultés à trouver des sources de nourriture.

Bien que différents facteurs soient à l'œuvre ici – la perte de la banquise contre la sécheresse – on pourrait penser que nos choix ont rendu ces jeunes tatous, comme l'ours polaire, plus mal en point qu'ils ne l'auraient été si nous avions adopté des politiques différentes. Pourtant, la différence est considérable. L'ours polaire existait déjà avant que la banquise ne commence à changer et ne rende sa vie difficile. Par contre, le changement climatique est une condition nécessaire de l'*existence même* de ces tatous particuliers. Sans le changement du climat, d'autres tatous, ou même d'autres animaux, auraient existé. Il ne s'agit pas ici de dire que le changement climatique anthropique a *aggravé* leurs conditions de vie (comme on peut le dire de l'ours polaire), mais plutôt de dire que, sans changement climatique, ces tatous-là n'auraient jamais existé en premier lieu.

Cet argument est significatif dans la mesure où il suggère que nous devrions nous méfier des affirmations selon lesquelles le changement climatique va nuire aux animaux

– et peut-être aux organismes non conscients – qui n'ont pas encore vu le jour. Pour au moins certains de ces animaux (et pour un nombre croissant d'animaux au fil du temps), le changement climatique deviendra un facteur nécessaire à leur existence même. Ainsi, bien que nous puissions raisonnablement nous inquiéter du fait que des animaux existants (tels que les ours polaires individuels) soient *actuellement* victimes du changement climatique, si nous regardons vers l'avenir, il sera de plus en plus difficile de considérer le changement climatique comme un facteur qui nuit à des individus particuliers ou qui viole leurs droits.

En revanche, cela n'implique pas que nous ne devrions pas être préoccupés (pour ainsi dire) *impersonnellement* par la perspective d'un monde futur dans lequel la souffrance animale serait plus importante, plutôt que moins importante, en raison des évolutions que le changement climatique pourrait causer dans le monde[1]. Les conséquentialistes pourraient encore y voir une perspective troublante. Mais il y a ici une profonde incertitude. Nous ne pouvons pas dire si le changement climatique causera plus de souffrances qu'il n'en évitera aux non humains. Nous ne savons pas si davantage d'animaux qui ont la capacité de souffrir vivront un jour. Nous ne savons pas non plus si, en raison du changement climatique, davantage ou moins d'animaux sophistiqués sur le plan cognitif vivront un jour. Si le changement climatique devait à la fois provoquer une prolifération du nombre de tatous, plus simples sur le plan cognitif, et entraîner simultanément une diminution du

---

1. Il y a un certain nombre d'autres réponses possibles aux problèmes de la non-identité et il serait intéressant de les développer dans ce cas ; malheureusement, je n'ai pas la place de le faire ici.

nombre d'éléphants ou de chimpanzés, sophistiqués sur le plan cognitif, cela serait un effet particulièrement pernicieux selon certains points de vue éthiques. Mais nous manquons d'indications sur les effets plausibles du changement climatique qui pourraient nous aider à porter des jugements de ce genre ; et il n'est pas du tout évident de savoir comment obtenir de telles indications. Il est certain que personne ne mène de recherches directement sur ces questions, et il est peu probable que cela change.

CONCLUSION

J'ai commencé par noter que très peu de choses ont été jusqu'à présent publiées à propos des effets du changement climatique sur le monde non humain. Si ce silence n'est pas étonnant dans les milieux politiques et philosophiques où seuls les humains présents et futurs ont un statut moral, c'est néanmoins très surprenant dans le contexte de l'éthique environnementale. Pourtant, si l'on y regarde de plus près, ce silence semble un peu moins surprenant. En effet, les implications éthiques du changement climatique dans le contexte du monde non humain sont extrêmement floues. L'une des raisons de ce manque de clarté est le degré élevé d'incertitude quant à la manière dont le climat va réellement changer et à l'effet que cela aura sur les espèces, les écosystèmes et les organismes vivants. Par ailleurs, tandis que le changement climatique aura des effets négatifs importants, il stimulera également la spéciation, il modifiera certains écosystèmes sans les détruire, il engendrera des organismes qui n'auraient pas existé autrement et il favorisera l'épanouissement d'au moins quelques espèces, écosystèmes et organismes individuels. Sur ces questions, les jugements éthiques dépendront en partie de l'opinion que l'on aura sur la possibilité ou non de peser les avantages du changement climatique par rapport aux nuisances qu'il cause. Un conséquentialiste doit lutter ici avec les questions de profonde incertitude que le changement climatique soulève, alors que nous n'avons pas idée des conséquences ne serait-ce que plausibles, encore moins prévisibles, auxquelles nous pouvons nous attendre. Un non conséquentialiste, par ailleurs, devra réfléchir aux problèmes de non-identité que le changement climatique pose, au moins dans le contexte des organismes vivants. Tout ce que j'ai pu décrire ici correspond aux étapes très préliminaires de la réflexion sur ces problèmes. Ce qu'il faut, c'est une étude beaucoup plus attentive et détaillée à la fois sur les effets probables du changement climatique concernant le monde non humain et sur la question de savoir si – et pourquoi – ces effets pourraient être importants sur le plan éthique.

Christopher J. Preston

DÉPASSER LA FIN DE LA NATURE : GESTION DU RAYONNEMENT SOLAIRE ET DEUX RÉCITS DE L'ARTIFICIALITÉ POUR L'ANTHROPOCÈNE[*]

En 1989, Bill McKibben a écrit un livre désormais célèbre affirmant que le changement climatique anthropique marquait la « fin de la nature ». Tout comme les espèces menacées, affirmait McKibben, les idées peuvent être victimes d'extinctions et l'idée d'une nature préservée de l'influence humaine est l'une d'elles. Cette idée, suggérait-il, est aujourd'hui en voie d'extinction à cause du changement climatique. Jusqu'à l'avènement du réchauffement climatique récent, la nature représentait « le domaine séparé et sauvage, le monde extérieur à l'homme auquel il s'était adapté et sous les règles duquel il naissait et mourait »[1]. Dans le monde actuel en réchauffement, « chaque mètre cube d'air, chaque mètre carré de sol est marqué de façon indélébile de notre empreinte grossière, notre X »[2]. Avec

---

[*] C. J. Preston, « Beyond the End of Nature : SRM and Two Tales of Artificiality for the Anthropocene », *Ethics, Policy & Environment* 15, 2, 2012 p. 188-201.

1. B. McKibben, *The End of Nature*, New York, Random House, 1989, p. 48.

2. *Ibid.*, p. 96.

le changement climatique anthropique, « la signification profonde du vent, du soleil, de la pluie – la nature – a déjà changé »[1]. Les humains sont donc confrontés à une perte déroutante et sans précédent.

Publiée au moment où les citoyens et leurs dirigeants commençaient à prendre conscience de la réalité du réchauffement climatique, la thèse de McKibben a été confrontée à un certain nombre de désaccords de la part des universitaires. Ceux-ci comprenaient la critique selon laquelle il accordait trop d'importance à l'idée de nature vierge[2], que son approche était inutilement dualiste[3] et qu'il se préoccupait excessivement de l'indépendance de la nature[4]. Quelles que soient les limites philosophiques de la thèse originale, le succès du livre a montré clairement que McKibben a touché un point sensible, sur un sujet que le public juge important. Il a montré comment le changement climatique renforçait l'influence de l'homme sur les processus naturels. Les impacts climatiques représentent une perturbation de la nature plus étendue que les influences humaines connues jusqu'ici, comme la destruction des forêts tropicales ou la construction de maisons de vacances sur les zones côtières. Le réchauffement anthropique crée un type de changement plus fondamental, modifiant ce que McKibben décrivait comme « les forces les plus

1. B. McKibben, *The End of Nature*, *op. cit.*, p. 48.

2. W. Cronon, « The Trouble with Wilderness; or, Getting Back to the Wrong Nature », *in* W. Cronon (ed.), *Uncommon Ground : Rethinking the Human Place in Nature*, New York, W.W. Norton & Co, 1995, p. 69-90.

3. S. Vogel, « Environmental Philosophy After the End of Nature », *Environmental Ethics* 24, 1, 2002, p. 23-39.

4. A. Borgmann, « The Nature of Nature », *in* M. Soulé et G. Lease (eds.) *Reinventing Nature ? : Responses to Post-modern Deconstruction*, Washington, Island Press, 1995, p. 31-45.

élémentaires qui nous entourent »[1]. Comme tout sur Terre fonctionne sous l'influence de ces forces, le réchauffement anthropique a le potentiel de façonner la totalité de la nature comme jamais auparavant dans l'histoire de l'humanité.

L'idée que l'homme puisse influencer profondément le climat ne s'est pas imposée facilement. Simon Donner a souligné comment cela allait à l'encontre de « milliers d'années de philosophie religieuse et des systèmes de croyance traditionnels existants du monde entier »[2]. Le ciel était auparavant considéré comme le « domaine des Dieux », un royaume présumé totalement hors de notre contrôle. Les humains ont transformé la Terre en partie pour se protéger contre tout ce que les dieux pourraient faire tomber d'en haut sous forme d'inondation, de sécheresse, d'incendie ou d'ouragan. Le changement climatique indique clairement que le domaine des dieux n'est plus qu'une partie du domaine des humains. La reconnaissance du fait que nous pouvons influencer le climat représente, selon Donner, « un changement de paradigme majeur, vraisemblablement de l'ordre de la révolution copernicienne »[3].

Aussi importante que soit la perte (McKibben) ou le changement de paradigme (Donner) que représente le changement climatique d'origine humaine, d'un point de vue éthique il est important de souligner que personne n'a jamais eu l'intention de réchauffer la planète par la combustion d'énergies fossiles. Le désir de chauffer sa maison, de se déplacer en voiture ou de fondre des métaux utiles reposait uniquement sur l'intention d'améliorer la

1. B. McKibben, *The End of Nature*, *op. cit.*, p. 47.
2. S. D. Donner, « Domain of the Gods : An Editorial Essay », *Climatic Change* 85, 2007, p. 231-236, p. 232.
3. *Ibid.*, p. 233.

vie des gens. Même si les dangers liés aux concentrations de gaz à effet de serre et au changement climatique avaient été discutés de manière spéculative par Arrhenius dès 1896, la complexité du système climatique a suscité jusqu'à récemment une grande incertitude quant à la possibilité que le comportement humain puisse réellement influencer le climat. Les climatosceptiques ont exploité sans scrupules cette incertitude. Le lien de causalité étant toujours incertain, personne n'avait besoin d'accepter la responsabilité de quelque chose qui pouvait ou non se produire. Même si les liens de causalité sont désormais plus évidents, certains maintiennent encore parfois que notre culpabilité morale en matière de changement climatique est minime. La doctrine du double effet peut être utilisée pour suggérer que nous ne portons que peu de responsabilité pour les conséquences involontaires d'actions menées à des fins bien intentionnées. Pouvons-nous vraiment nous reprocher quelque chose de si inattendu et de si éloigné de nos pensées ?

Même si cet argument a permis d'atténuer une partie de la culpabilité liée au réchauffement d'origine anthropique, l'ère durant laquelle nous pouvions nous soustraire à la responsabilité climatique pourrait bientôt s'achever de manière spectaculaire. L'ingénierie climatique étant désormais largement débattue comme réponse possible au réchauffement de la planète, les humains sont pour la première fois confrontés à la perspective d'accéder au domaine des Dieux de manière pleinement intentionnelle[1].

---

1. Comme le montre Fleming, il y a une longue tradition de tentatives humaines de modification de la météo pour satisfaire des besoins (principalement) régionaux. Fleming souligne que ces tentatives ont une histoire en dents de scie, qui n'a pas montré de véritable succès. L'intérêt actuel pour la gestion du rayonnement solaire à l'échelle mondiale est

L'inquiétude de McKibben réapparait cette fois sous une forme plus sévère, car entrer délibérément dans le domaine des Dieux s'accompagne d'un plus grand poids moral. Il est important pour ceux qui envisagent de contrôler le rayonnement solaire de clarifier exactement quel type de charge morale cela représentera. Cet article identifie deux récits opposés qui peuvent être utilisés pour examiner ce fardeau, récits qui semblent particulièrement importants alors que nous envisageons de manipuler le climat, dans le contexte de la période géologique que beaucoup nomment déjà « l'Anthropocène ».

LA GESTION DU RAYONNEMENT SOLAIRE ET LE NATUREL

La gestion du rayonnement solaire (SRM)* – un ensemble de technologies également appelées méthodes de réflexion de la lumière du soleil – est l'une des nombreuses stratégies techniques actuellement envisagées comme moyen de prévenir certains des pires effets du réchauffement climatique. La SRM cherche à prévenir la hausse des températures en réduisant la quantité de lumière solaire atteignant les surfaces terrestres et marines[1]. Comme la grande majorité des personnes sur la planète le reconnaît maintenant, l'augmentation des concentrations de gaz à

---

une entreprise beaucoup plus ambitieuse que cela. Voir J. Fleming, *Fixing the Sky : The Checkered History of Weather and Climate Control*, New York, Columbia University Press, 2010.

* « *Solar radiation management* » en anglais, soit SRM. Pour des raisons de conformité avec le reste de la littérature, nous utilisons l'acronyme anglais dans la suite du texte.

1. P. J. Crutzen, « Albedo Enhancement by Stratospheric Sulfur Injections : A Contribution to Resolve a Policy Dilemma ? », *Climatic Change* 77, 2006, p. 211-219; B. Launder et J. Thompson, *Geoengineering Climate Change : Environmental Necessity or Pandora's Box ?*, Cambridge, Cambridge University Press, 2010.

effet de serre réduit la quantité d'énergie capable de quitter la terre et de repartir dans l'espace. La création d'une différence entre la quantité d'énergie solaire qui entre dans le système et celle qui en ressort (mesurée en W/m^2) provoque ce que l'on appelle le forçage radiatif. En raison de ce forçage, les composants du système doivent soit se réchauffer, soit se refroidir pour assurer le rétablissement d'un équilibre énergétique. La troposphère et la surface de la planète se réchauffent actuellement pour compenser la réduction du flux d'énergie sortant causée par les gaz à effet de serre anthropiques. Les techniques de SRM cherchent à contrer ce forçage en réfléchissant une partie du rayonnement solaire entrant vers l'extérieur avant qu'il ne puisse être absorbé par la terre ou son atmosphère.

Les projets de SRM vont de l'idée relativement low-tech de peindre en blanc de grandes surfaces urbaines à celle, high-tech, de déployer des milliards de miroirs en orbite. Les deux idées de gestion du rayonnement solaire les plus fréquemment avancées sont le blanchissement des nuages et le déploiement d'aérosols stratosphériques. La première consiste à modifier l'albédo des nuages océaniques pour empêcher l'énergie solaire de les traverser et d'être absorbée par les océans de la planète[1]. Les nuages marins peuvent être éclaircis en augmentant le nombre de noyaux de condensation autour desquels se forment les gouttelettes du nuage. Une solution pour faire cela consiste à pulvériser une fine brume d'eau de mer dans les turbulences naturelles situées au-dessus de l'océan et à laisser cette brume se mélanger à la couche nuageuse existante. Pour pouvoir

---

1. J. Latham *et al.*, « Global Temperature Stabilization via Controlled Albedo Enhancement of Low-level Maritime Clouds », *Philosophical Transactions of the Royal Society A*, 2008, p. 3969-3987.

influencer de manière significative le budget énergétique de la Terre, les défenseurs du blanchissement des nuages ont estimé qu'il faudrait environ 1500 navires pulvérisateurs circulant en continu sur les océans de la planète[1]. L'un des avantages de cette technique, argumentent ses défenseurs, est qu'elle pourrait être rapidement arrêtée. Le refroidissement provoqué par ces nuages plus réfléchissants cesserait en effet en un jour ou deux si les buses de pulvérisation devaient être mises à l'arrêt en raison d'effets imprévus[2].

L'autre dispositif de SRM souvent évoqué consiste à augmenter la quantité d'aérosols stratosphériques en injectant des gaz sulfurés dans la haute atmosphère, à l'aide d'avions, de canons ou de longs tuyaux[3]. Ces aérosols stratosphériques réfléchiraient la lumière solaire avant même qu'elle n'atteigne la basse atmosphère. Bien que la plupart des projets de géoingénierie n'aient pas, pour des raisons évidentes, été testés à l'échelle globale, ceux qui soutiennent l'idée des aérosols stratosphériques affirment que les volcans fournissent une bonne démonstration de la réponse planétaire à ces stimuli. Lorsque le Mont Pinatubo est entré en éruption aux Philippines en 1991, 20 millions de tonnes de dioxyde de soufre et de nombreuses tonnes de débris pyroclastiques ont été projetées dans la haute atmosphère. La plupart des débris sont vite retombés, mais

---

1. S. Salter, G. Sortino et J. Latham, « Sea-going Hardware for the Cloud Albedo Method of Reversing Global Warming », *Philosophical Transactions of the Royal Society A* 366, 2008, p. 3989-4006.

2. En raison de leur énorme capacité thermique, les océans ne se réchaufferaient que quelques décennies après l'arrêt du blanchissement des nuages.

3. A. Robock, A. Marquardt, B. Kravitz, G. Stenchikov, « Benefits, Risks, and Costs of Stratospheric Geoengineering », *Geophysical Research Letters* 36, 2009, p. L19703.

le dioxyde de soufre (qui a ensuite formé des gouttelettes d'acide sulfurique) a produit une brume stratosphérique qui a bloqué une partie du rayonnement solaire pendant environ deux ans. Les températures dans l'hémisphère nord ont temporairement baissé de 0,5 à 0,6°C. Des éruptions antérieures telles que celles d'El Chicón (1982), du Krakatoa (1883) et du Tambora (1815) ont eu des effets similaires, quoique moins bien documentés.

La modification de l'albédo des nuages et le déploiement d'aérosols stratosphériques représentent tous deux une manipulation humaine totalement intentionnelle du climat à l'échelle mondiale[1]. Donc, si le réchauffement *involontaire* décrit dans le célèbre livre de McKibben a marqué la fin de la nature non modifiée, il devient alors clair que la modification *délibérée* du climat marquerait le début d'une nouvelle ère en matière d'influence humaine. L'avènement de l'âge de la SRM ouvre d'importantes questions concernant la nature de l'artificialité, l'ampleur des efforts humains de restauration globale et la dimension morale de la manipulation intentionnelle des processus naturels les plus fondamentaux de la Terre. La gestion du rayonnement solaire modifierait des composants importants du système planétaire au gré de la volonté humaine. Que l'on considère cela comme une forme bénigne de restauration globale ou comme une forme d'interférence hubristique

1. Il y a actuellement débat sur la manière dont on pourrait rendre les effets de ces stratégies localisés et sur la question de savoir si ces effets pourraient par exemple rester concentrés sur les pôles ou s'ils deviendraient inévitablement globaux : voir D. W. Keith, « Photophoretic Levitation of Engineered Aerosols for Geoengineering », *Proceedings of the National Academy of Sciences* 107, 2010, p. 16428-16431 et A. Robock, L. Oman, G. Stenchikov, « Regional Climate Responses to Geoengineering with Tropical and Arctic SO$_2$ Injections », *Journal of Geophysical Research* 113, 2008, p. D16101.

avec les processus naturels, il est clair que cela change fondamentalement notre relation à la Terre. Une façon de présenter ce problème est de dire que la SRM transforme la Terre en quelque chose de différent, un artefact géant, nommé « Terre 2 » ou « Teerre » [*Eaarth*] par Bill McKibben[1]. En termes moins provocateurs, la SRM implique au minimum « l'artificialisation de la nature », c'est-à-dire l'ajustement intentionnel de certains des processus fondamentaux de la Terre afin de rétablir des conditions plus désirables. Dans la mesure où les éthiciens de l'environnement s'intéressent à la fois à la distinction nature/artefact et aux questions de restauration de l'environnement, la SRM leur pose clairement des défis considérables.

UNE CONCEPTION ANCIENNE DE L'ARTIFICIALITÉ

Afin de bien voir pourquoi la gestion du rayonnement solaire peut être considérée comme un cas d'artificialisation, il est intéressant de partir de l'une des versions les plus anciennes de la distinction nature/artefact. Dans *La Physique*, Aristote définissait les objets naturels comme les objets qui ont « en eux-mêmes un principe de mouvement et de stabilité, les uns selon le lieu, les autres selon la croissance et la décroissance, les autres encore selon l'altération » (192b8-11)[2]. Toute modification de l'objet est entièrement déterminée par sa nature. Un artefact, en revanche, n'a pas en lui-même « le principe de sa production,

1. B. McKibben, *Eaarth : Making a Life on a Tough New Planet*, New York, St Martin's Griffin Press, 2010.

2. Aristotle, *Physics*, trad. R.P. Hardie, R.K. Gaye, New York, Random House, 1941 [trad. fr. A. Stevens, *La Physique*, Paris, Vrin, 2008].

[qui] est dans d'autres choses et à l'extérieur » (192b-28)[1]. Les changements affectant cette chose ne sont pas produits de manière interne, mais viennent de l'extérieur. La source externe qu'Aristote a ici à l'esprit est l'action intentionnelle d'un humain. Les artefacts reflètent donc l'influence de l'intentionnalité humaine, ce qui n'est pas le cas des objets naturels.

Keekok Lee, une opposante à certains types contemporains de technologie, s'appuyait fortement sur la définition d'Aristote lorsqu'elle décrivait la distinction nature/artefact de la manière suivante :

> Le naturel [...] désigne tout ce qui existe et qui n'est pas le résultat d'une intervention, d'une conception ou d'une création humaine délibérée, du point de vue de ses causes matérielle, motrice, formelle et finale. [...] Par contraste, « l'artefactuel » incarne une structure intentionnelle humaine[2].

Selon les critères de Lee, un climat délibérément manipulé par la SRM pour laisser passer moins de rayonnement à ondes courtes porterait clairement la marque d'une structure intentionnelle humaine. Cela ferait du climat créé intentionnellement un « climat artificiel » comme ne pourrait jamais l'être un climat modifié involontairement. David Keith a également reconnu une différence significative entre les impacts humains intentionnels et non intentionnels, en affirmant que « les systèmes artificiels reposent de manière fondamentale sur

---

1. Aristotle, *Physics*, *op. cit.*
2. K. Lee, *The Natural and the Artifactual : The Implications of Deep Science and Deep Technology for Environmental Philosophy*, New York, Lexington Books, 1999, p. 82.

un rôle actif des humains »[1]. En d'autres termes, l'intention compte et la gestion du rayonnement solaire, par opposition au réchauffement anthropique actuel, supposerait clairement l'existence d'une intention. Si le réchauffement anthropique a mis fin à l'ère de la nature immaculée, alors la SRM marque le commencement, dans un sens profond, de l'ère de l'artificialisation globale.

Cette affirmation sur l'artificialité peut, à elle seule, fournir le point de départ d'un argument moral contre la SRM provenant de l'éthique environnementale. Bien que je ne défende pas cette position ici, à un niveau très élémentaire les écologistes ont toujours montré une préférence pour les choses appartenant à la catégorie métaphysique du naturel par rapport aux choses appartenant à la catégorie de l'artificiel. Keith, l'un des plus importants chercheurs en géoingénierie du moment et grand amoureux de la nature, met en garde contre le fait qu'accepter une modification délibérée du climat signifie « ... admettre consciemment que nous vivons sur une planète sous gestion »[2]. Une interprétation possible de cette remarque est de suggérer que Keith s'inquiète de la façon dont l'ingénierie climatique transforme la planète en quelque chose qui a un statut métaphysique différent et que cela est problématique. Une objection à la SRM du point de vue de l'éthique environnementale pourrait donc être formulée au seul motif que la gestion du climat transforme la terre consciemment en quelque chose d'un autre genre métaphysique, et diminue par là même sa valeur. Un écologiste ayant une forte préférence pour le naturel par

1. D. Keith, « The Earth is not Yet an Artifact », *IEEE Technology and Society Magazine* 19, 2000, p. 27.

2. Cité dans J. Goodell, *How to Cool the Planet*, New York, Houghton Mifflin, 2010, p. 45.

rapport à l'artificiel pourrait avancer un argument présomptif contre la géoingénierie pour ce seul motif[1].

Bien que cette ligne argumentative soit tentante par sa simplicité, elle soulève des difficultés. Malgré que la distinction marquée entre la nature et l'artefact faite par Lee semble conceptuellement évidente, elle est loin d'être un outil parfait de protection de l'environnement. Elle est particulièrement problématique si un écologiste cherche à affirmer sans argument supplémentaire que les choses naturelles sont généralement « bonnes » et les artefacts sont généralement « mauvais ». L'une des raisons en est que la distinction entre ces types d'objets ne correspond pas aux types d'intérêts que défendent les écologistes. Certains artefacts (tels que les panneaux solaires et les voitures hybrides) sont conçus spécifiquement pour servir des objectifs environnementaux, tandis que d'autres (tels que les jet-skis et les Hummers) servent des objectifs non environnementaux. Les deux comptent comme des artefacts selon la définition de Lee, même si les théoriciens de l'environnement cherchent à se positionner différemment à leur égard. Une distinction nature/artefact fortement dualiste est également problématique dans la mesure où il semble préférable de reconnaître différents *degrés* de naturalité dans les objets. On peut supposer qu'il y a une différence de naturalité entre un jardin soigneusement planté d'herbes et d'arbustes indigènes et une centrale électrique à charbon ou entre un pot en argile et une boîte Tupperware. Tous ces artefacts portent la marque de l'intention humaine, mais les écologistes auront à cœur de

---

1. C. J. Preston, « Rethinking the Un-thinkable : Environmental Ethics and the Presumptive Argument Against Geoengineering », *Environmental Values* 20, 2011, p. 457-479.

bien montrer leurs importantes différences. La complexité du concept de naturalité s'applique non seulement aux objets mais aussi aux actions. Certaines actions humaines, comme manger, semblent être parfaitement naturelles, tandis que d'autres, comme réserver un billet d'avion sur un iPad, le paraissent moins. Et pour rendre le problème encore plus épineux en l'abordant sous un angle différent, relevons que rien de ce que font les humains sur cette planète ne peut jamais contrevenir aux lois de la nature (comme le soulignait déjà John Stuart Mill en 1874). Même la construction d'artefacts (y compris les Hummers et les terrains de golf) peut être comprise, d'une certaine manière, comme une activité naturelle.

Les difficultés qui découlent de l'hypothèse « nature = bon » et « artefact = mauvais » sont en partie la conséquence d'une tentative de surdéterminer le champ métaphysique. La distinction originelle d'Aristote crée un dualisme trop fort entre l'humain et le naturel pour être un critère fiable à l'usage des éthiciens actuels de l'environnement. Même si la distinction entre les objets qui incorporent une intentionnalité humaine et ceux qui ne le font pas s'avérait être fonctionnellement précise, la catégorie des objets que les écologistes cherchent à approuver et à rejeter ne correspond pas à la distinction nature/artefact. À un niveau plus méthodologique, la tentative de découper le champ métaphysique pour ensuite simplement y apposer des normes environnementales soulève des problèmes spécifiques. L'affirmation selon laquelle tout ce qui entre dans la catégorie métaphysique du naturel est bon – et tout ce qui est artificiel est mauvais – doit à la fois faire face au défi de la loi de Hume sur l'être et le devoir-être, et prendre en compte l'histoire des utilisations pernicieuses de cette approche par, entre autres, les théoriciens du droit naturel. La distinction nature/artefact d'Aristote crée clairement une série de complications pour ceux qui sont tentés de la mobiliser sans précaution comme un grand partage métaphysique et moral ; et ces complications ne sont que plus importantes lorsque l'objet artificialisé est la Terre elle-même, le foyer originel du naturel ! Pour ces raisons et d'autres encore, il est préférable de mettre de côté l'idée que la seule raison pour laquelle la SRM pose problème est qu'elle implique l'artificialisation de la terre.

De la même manière que la thèse de McKibben sur la fin de la nature a conservé un pouvoir considérable malgré ses faiblesses philosophiques, il existe encore une certaine force dans l'affirmation selon laquelle la modification intentionnelle du climat crée une planète dont le caractère naturel est en quelque sorte compromis. Une Terre dont le climat est délibérément modifié *semble bien* être une Terre différente en un sens important. Mais comme il n'est pas très judicieux d'affirmer qu'un climat artificiel est mauvais simplement parce qu'il est porteur d'une intention humaine, il vaut la peine de chercher des manières plus éclairantes de réfléchir aux implications morales de l'artificialisation de la Terre. Pour cela, il est utile de changer de registre et d'examiner les débats qui ont lieu dans la littérature sur la restauration écologique.

TROUVER LA NATURE DANS LES ARTEFACTS RESTAURÉS

Dans un article provocateur intitulé « La nature des artefacts », Stephen Vogel expose de manière très éclairante certaines des dimensions négligées de l'artificiel[1]. Vogel met ces dimensions en lumière en examinant comment

1. S. Vogel, « The Nature of Artifacts », *Environmental Ethics* 25, 2, 2003, p. 149-168.

des projets classiques de restauration écologique cherchent à recréer la nature. La cible principale de l'article de Vogel est les anti-restaurateurs comme Eric Katz, qui trouvent les restaurations écologiques problématiques en raison des intérêts anthropocentriques que ces projets affichent. Dans un article célèbre intitulé « Le grand mensonge », Katz rejetait la restauration au motif que « l'environnement naturel recréé, qui est le résultat final d'un projet de restauration, n'est rien de plus qu'un artefact créé en vue d'un usage humain »[1]. Même les écosystèmes les plus méticuleusement restaurés, déplorait-il, « ... ne seront jamais naturels. Ils seront des artefacts humains conçus de manière anthropocentrée »[2]. Ce qui dérange Katz, ce sont les intérêts anthropocentriques qui motivent la restauration, car selon lui l'objet artificialisé est toujours conçu pour servir un intérêt humain. Pour être vraiment naturelle, dit-il – en utilisant une définition que McKibben accepterait certainement aussi – une chose doit être « indépendante des activités humaines »[3].

Le problème de l'analyse de Katz, affirme Vogel, est qu'elle repose sur une idée erronée de la nature des artefacts. Vogel conteste l'affirmation de Katz selon laquelle la finalité d'un artefact est entièrement déterminée par les besoins et les intérêts humains. Au contraire, les artefacts conservent inévitablement quelque chose qui dépasse les efforts de conception les plus assidus de la part des humains. L'un des endroits les plus propices pour constater ce dépassement est la ferme. Les objets vivants, tels que les organismes génétiquement modifiés ou les moutons

---

1. E. Katz, « The Big Lie : Human Restoration of Nature », *Research in Philosophy and Technology* 12, 1992, p. 235.

2. *Ibid.*

3. *Ibid.*, p. 236.

domestiqués, ont clairement une finalité qui leur est propre, en plus de celle pour laquelle ils ont été créés. En plus de fournir des céréales, de la viande et de la laine pour les besoins humains, ces organismes conçus intentionnellement s'efforcent de se protéger contre les vicissitudes de leur environnement et de se reproduire selon leurs propres élans biologiques.

Ce qui est manifestement vrai dans le cas particulier de ces artefacts vivants l'est aussi plus généralement, selon Vogel, pour tous les artefacts non vivants. Passer de la simple idée que l'on se fait d'un artefact à la réalité signifie littéralement « réal-iser » une intention. Lorsqu'un artefact est réalisé, il s'incarne matériellement – ou devient réel – d'une manière qui garantit que son comportement dépassera toujours, dans une certaine mesure, l'intention de ses créateurs. De par le processus de réalisation le concepteur assure, sans s'en rendre compte, que sa création dépassera inévitablement les finalités ou les idées qu'il avait à l'esprit.

> La vérité, bien sûr, est que *chaque* artefact que nous construisons produit des effets inattendus, ce qui signifie que *chaque artefact contient davantage en lui que ce que ses créateurs ont voulu.* Et donc, l'être d'un artefact va toujours au-delà de sa relation avec l'intention humaine[1].

Vogel nous demande d'abord de penser à un jardin. On peut avoir l'intention de faire pousser des carottes et des haricots, mais de nombreuses mauvaises herbes imprévues vont assurément apparaître et la graine de carotte pourrait ne pas recevoir la chaleur nécessaire pour germer à temps. Il y a une irréductible spontanéité sauvage [*wildness*] dans un artefact comme un jardin. Vogel insiste ensuite sur le fait qu'une spontanéité similaire est également présente

1. S. Vogel, « The Nature of Artifacts », art. cit., p. 156 (souligné dans l'original).

dans des artefacts fabriqués avec plus de précision. Pensons au pont du détroit de Tacoma s'effondrant après avoir été ballotté par le vent ou à un pneu de voiture qui éclate sans prévenir sur une autoroute surchauffée. Cette imprévisibilité est une conséquence de la réalité matérielle à partir de laquelle chaque artefact, de l'enclume d'un forgeron à une navette spatiale, est construit. La spontanéité signifie qu'il reste toujours ce que Vogel appelle un « décalage » entre les intentions de ceux qui construisent l'artefact et son comportement réel au cours du temps. C'est le caractère inévitable de tout projet d'ingénierie, notamment du fait qu'il y a un décalage temporel entre la conceptualisation du projet et sa réalisation concrète sous la forme d'un objet. Le ciment doit prendre, la batterie doit se charger, les pièces doivent être méticuleusement assemblées par des techniciens qualifiés. Une fois les travaux terminés, l'ingénieur n'a plus qu'à espérer que les matériaux se comporteront comme prévu. Au fil du temps, tous les ouvrages d'ingénierie subissent un vieillissement naturel. Vogel appelle cet espace entre les intentions de l'ingénieur et le résultat effectif la « nature » de l'artefact, cherchant par l'utilisation de ce terme à brouiller la cohérence de la distinction nature/artefact[1].

DEUX RÉCITS DE L'ARTIFICIALITÉ

La réflexion de Vogel sur le « décalage » et la spontanéité encore présente dans les artefacts apporte un éclairage utile pour réfléchir aux implications morales de la SRM. Elle montre comment l'introduction de l'intentionnalité humaine dans une tentative de restauration du climat ne conduit pas nécessairement à la création d'un artefact géant, puisque la nature et la spontanéité subsistent. Il est

1. *Ibid.*, p. 163.

cependant intéressant de noter que la défense de la restauration par Vogel est une arme à double tranchant dans le cas de la SRM. Et pour bien voir ces deux aspects, il est nécessaire d'examiner la manière dont le décalage décrit par Vogel fournit à la fois des raisons de se montrer réceptif quant à l'introduction de l'intentionnalité humaine dans le système climatique, et des raisons de la craindre.

L'aspect positif devient visible si l'on considère toute la part de nature qui subsisterait après un projet de restauration atmosphérique[1]. Souvenons-nous de la manière dont Vogel a répondu à l'argument de Katz : « chaque artefact, insiste Vogel, contient davantage en lui que ce que ses créateurs ont voulu »[2]. Contrairement à ce que pense Katz, la nature n'est jamais complètement éliminée, même lorsqu'un objet ou un processus est consciemment artificialisé. Une fois la construction terminée, la nature est toujours présente. Du point de vue d'un défenseur de la restauration, cela fait d'ailleurs partie intégrante de la démarche. Dans la plupart des cas de restauration, l'artificialisation se fait avec l'intention expresse d'obtenir des résultats qui sont beaux et inattendus, comme par exemple lorsqu'une poignée de graines de fleurs sauvages est dispersée au hasard sur une parcelle de terrain ou lorsqu'un castor se glisse inopinément dans une zone humide restaurée.

Dans ce premier récit de l'artificialité, l'ingénierie climatique pourrait donc simplement être considérée comme le plus grand des projets de restauration. Selon certains scénarios, l'objectif serait alors de ramener les températures

---

1. R. Jackson et J. Salzman, « Pursuing Geoengineering for Atmospheric Restoration », *Issues in Science and Technology* 26, 4, 2010, p. 67-76.

2. S. Vogel, « The Nature of Artifacts », art. cit., p. 156.

mondiales à un niveau historique (par exemple le niveau d'avant la révolution industrielle). Selon d'autres, il s'agirait de limiter l'augmentation de la température de manière à ce qu'elle ne dépasse pas un seuil spécifique (par exemple 2°C). Dans les deux cas, l'idée serait de permettre aux processus écologiques de fonctionner à peu près de la même manière qu'ils le faisaient auparavant et l'existence inéluctable d'un décalage entre le rôle des ingénieurs et le comportement du système qu'ils artificialisent serait tout à fait souhaitable d'un point de vue environnemental. En fait, cela ferait partie intégrante de la raison d'être du projet.

En dépit des craintes de Katz, cette artificialisation de la Terre pourrait difficilement être qualifiée de purement anthropocentrique. L'artificialisation de la planète entière par SRM se ferait avec l'intention de permettre à la nature de retrouver sa diversité et ses processus antérieurs de production de complexité. Comme Holmes Rolston III l'a suggéré, « … ce n'est pas exactement mettre fin à la nature. C'est permettre à la nature de perdurer »[1]. Ce que l'analyse des artefacts par Vogel montre clairement c'est que, grâce à ce décalage, beaucoup de spontanéité subsistera. Cette spontanéité naturelle sera présente dans les espèces qui trouveront la vie plus facile sous ce climat contrôlé, dans les roches et les bassins versants qui continueront à s'éroder sous des forces climatiques légèrement moins extrêmes, et dans les processus évolutifs qui se produiront encore

---

1. Le commentaire complet de Rolston était le suivant : « Certains de ces projets ressemblent à la mise en place d'une couche protectrice dans le ciel, de sorte qu'en dessous, les processus naturels habituels se poursuivent plus ou moins comme avant. Ce n'est pas exactement mettre fin à la nature. C'est permettre à la nature de perdurer – mais avec un bouclier solaire qui est un artefact » (Holmes Rolston III, communication personnelle, 13 juin 2011).

d'une manière plus semblable aux tendances historiques que ce qui aurait été possible autrement.

Si tout se passait bien, de nombreux dommages environnementaux et humains seraient évités. La glace arctique serait préservée, les ours polaires seraient sauvés, l'omble à tête plate serait en sécurité dans ses cours d'eau de montagne, les pluies ne diminueraient pas en Afrique, les espèces végétales n'auraient pas à se déplacer vers le nord et vers le haut, les cultures auraient moins de chances de subir des pertes et les maladies seraient moins susceptibles d'étendre leur aire de répartition. L'humanité pousserait un immense soupir de soulagement collectif, car toute une série de valeurs humaines et naturelles seraient sauvées. Les écologistes pourraient se réjouir de cette préservation *in extremis* des choses qui leur tiennent le plus à cœur. Quel que soit le caractère artificiel de cette situation, il serait toujours surpassé par la spontanéité sauvage qui s'en trouverait préservée ou, comme Vogel l'a appelé de manière particulièrement appropriée dans ce cas, par la « nature » de l'artefact.

Afin de bien saisir la présence persistante de la nature dans une telle restauration, il faudrait sans nul doute abandonner ce que Vogel appelle « le fétiche », affiché par McKibben et d'autres, qui consiste à assimiler la nature au virginal ou à l'immaculé. Les critiques de ce fétiche sont déjà largement répandues dans la littérature sur la nature sauvage[1]. Cet abandon du fétiche de la nature vierge

---

1. J. B. Callicott, « The wilderness idea revisited », *The Environmental Professional* 13, 1991, p. 236-237 ; D. Cole et L. Yung, *Beyond Naturalness : Rethinking Park and Wilderness Stewardship*, San Francisco, Island Press, 2010 ; W. Cronon, « The Trouble with Wilderness », *op. cit.* ; R. Guha, « Radical American environmentalism and wilderness preservation : A third world critique », *Environmental Ethics* 11, 1, 1989, p. 71-83.

devrait être particulièrement facile à réaliser pour la planète dans son ensemble. En raison de la taille et de la complexité du système, la spontanéité naturelle qui subsisterait après la restauration serait particulièrement évidente dans le cas de l'artificialisation de la planète entière. Seul le rayonnement solaire net atteignant la surface de la Terre serait modifié intentionnellement. La spontanéité conservée au sein du système – dans sa faune sauvage, ses processus hydrologiques et ses écosystèmes superposés – serait de plusieurs ordres de grandeur supérieure à celle observée dans n'importe quelle artificialisation précédente. Ce premier récit de l'artificialité serait donc rassurant pour l'écologiste alarmé par la perspective de manipuler intentionnellement « les forces les plus élémentaires qui nous entourent » (comme les a appelées McKibben). Même en modifiant ces forces il resterait beaucoup de spontanéité, car la nature continuerait d'affirmer sa « nature » même sous l'influence d'un climat contrôlé.

Cette spontanéité résiduelle que Vogel a si puissamment portée à notre attention constitue malheureusement aussi le côté moins séduisant de l'arme à double tranchant. Le fait que la réalisation de tout artefact dépasse nécessairement l'intention de son concepteur est exactement ce que redoutent le plus ceux qui sont préoccupés par les techniques de gestion du rayonnement solaire. En effet, les efforts visant à limiter la hausse de la température globale à un certain niveau par la SRM vont probablement avoir des effets qui ne peuvent être prévus à l'avance, y compris des effets potentiellement catastrophiques. L'une des remarques générales de Vogel sur la spontanéité conservée dans chaque artefact souligne bien cette incertitude :

Construire un objet – *n'importe quel objet* – c'est construire quelque chose qui dépasse toujours nos intentions, qui possède toujours quelque chose d'imprévisible et d'inconnu. Dès qu'il est terminé (et même avant), il commence à se déliter sous l'effet des forces qui agissent sur lui – les forces de l'air et de la gravité, de la chaleur et de la lumière, de la décomposition, de l'oxydation et du temps – et dont les effets totaux ne peuvent jamais être immédiatement appréhendés. Cela signifie que depuis le tout début l'objet a déjà échappé au contrôle des constructeurs, et qu'il devient donc quelque chose d'autre que ce qu'ils avaient à l'esprit lorsqu'ils ont commencé à construire[1].

Ceci est le deuxième récit de l'artificialité inhérent à la SRM, et il est beaucoup plus inquiétant. L'expression « échapper au contrôle du constructeur » est en effet de mauvais augure pour les projets de géoingénierie solaire à l'échelle de la planète. Pouvons-nous connaître avec assurance les effets d'une manipulation intentionnelle d'un élément aussi fondamental pour le fonctionnement de la planète que son bilan de radiation solaire ? L'incertitude scientifique actuelle au sujet de l'impact de la SRM sur les régimes de précipitation et la productivité des plantes témoigne de la légitimité de cette inquiétude[2]. La même

1. S. Vogel, « The Nature of Artifacts », art. cit., p. 163.
2. G. Bala *et al.*, « Albedo Enhancement of Marine Clouds to Counteract Global Warming : Impacts on the Hydrological Cycle », *Climate Dynamics* 37, 5-6, 2011, p. 915-931 ; L. M. Mercado *et al.*, « Impact of Changes in Diffuse Radiation on the Global Land Carbon Sink », *Nature* 458, 2009, p. 1014-1018 ; J. Moreno-Cruz, K. Ricke, et D. Keith, « A Simple Model to Account for Regional Inequalities in the Effectiveness of Solar Radiation Management », *Climatic Change* 110, 3-4, 2011, p. 649-668 ; A. Robock, L. Oman, G. Stenchikov, A. Robock, L. Oman, G. Stenchikov, « Regional Climate Responses to Geoengineering », art. cit.

variabilité qui affecte la science du climat en général réapparaît sous une forme peut-être plus virulente avec la SRM, dont les effets imprévisibles s'ajoutent aux effets imprévisibles du réchauffement anthropique.

Face à cette incertitude, il y a clairement un besoin urgent de modéliser davantage les impacts climatiques en fonction de différents scénarios. Il est important à l'heure actuelle d'augmenter le montant des fonds disponibles pour la recherche, autant pour identifier ce qui ne marcherait pas que pour découvrir ce qui pourrait fonctionner[1]. Avec le blanchissement des nuages, il est probable que quelques essais de terrain à petite échelle puissent avoir lieu sans trop de risques. Dans le cas des aérosols stratosphériques, comme il est sans doute impossible de limiter les essais à une région spécifique, le risque associé aux essais de terrain pourrait être nettement plus élevé. Mais même avec davantage de modélisation et quelques essais limités sur le terrain, il est probable que de nombreuses inconnues subsisteront. Phil Rasch, l'un des experts mondiaux en matière de gestion du rayonnement solaire, l'a ouvertement concédé dans son témoignage au Congrès américain : « je pense qu'il est important de reconnaître que la géoingénierie est un pari risqué »[2].

---

1. C'est un argument qui a été répété à plusieurs reprises par les scientifiques impliqués dans la recherche en ingénierie climatique, tels que David Keith, Ken Caldeira, Phil Rasch et d'autres.

2. P. Rasch, « Written testimony for House Committee on Science and Technology Hearing, "Geoengineering II : The Scientific Basis and Engineering Challenges" », 4 février 2010. Puisque tellement de choses sont actuellement incertaines, Rasch maintient que nous devrions faire des recherches maintenant afin d'être aussi prêts que possible pour le moment où ce pari risqué commencera à apparaître comme le moindre mal.

Cette préoccupation au sujet des effets incertains de la SRM est un exemple particulièrement éloquent de l'argument plus général de Vogel sur la nature de l'artificialité. Comme Vogel le déclarait au sujet de toute restauration, « [...] produire un artefact sauvage pourrait consister à mettre les forces naturelles en action puis à les laisser se déployer, d'une manière fondamentalement imprévisible et hors de notre contrôle »[1]. Lors de la construction d'un artefact, même très complexe comme un avion, beaucoup peut être fait pour réduire le potentiel de conséquences imprévisibles (même si de telles conséquences peuvent malgré tout se produire avec des effets catastrophiques). Mais comparé à un avion, le système climatique présente une complexité d'un autre ordre de grandeur – une sorte « d'hyper-complexité » – qui rend l'élimination de l'incertitude beaucoup plus difficile, voire impossible. De nombreux opposants à la SRM, mais aussi de nombreuses personnes qui pensent que la SRM pourrait un jour être nécessaire, redoutent cette incertitude. C'est la raison pour laquelle il y aura toujours deux récits de l'artificialité au sujet de l'ingénierie climatique. La même propriété qui est considérée comme l'un des plus grands bénéfices de la restauration – la conservation de la sponta-néité naturelle et de l'imprévisibilité – est également le spectre qui hante le plus la gestion du rayonnement solaire.

LA RESPONSABILITÉ HUMAINE DANS L'ANTHROPOCÈNE

L'existence de ces deux récits de l'artificialité permet d'interpréter différemment les remarques de David Keith à Jeff Goodell au sujet de la glace arctique. Lorsque Keith dit que nous devrions réfléchir avant d'essayer de refroidir

---

1. S. Vogel, « The Nature of Artifacts », p. 161.

l'Arctique parce que cela implique de se résigner à vivre sur une planète sous gestion, il n'exprime peut-être pas en fin de compte une opinion négative à l'égard de la catégorie métaphysique des artefacts. Il pense peut-être davantage aux responsabilités supplémentaires que le fait d'assumer volontairement un tel rôle de gestion nous imposerait. La SRM nous placerait dans le rôle de concepteur et de protecteur des personnes et des écosystèmes. Nous devrions gérer le climat de la manière la plus régénératrice et la moins risquée possible, à l'échelle mondiale, et en composant avec des incertitudes scientifiques considérables qui ne pourront peut-être pas être complètement éliminées. Il s'agit là clairement d'un immense défi.

Si cet avertissement au sujet du renforcement de notre responsabilité est ce que Keith a en tête, cela rejoint une mise en garde similaire sur la géoingénierie exprimée par l'écrivain spécialiste de l'environnement Jason Mark. Mark affirme que prendre la responsabilité de la gestion du climat créerait un type particulier « d'anxiété existentielle »[1]. Au cours de l'histoire, la nature intouchée a pu paraître à certains comme sauvage et sans merci, mais elle a également été le contexte rassurant dans lequel se sont déroulées toutes les activités humaines. John Stuart Mill l'a un jour décrite comme « le berceau de nos pensées et de nos aspirations »[2]. Elle a servi de toile de fond sur laquelle les humains ont cherché, et trouvé, un sens à leur vie. Le fait que ce contexte ait toujours comporté des forces échappant à notre contrôle a été à la fois une source d'inquiétude et

---

1. J. Mark, « Hacking the Sky », *Earth Island Journal*, 2009, [en ligne] <http://www.earthisland.org/journal/index.php/eij/article/hacking_the_sky>.

2. J. S. Mill, *Principles of Political Economy, Collected Works (3)*, Toronto, University of Toronto Press, 1963-1977, p. 756.

d'émerveillement. La nature est peut-être imprévisible mais elle a aussi toujours apporté réconfort et inspiration. La nature sauvage a été l'endroit où les gens se sont réfugiés pour échapper aux responsabilités pressantes du monde humain. Prendre le contrôle de ce cadre de vie serait donc un véritable défi psychologique en raison du fardeau immense que cela nous imposerait. Il n'y aurait plus aucun endroit sur terre – ou sous le ciel – où des questions anxiogènes telles que « sommes-nous à la hauteur ? » pourrait être évitées.

On pourrait répondre que cette nouvelle responsabilité fait partie d'une situation que nous nous sommes infligée à nous-mêmes, au travers des deux derniers siècles de changement climatique lors desquels nous avons irrévocablement transformé la Terre par nos actions[1]. Les impacts anthropiques tels que la transformation physique à grande échelle des écosystèmes, l'augmentation du dioxyde de carbone dans l'atmosphère, les extinctions de masse, la dissolution des coquillages en carbonate de calcium par des eaux océaniques plus acides et la sédimentation à grande échelle dans les rivières deviennent chaque année plus dramatiques. Ce sont des impacts de dimension planétaire qui seront identifiables par les futurs géologues et paléontologues. Paul Crutzen, le chimiste de l'atmosphère lauréat du prix Nobel, qui est également responsable, et ceci n'est pas un hasard, d'avoir introduit

---

1. B. Allenby, « Earth Systems Engineering and Management », *IEEE Technology & Society Magazine* 19, 4, 2000, p. 10-24 ; A. Thompson, « Responsibility for the End of Nature : Or, How I Learned to Stop Worrying and Love Global Warming », *Ethics and the Environment* 14, 1, 2009, p. 79-99. Selon Thompson, cette situation devrait en effet nous inquiéter, mais il laisse entendre qu'elle devrait aussi nous donner de l'espoir, car nous pourrions enfin assumer la responsabilité des effets de nos actions.

la SRM dans le débat public en 2006, a suggéré que nous donnions à cette nouvelle période géologique son propre nom : « l'Anthropocène »[1]. La discussion lancée par Crutzen sur la nécessité de reconnaître officiellement l'Anthropocène comme une nouvelle époque géologique a d'ailleurs récemment pris de l'ampleur[2].

Les marques distinctives de l'Anthropocène sont l'ensemble des changements physiques actuellement en cours dans le monde naturel. Cependant, le simple fait d'envisager la possibilité de la SRM montre clairement qu'un autre trait caractéristique de l'Anthropocène serait une modification de nos responsabilités morales. Donner à cette époque son propre nom pourrait certes permettre de mieux mettre en évidence nos impacts passés et nos obligations futures, mais envisager d'endosser ces obligations n'est pas à prendre à la légère. Assumer la responsabilité d'une zone humide restaurée ou d'une espèce menacée est très différent d'assumer la responsabilité de l'équilibre écologique de la Terre dans son ensemble. Comme Andrew Revkin l'a écrit dans le *New York Times* : « s'approprier pleinement l'Anthropocène ne sera pas facile. L'inévitable sentiment que cela provoque est un mélange délicat d'excitation et de malaise »[3]. À chaque instant, il serait de notre responsabilité de veiller à ce que le climat soit hospitalier. Au lieu de voir la nature de manière traditionnelle comme une source profonde de sens et de réconfort, il se

1. P. Crutzen, « The "Anthropocene" », *Journal de Physique IV* 12, 2002, 1-5.

2. N. Jones, « Human Influence Comes of Age : Geologists Debate Epoch to Mark Effects of *Homo Sapiens* », *Nature* 473, 2011, p. 133. La Geological Society of London a convoqué une réunion en mai 2011 pour discuter de la pertinence d'officialiser cette classification.

3. A. Revkin, « Embracing the Anthropocene », *New York Times*, 20 mai 2011.

pourrait que nous commencions à voir le climat comme une menace constante (et auto-infligée) conduisant à l'anxiété existentielle qui, selon Mark, devrait nous affecter. Peu d'autres transformations du rôle de l'humanité sur Terre pourraient imposer un fardeau moral aussi lourd.

La question morale ultime que pose la SRM est donc une question de responsabilité. Elle est aussi de savoir si nous devons nous engager ou non dans cette voie. D'une part, cela signifie assumer la responsabilité de restaurer et de préserver les valeurs humaines et naturelles qui nous sont chères. De l'autre, cela signifie assumer la responsabilité des risques engendrés par la SRM. Nous assumons volontiers ces deux responsabilités dans les projets de restauration locaux et régionaux, car nous considérons que les effets imprévus sont gérables. Les risques y ont généralement une portée limitée[1]. Dans le cas de la restauration du climat terrestre, il n'est par contre pas évident que nous puissions gérer adéquatement les risques. Assumer la responsabilité de notre impact actuel sur le climat signifie sans aucun doute de préparer des fonds de compensation pour les personnes qui seront les plus touchées, d'essayer de maximiser la résilience des systèmes écologiques, et peut-être même d'envisager des migrations assistées pour les espèces menacées[2]. Mais cela peut aussi signifier de refuser d'assumer les risques liés à la gestion

---

1. Quelques tentatives de restauration des processus écologiques régionaux par des moyens biologiques ont toutefois engendré des effets secondaires notoirement ingérables (par exemple l'introduction de la myxomatose en Australie pour contrôler les populations de lapins).

2. D. Cole, L. Yung, *Beyond Naturalness*, *op. cit.* ; B. Minteer, J. Collins, « Move it or lose it ? The ecological ethics of relocating species under climate change », *Ecological Applications* 20, 7, 2010, p. 1801–1804.

active du climat futur. Lancer un projet d'artificialisation du climat reviendrait à assumer une sorte de *responsabilité totale* sans précédent dans l'histoire de l'humanité. Et à ce jour, pour des raisons à la fois psychologiques et prudentielles, l'idée que les humains devraient endosser cette responsabilité totale ne va pas de soi.

La réflexion de Vogel sur la restauration peut à nouveau être utile ici. L'une des conclusions auxquelles il est parvenu est que les tentatives humaines de restauration de la nature doivent être entreprises en privilégiant clairement certains traits de caractère. En plus d'une conscience de soi qui doit nous amener à admettre ce que nous avons fait, Vogel fait remarquer que l'artificialisation exige également de l'humilité au sujet de ce que nous pensons pouvoir réaliser. Ensemble, ces vertus de connaissance de soi et d'humilité peuvent éclairer « notre responsabilité envers le monde que nous habitons [...] tout en nous rappelant également de ne pas surestimer notre capacité à le remodeler de toutes les manières qui nous plairont »[1]. Vogel suggère en outre que dans notre rôle de transformateurs du monde, il est important pour nous de reconnaître que nous sommes « mortels et faillibles »[2]. Notre mortalité et notre faillibilité sont assurément des caractéristiques que nous ferions bien de garder à l'esprit si d'aventure nous choisissions d'entrer intentionnellement dans le domaine des Dieux.

---

1. S. Vogel, « The Nature of Artifacts », p. 168.
2. *Ibid.*

BIBLIOGRAPHIE

OUVRAGES

ADGER N. W., PAAVOLA J., HUQ S.M, MACE M. J. (eds.), *Fairness in Adaptation to Climate Change*, Cambridge-London, The MIT Press, 2006.

ARNOLD D. G., (ed.), *The Ethics of Global Climate Change*, Cambridge, Cambridge University Press, 2010.

BLOMFIELD M., *Global Justice, Natural Resources, and Climate Change*, Oxford, Oxford University Press, 2019.

BOURBAN M., *Penser la justice climatique. Devoirs et politiques*, Paris, PUF, 2018.

BROOME J., *Counting the Costs of Global Warming*, Cambridge, The White Horse Press, 1992.

– *Climate Matters : Ethics in a Warming World*, New York-London, W. W. Norton & Company, 2012.

CRIPPS E., *Climate Change and the Moral Agent : Individual Duties in an Interdependent World*, Oxford, Oxford University Press, 2013.

GARDINER S. M., *A Perfect Moral Storm : The Ethical Tragedy of Climate Change*, Oxford-New York, Oxford University Press, 2011.

GARDINER S. M., CANEY S., JAMIESON D.M., SHUE H. (eds.), *Climate Ethics : Essential Readings*, Oxford-New York, Oxford University Press, 2010.

GARDINER S. M., MCKINNON C., FRAGNIÈRE A. (eds.), *The Ethics of "Geoengineering" the Global Climate : Justice, Legitimacy and Governance*, Abingdon-New York, Routledge, 2021.

GARDINER S. M., WEISBACH D. A., *Debating Climate Ethics*, New York, Oxford University Press, 2016.

GARVEY J., *The Ethics of Climate Change. Right and Wrong in a Warming World*, London, Continuum International, 2008.

HAMILTON C., *Les apprentis sorciers du climat. Raisons et déraison de la géoingénierie*, trad. C. Le Roy, Paris, Seuil, 2013.

HARRIS P. G. (ed.), *Ethics and Global Environmental Policy : Cosmopolitan Conceptions of Climate Change*, Cheltenham-Northampton, Edward Elgar, 2011.

– *Ethics, Environmental Justice and Climate Change*, Cheltenham-Northampton, Edward Elgar, 2016.

HEYWARD C., ROSER D. (eds.), *Climate Justice in a Non-Ideal World*, Oxford, Oxford University Press 2016.

JAMIESON D., *Reason in a Dark Time : Why the Struggle Against Climate Change Failed – and What it Means for our Future*, Oxford-New York, Oxford University Press, 2014.

MCKINNON C., *Climate Change and Future Justice : Precaution, Compensation, and Triage*, London-New York, Routledge, 2012.

MEYER L. H., SANKLECHA P. (eds.), *Climate Justice and Historical Emissions*, Cambridge, Cambridge University Press, 2017.

MOELLENDORF D., *The Moral Challenge of Dangerous Climate Change : Values, Poverty, and Policy*, Cambridge, Cambridge University Press, 2014.

MOSS J. (ed.), *Climate Change and Justice*, Cambridge, Cambridge University Press, 2015.

PAGE E. A., *Climate Change, Justice and Future Generations*, Cheltenham-Northampton, Edward Elgar, 2007.

PRESTON C. J. (ed.), *Climate Justice and Geoengineering : Ethics and Policy in the Atmospheric Anthropocene*, London, Rowman & Littlefield, 2016.

SHUE H., *Climate Justice : Vulnerability and Protection*, Oxford, Oxford University Press, 2014.

SINGER P., *One World : The Ethics of Globalization*, New Haven-London, Yale University Press, 2004.

THOMPSON A., BENDIK-KEYMER J. (eds.), *Ethical Adaptation to Climate Change*, Cambridge, The MIT Press, 2012.

VANDERHEIDEN S., *Atmospheric Justice : A Political Theory of Climate Change*, Oxford-New York, Oxford University Press, 2008.

ARTICLES ET CHAPITRES DE VOLUMES

ALMASSI B., « Climate Change and the Ethics of Individual Emissions : A Response to Sinnott-Armstrong », *Perspectives* 4, 2012, p. 4-21.

ATTFIELD R., « Climate Change, Environmental Ethics, and Biocentrism », *in* V. P. NANDA (ed.), *Climate Change and Environmental Ethics*, New York-London, Routledge, 2017, p. 31-41.

BAATZ C., « Climate Change and Individual Duties to Reduce GHG Emissions », *Ethics, Policy & Environment* 17, 1, 2014, p. 1-19.

BELL D., « Does Anthropogenic Climate Change Violate Human Rights ? », *Critical Review of International Social and Political Philosophy* 14, 2, 2011, p. 99-124.

– « How Should We Think About Climate Justice ? », *Environmental Ethics* 35 2, 2013, p. 189-208.

BOURG D. et HESS G., « La géo-ingénierie : réduction, adaptation et scénario du désespoir », *Natures Sciences Sociétés* 18, 3, 2010, p. 298-304

CANEY S., « Cosmopolitan Justice, Rights and Global Climate Change », *Canadian Journal of Law and jurisprudence* 19, 2, 2006, p. 255-278.

– « Justice and the Distribution of Greenhouse Gas Emissions », *Journal of Global Ethics* 5, 2, 2009, p. 125-146.

– « Climate Change and the Duties of the Advantaged », *Critical Review of International and Social Philosophy* 13, 1, 2010, p. 203-228.

– « Climate Change, Human Rights and Moral Thresholds », *in* Humphreys S. (ed.), *Human Rights and Climate Change*, Cambridge, Cambridge University Press, 2011, p. 69-90.

– « Just Emissions », *Philosophy & Public Affairs* 40, 4, 2012, p. 255-300.

– « Climate Justice », *in* E. N. Zalta (ed.), *The Stanford Encyclopedia of Philosophy*, Summer 2020 Edition, [en ligne], <https://plato.stanford.edu/archives/sum2020/entries/justice-climate/>.

FRAGNIÈRE A., « Climate Change and Individual Duties », *WIREs Climate Change* 7, 6, 2016, p. 798-814.

GARDINER S. M., « Ethics and Global Climate Change », *Ethics* 114, 3, 2004, p. 555-600.

– « Climate Justice », *in* Dryzek J. S., Norgaard R. B., Schlosberg D. (eds.), *The Oxford Handbook of Climate Change and Society*, Oxford, Oxford University Press, 2011, p. 309-322.

– « Climate Ethics in a Dark and Dangerous Time », *Ethics* 127, 2017, p. 430-465.

GOSSERIES A., « Historical Emissions and Free-Riding », *Ethical Perspectives* 11, 1, 2004, p. 36-60.

GRUBB M., « Seeking Fair Weather : Ethics and the International Debate on Climate Change », *International Affairs* 71, 3, 1995, p. 463-496.

JAMIESON D., « Ethics and Intentional Climate Change », *Climatic Change* 33, 1996, p. 323-336.

– « When Utilitarians Should Be Virtue Theorists », *Utilitas* 19, 2007, p. 160-83.

– « Climate Change, Responsibility, and Justice », *Science and Engineering Ethics* 16, 3, 2010, p. 431-445.

– « Some Whats, Whys and Worries of Geoengineering », *Climatic Change* 121, 2013, p. 527-537.

MALTAIS A., « Radically Non-Ideal Climate Politics and the Obligation to at Least Vote Green », *Environmental Values* 22, 5, 2013, p. 589-608.

MCSHANE K., « Why Animal Welfare is not Biodiversity, Ecosystem Services, or Human Welfare : Toward a More Complete Assessment of Climate Impacts », *Les ateliers de l'éthique/The Ethics Forum* 13, 1, 2018, p. 43-64.

MEYER L. H., ROSER D., « Climate Justice and Historical Emissions », *Critical Review of International Social and Political Philosophy* 13, 1, 2010, p. 229-253.

MOELLENDORF D., « Climate Change and Global Justice », *WIREs Climate Change* 3, 2012, p. 131-143

– « Climate Change Justice », *Philosophy Compass* 10, 2014, p. 173-186.

MORROW D. R., « Starting a Flood to Stop a Fire ? Some Moral Constraints on Solar Radiation Management », *Ethics, Policy & Environment* 17, 2, 2014, p. 123-138.

NÉRON P.-Y., « Penser la justice climatique », *Éthique publique* 14, 1, 2012, [en ligne], <https://doi.org/10.4000/ethiquepublique.937>.

NEUMAYER E., « In Defence of Historical Accountability for Greenhouse Gas Emissions », *Ecological Economics* 33, 2, 2000, p. 185-192

NOLT J., « How Harmful Are the Average American's Greenhouse Gas Emissions ? », *Ethics, Policy & Environment* 14, 1, 2011, p. 3-10.

– « Nonanthropocentric climate ethics », *WIREs Climate Change* 2, 5, 2011, p. 701-711.

PAGE E. A., « Distributing the Burdens of Climate Change », *Environmental Politics* 17, 4, 2008, p. 556-575.

– « Climatic Justice and the Fair Distribution of Atmospheric Burdens : A Conjunctive Account », *The Monist* 94, 3, 2011, p. 412-432.

PALMER C., « Climate Change, Ethics, and the Wildness of Wild Animals », *in* B. Bovenkerk, J. Keulartz (eds.), *Animal Ethics in the Age of Humans*, Cham, Springer, 2016, p. 131-150.

PRESTON C. J., « Ethics and Geoengineering : Reviewing the Moral Issues Raised by Solar Radiation Management and Carbon Dioxide Removal », *WIREs Climate Change* 4, 1, 2013, p. 23-37.

SANDLER R., « Ethical Theory and the Problem of Inconsequentialism : Why Environmental Ethicists Should be Virtue-Oriented Ethicists », *Journal of Agricultural and Environmental Ethics* 23, 1-2, 2009, p. 167–183.

SVOBODA T., KELLER K., GOES M., TUANA N., « Sulfate Aerosol Geoengineering : The Question of Justice », *Public Affairs Quarterly* 25, 3, 2011, p. 157-180.

TABLE DES MATIÈRES

Achevé d'imprimer en janvier 2023
sur les presses de
La Manufacture - Imprimeur – 52200 Langres   Tél. : (33) 325
845 892

N° imprimeur : 221190 - Dépôt légal : janvier 2023
Imprimé en France